U0946649

新文科与财经高等教育改革

蒋远胜 何 凡◎主 编
罗 洎 吴 平◎副主编

中国·成都

图书在版编目(CIP)数据

新文科与财经高等教育改革/蒋远胜,何凡主编;罗洎,吴平副主编.—成都:西南财经大学出版社,2022.7
ISBN 978-7-5504-5289-3

Ⅰ.①新… Ⅱ.①蒋…②何…③罗…④吴… Ⅲ.①高等学校—思想政治教育—教学改革—研究—中国②高等学校—经济学—教学改革—研究—中国
Ⅳ.①G641②F0-4

中国版本图书馆 CIP 数据核字(2022)第 044102 号

新文科与财经高等教育改革

主　编　蒋远胜　何　凡
副主编　罗　洎　吴　平

策划编辑:李邓超
责任编辑:李特军
责任校对:陈何真璐
封面设计:墨创文化
责任印制:朱曼丽

出版发行	西南财经大学出版社(四川省成都市光华村街 55 号)
网　　址	http://cbs.swufe.edu.cn
电子邮件	bookcj@swufe.edu.cn
邮政编码	610074
电　　话	028-87353785
照　　排	四川胜翔数码印务设计有限公司
印　　刷	郫县犀浦印刷厂
成品尺寸	170mm×240mm
印　　张	15.25
字　　数	273 千字
版　　次	2022 年 7 月第 1 版
印　　次	2022 年 7 月第 1 次印刷
书　　号	ISBN 978-7-5504-5289-3
定　　价	98.00 元

前言

“教育兴则国家兴，教育强则国家强。”党的十八大以来，习近平总书记对中国高等教育的发展和高校思想政治教育工作高度重视，并发表了一系列重要论述。“高校思想政治工作关系高校培养什么样的人、如何培养人以及为谁培养人这个根本问题。”习近平总书记在2016年召开的全国高校思想政治工作会议上强调，要坚持把立德树人作为中心环节，把思想政治工作贯穿教育教学全过程，实现全程育人、全方位育人，努力开创我国高等教育事业发展新局面。党的十九大报告提出，要加快一流大学和一流学科建设，实现高等教育内涵式发展。随着中国经济的快速发展，经济管理类专业成为各高校办学的热门专业，不断扩大招生规模，肩负着为国民经济和社会发展培养高素质经营管理人才的重任。但是，经济管理类专业在教育教学资源方面相对不足，对学生的能力培养也滞后于行业和产业发展的需求。在信息化时代，如何贯彻落实党的十九大报告对高等教育发展提出的新要求，响应国家关于高等学校加快“双一流”建设的号召，适应新时代普通高等教育的发展趋势；如何加强课程思政建设，推进创新创业教育，共享科研和教学信息，提升人才培养质量，是当前普通高等院校面临的重大现实问题。

在把握新发展阶段、贯彻新发展理念和构建新发展格局的背景下，随着信息化建设驱动高等教育教学模式改革，随着新工科、新农科、新医科与新文科的交叉融合，随着“新商科”概念的提出和应用，财经高等教育教学既在准确识变和科学应变，也在主动求变。一是教育思想、办学理念与政策导向发生了根本性转变。财经高等教育教学在坚守立德树人之初心使命的基础上，坚持走高质量发展之路，注重在体制机制上破除“五唯”① 顽疾，着力避免、克服和纠正重规模轻质量、重科研轻教学、重智育轻德育的功利化倾向。二是学科体系改革、教材体系改革、教学体系改革、管理体系改革取得了重要进展。在习近平新时代中国特色社会主义思想的指导下，财经高等教育教学坚持马克思主义政治经济学的统率性地位，批判性地学习和借鉴西方经济学理论和方法，更加注重立足本土理论、扎根中国实践、彰显中国气派，更加强调在学理阐释中融入思政元素，力求实现专业教育、思政教育的深度融合与有机统一。三是教学方法、教学工具和教学媒介发生了创新性转变。计算机、互联网和大数据技术等得到广泛应用，慕课、微课、雨课堂、翻转课堂等模式层出不穷，这些为学科建设、课程改革与教学资源开发提供

① 唯分数、唯升学、唯文凭、唯论文、唯帽子。

了良好的载体支持。

鉴于此，四川农业大学经济学院，四川轻化工大学管理学院和经济学院及西南财经大学出版社共同举办了第二届西部财经教育论坛暨第十四届普通高等院校经管学院院长联席会，并面向西部高校开展主题论文征集活动，旨在为新文科、新商科建设与校际合作搭建交流平台，凝聚价值共识，形成西部合力。

经过本书编委会认真讨论，我们精选了20余篇优秀教研教改论文并汇编整理成《新文科与财经高等教育改革》一书。本书围绕立德树人的根本任务，立足高等教育教学实际，聚焦教学改革、课程思政与产教融合等相关领域，涵盖方案推介、模式探析、实践探索等多个层面，重点提炼阐释财经高等教育教学改革、转型的理论逻辑和实践经验，着重解决应用型人才培养的实际问题，切实解决教育教学理论与实践相结合的"最后一公里"问题，体现原创性、时代性、实践性、针对性，为国内高校课程思政、财经类教育教学改革提供有据可依的设计模式，提出具有可操作性的推进范式，以期对高校课程思政建设、产教融合发展起到积极的推动作用，为经管类应用型人才培养提供理论导引与经验借鉴。

本届论坛与本次主题论文征集活动得到了西南财经大学、电子科技大学、四川农业大学、四川轻化工大学、西南科技大学、西南民族大学、成都信息工程大学、西华大学、西华师范大学、重庆科技学院、江西科技学院、成都工业学院、攀枝花学院、乐山师范学院、绵阳师范学院、四川文理学院、西昌学院、电子科技大学成都学院等众多兄弟院校[①]的大力支持，在此一并表示感谢。同时，尽管编者和编辑人员都非常认真，但受限于经验与水平，疏漏与不足之处在所难免，敬请读者朋友批评指正。

编者
2022 年 4 月

① 注：排名不分先后。

目录

序篇

第一篇　教学教改篇

第二篇　新文科篇

第三篇　人才培养篇

第四篇　课程思政篇

序篇

建设新文科 推动西部高校新财经教育[①]

蒋远胜

（四川农业大学经济学院）

一、全球高等教育教学发展新趋势

随着经济全球化进程的加快，以科技为先导、以经济为中心的综合国力竞争不断加剧，新科技革命产生深远影响，经济信息化加速发展。但由于气候变化、新冠肺炎疫情席卷全球，再加上俄乌战争爆发，粮食、能源、健康和生态环境等一些全球性经济问题加剧。这些经济社会发展趋势，给世界高等教育发展既带来了机遇，也带来了巨大挑战。2009 年第二届世界高等教育大会通过的《高等教育与研究的新动力：社会变革与发展》公报突出强调了高等教育在当今社会的重要性：高等教育是公共产品，是各级教育的战略要件，也是研究、创新和创造的基础，所有政府都必须承担责任并提供经济支持。联合国教科文组织前高教处处长在接受有关国际高教发展趋势的专访时谈道：大学有义务扮演好培养人力资源的角色；在全球化背景下，高等教育要重视国际大学之间的交流与合作，促进全球人才流动和知识共享，同时大学要弘扬民族文化，避免成为个别发达国家大学模式的附庸品。根据当今世界政治、经济、科技和文化的总体发展情况，世界高等教育教学发展有四个新趋势：

第一，信息技术与新冠肺炎疫情从供给和需求两侧推动高等教育教学模式的颠覆性创新。未来是新技术与教育教学深度融合创新的变革时代，尤其是疫情下，信息技术正在深刻改变甚至颠覆传统的教育教学模式。目前，高等教育信息化领域呈现出新的发展趋势，英国、美国、澳大利亚、法国等留学生招收大国，纷纷推出在线跨境远程授课和学习模式，同时创建虚拟学习环境；中国则具有全世界最大的在线高教资源——中国慕课。从 2013 年起，遵循“高校主体、政府支持、社会参与”的发展模式，教育部支持各方建设了 30 余家综合类和专业类高等教育公共在线课程平台与技术平台。近年来，我国先后成立了在线教育研究中心，举办了中国慕课大会、世界慕课大会，发布了《中国

① 本文系蒋远胜教授主持的教育部首批新文科研究与改革实践项目“基于现代信息技术的金融学专业改造提升路径研究”（项目编号：2021050074）的阶段性成果。

慕课行动宣言》和《慕课发展北京宣言》，推出了两个在线教学国际平台，系统推进慕课与在线教学的“建、用、学、管”。截至2022年2月底，我国上线慕课数量超过5万门，选课人数近8亿人次，在校生获得慕课学分超过3亿人次，慕课数量和学习人数均居世界第一。此外，微课、Spoc等模式，为学科建设、课堂革命与教学资源开发提供了良好的载体支持。不仅是教学模式，就连第二大“国考”——研究生入学考试的复试也采取了远程在线方式，硕士生的复试和博士生的统一考试，迄今为止，得到广大考生、家长和主管部门的认可，公平性和公正性也得到社会的认可。

第二，科技竞争使得高等教育与国民经济、区域经济结合日益紧密。世界正迎来第四次工业革命，科技和创新越来越成为促进经济发展的重要因素。不论是培养大规模的高素质劳动力，还是开展科学研究创造新知识、新技术，高等教育无疑成为承担这项时代使命的先驱。21世纪以来，随着新一轮科技和产业变革的加速发展，科学、技术和创新成为各国政府考虑发展的优先领域。高等教育在国民经济和区域经济发展中的作用日益突出，与两者的关系日益紧密。例如，以斯坦福大学为科学中心的硅谷，支撑了美国全球领先的信息技术产业；以瓦赫宁根大学为科学中心的“食品谷”，支持了荷兰在全球前列的外向型的农业和食品产业。中国也正在构建以大学为中心的环大学经济圈和产业区，如上海交通大学的环交大经济圈、西北农林科技大学支撑的中国农科城。如何培养与市场契合、与技术融合、与需求符合的高素质人才，是各国高等教育改革面临的重大课题。

第三，国际化、区域化和全球化带动了高等教育的合作与交流。近年来，气候变化、能源危机、全球疫情、自然灾害这些全球问题使得人类社会的可持续发展受到越来越严峻的挑战，需要人类共同面对和解决。信息通信技术的发展使得国际交流合作日益频繁，世界逐渐变成一个“地球村”。联合国教科文组织发布的《仁川宣言》强调，必须在发展的大背景下重新审视“教育2030”，增加对人类发展、经济、社会、环境可继续性的共同关注，增强教育系统之间的联系。现阶段，高等教育的使命在不断拓展，国际化、区域化成为高等教育发展的一个重要趋势，高等教育的国际交流合作、区域交流合作、跨境教育不断受到重视并已经成为许多国家的一项重要战略。各国高等教育机构努力利用国际教育舞台和世界学术资源，积极与其他国家和地区的文化教育机构建立广泛的合作伙伴关系。

第四，高等教育日益从“学习知识”向“学习研究和创新”转变。高等教育是现代社会中非常重要的知识生产资源，知识性是高等教育机构的本质属性之一。新科技革命时代对高等教育人才培养模式提出更多新要求，终身学习、自主学习、全面学习以及创新学习的能力对大学生未来高水平、可持续发展更加重要，并产生出巨大的经济和社会效益。学习知识只是基础，不是目的，在知识学习的基础上学会研究和学会创新才是高等教育的最终目的。“学习-研究-创新”模式遵循学习主体性、可持续发展、动态性原则，强调多元性与创新性，知识学习研究发生在多元创新主体的互动与耦合的过程中，并在此过程中形成“学习-研究-创新”的新生态系统。学习研究和创新在中国语境下就是培养学术型、拔尖型大学生和培养创新创业型人才。

二、新文科、新财经、新商科的内涵及关系辨析

（一）新文科的内涵及改革动向

关于新文科的概念，目前学界尚未达成共识，学者们对新文科概念的界定仍在不断更新。新文科在国外最早由美国西拉姆学院（Hiram College）于2017年提出。在国内，2018年“四新”建设开始，即《教育部关于加快建设高水平本科教育全面提高人才培养能力的意见》（又称“新时代高教40条”）发布，启动“六卓越一拔尖”计划2.0，提出建设新工科、新医科、新农科、新文科（简称“四新”建设），首次提出新文科。按照“新时代高教40条”给出的定义，新文科建设是指哲学社会科学与新一轮科技革命和产业变革交叉融合形成交叉学科、交叉融合学科以及交叉专业的一系列建设事项和建设工作。新文科建设既包括文科类学科及研究生专业建设，也包括文科类的本科专业建设。新文科建设在学科层面的目标非常明确，就是把握新时代哲学社会科学发展的新要求，培育新时代中国特色、中国风格、中国气派的新文化，形成哲学社会科学的中国学派。新文科建设在本科专业层面就是要优化专业结构，推动形成覆盖全部学科门类的中国特色、世界水平的一流本科专业集群，主要包括学科专业交叉、人才培养、教育教学改革三方面（见图1）。

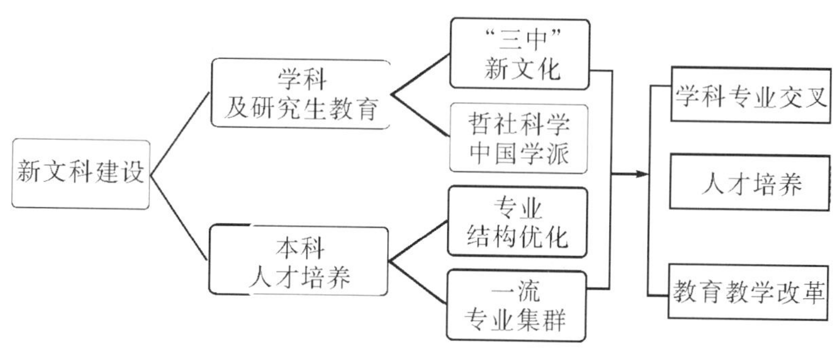

图1　新文科建设

在本科人才培养方面，新文科建设主要包括两方面：一是以现有文科专业为

基础，赋予文科专业人才培养的新内容；二是在文科人才培养模式上实现跨学科专业的新突破。也有学者认为新文科是将现代科技和新发展理念融入人文社科专业，强调学科专业知识的交叉与融合，通过创新教学模式和人才培养方式，培养一大批高层次人才。从自身特色来说，新文科具有鲜明的时代特色，回应了新需求，是促进学科交叉融合、构建中国特色学术话语体系的必然要求。

随着新发展理念的不断深入，新文科改革正如火如荼地进行。新文科建设研究正处于从认识论向方法论、从宏观向微观的重要转变阶段，许多学者对于新文科建设改革进行了构想与实践探索。按照覆盖范围可以将新文科改革区分为涵盖多方面的综合改革和强调某一方面的针对性变革。首先，关于综合改革。高校新文科建设综合改革的主要内容包括三方面：一是加快交叉学科建设，二是打造产学研平台，三是培养复合型人才。新文科建设 PDCA 循环包括学科专业结构的宏观设计、人才培养方案的中观控制和课程因子的微观操作。新文科建设成为厚植人文灵魂、弘扬中国文化、推进学科耦合、重振文科教育的现实走向；新文科建设的“新”体现在“新交叉、新功能、新范式与新路径”，其中新交叉处于首要位置；也有专家认为新文科的“新”体现在新方位、新任务和新方法三个层面。其次，关于针对性变革。在人才培养方面，新文科人才培养改革主要体现“新理念、新模式、新结构、新定位”，需要形成新的培养模式、新的培养内容、新的评价标准。立德树人的人才培养目标的实现，除了人才培养模式的探索，其着力点还应在于专业方向、教学模式、课程设置以及理论发展的探索与实践。在教学改革方面，新文科建设中的教学改革以落实教学“大概念”理念、丰富教学内容、制定良好教学设计、推行新教学方法、技术手段融入教学、改革评价机制为路径。

（二）新财经与新商科的内涵及改革动向

由于文科包含的范围广，包括哲学、经济学、法学、教育学、文学、历史学和管理学七个学科门类，为了突出经济与管理学科的特殊性，近期又有学者提出新财经和新商科的概念。马骁等（2019）立足于财经大学的经济学门类和管理学门类的学科专业建设，最早提出“新财经”的概念，并从培养理念、目标、模式、教学体系、支撑保障、质量监控六个方面，阐述了新财经人才培养体系构建。卓志（2021）则进一步界定了新财经的概念：新财经是对传统财经科学的创新发展，是新时代人类经济活动所表现出的新的现象、关系、形态和规律等的总和。新财经既是一个新概念、新范畴，也是一个新体系。传统的财经教育具有四个缺陷：专业性有余而通识性不足、知识有余而能力不足、学习主动性不够而功利性强、教学模式单一而创新能力培养不足。

关于新财经的内涵，近两年已有的描述大同小异，只是在侧重点和出发点上有所不同。按照侧重点不同，其可以分为以下四类：一是强调其与新文科的关系。新财经是新文科的一个分支，在现有财经学科和专业的基础上，回应科技、社会、经济等发展所带来的挑战；新财经是“新”的财经，是新文科建设的重要类型，新财经建设揭开了财经高等教育高质量发展的新内涵、新任务。二是强调人才培养作用。新财经是指在科技革命和产业变革的背景下，通过树立“以学生为中心，立足当前、着眼未来”的财经教育理念，构建多学科专业交叉的财经学科结构，探索产教融合、教研结合的多样化财经人才培养模式，培养具有家国情怀、职业素养，能够引领新经济发展的财经人才。三是强调其财经教育属性。新财经教育是对传统财经教育而言的，是适应数字经济时代的财经教育，具有专业交叉、素质教育、手段信息化、教师角色多样化、产教融合、人才培养社会化六个特点。四是强调中国特色。新财经是立足当前科技创新、社会发展和国际地位现实条件，打破传统的以西方经济管理类学科为基础的财经类学科构建模式，构建具有中国特色、能够解决中国经济发展中面临的现实问题的财经学科理论体系和研究方法。

关于新财经教育改革，有专家认为新财经改革的内容应以理念先导、学科引领、育人为本、评价保障为主。也有专家指出，新财经教育改革应突出技术导向，将新技术融入财经学科专业中，并通过“新理念、新模式、新要求、新方法”提供综合性跨学科教育。有专家认为新财经教学改革的焦点是教学理念转变、培养机制创新、教学形态信息化、高级化以及教师胜任多角色任务能力的提升等；新财经的建设路径是构建中国特色学科体系、探索人才培养新模式、开辟学术研究新路径、满足社会新需求。

近年来，随着商科教育的快速发展，以应用技术大学和高职学院为主的高校对新商科改革探索的报道逐渐增多，新商科主要立足商科（business）教育，也即工商管理学科覆盖的学科专业。迄今为止，学界尚未对新商科概念达成共识。现有的关于新商科的概念有较多重叠之处，一大共同点是强调新技术融入，但不同学者的研究视角不同，突出的重点也不同。从人才培养的角度讲，有学者提出新商科是通过多种学科交叉互渗、融合创新，聚合形成数字经济时代新商科人才培养的逻辑理论、内涵框架和实施体系。也有学者认为新商科是在新文科理念下开展经济管理类教育的新概念，是对传统商科进行学科重组交叉，将新技术融入商科课程，用新理念、新模式、新方法为学生提供综合性跨学科教育。从其学科体系建设而言，新商科是在传统商科中融入新技术、新方法的交叉性、融合性学科，是适应“互联网+”时代背景下新兴的商业领域和商业模式发展的新学科，是回应科技、社会、经济所带来的挑战以及应对商贸服务业融合消费升级、人工智能而进入商业 3.0 时代所形成的学科新体系。从其创新点来说，新商科是融合现代新技术的综合性学科，新商科中的“新”不仅是能力的更新，更是一种思维格局、学习模式的更新，新商科专业群在培养内容、培养方式和培养目标上都要有新定位、新内涵和新路径。

（三）新文科、新财经和新商科三者之间的关系

综合分析发现，已有文献对新文科、新财经和新商科这三个概念从不同视角、不同范围和不同侧重点进行了较好的界定和分析，对经济学、管理学门类高等教育的改革原则、方向、重点、理论和方法提供了很好的基础。新文科就是用符合世界高等教育发展规律和中国特色社会主义建设要求的新理念、新模式、新理论和新方法，改造传统文科专业，以实现文科专业的新交叉、新功能、新范式与新路径，它是一个覆盖七个文科门类的广义概念。新财经是新文科的一个分支，是经济学与管理学门类的学科专业的新文科建设，概括而言，就是根据教育发展规律，立足中国基本经济制度和经济社会发展的阶段性特征，用新理论、新思想、新技术和新方法改造传统的财经教育，达成新体系、新模式、新路径和新质量。新商科是新文科的建设思路在管理学科特别是工商管理学科的应用，特别注重培养商科应用型和技能型人才。

根据上文新文科、新财经、新商科建设内涵分析，我们总结得出新文科、新财经与新商科之间的关系（见图 2）：第一，新文科包含新财经和新商科，新财经和新商科均从属于新文科的范畴；第二，新财经与新商科之间存在较多的交叉重叠之处，从学科内涵来看，新财经包括新商科，新商科是新财经中的管理学科的一部分；第三，新财经和新商科适用的高校不同，新财经主要由财经高校提出，适用范围也包括其他有经济学和管理学门类学科专业的高校，新商科更多的是应用技术大学和高职学院提出的一个新理念和新目标。

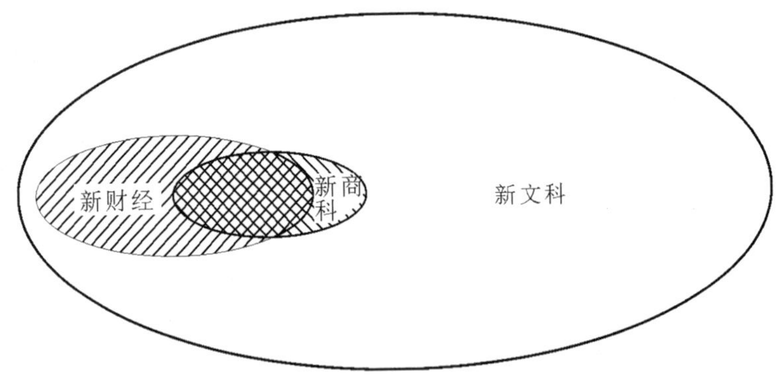

图 2　新文科、新财经和新商科之间的关系

三、西部高校新财经建设评述

由于财经高校以经济学和管理学学科门类为主体，也是其优势学科专业，学校层面高度重视财经教育的研究和创新，新财经主要由财经院校率先提出和率先实施，新财经建设以系统性的改革创新为主，属于新财经建设的领跑者。综合性大学则利用其学科门类齐全、一流生源、一流师资和一流条件，在学校整体改革思路指引下，在经济管理学院层面，积极推动综合性新财经建设，属于新财经的并跑者。地方高校的经济管理学科专业改革创新一般在学校既有框架内、由学院层面推动，投入的资源、改革创新力度局限于学院层面，属于跟随财经建设的跟跑者，比较而言，教改创新的力度较小，属于局部改革创新，但具有自身的专业性优势或地方特色。

（一）财经高校顶层设计、全面引领新财经建设

作为西部唯一财经类 211 高校的西南财经大学应对新财经新趋势，一方面，深入推进“新财经”专业建设。积极申报跨学科交叉融合新专业，以“智能+”“物联网+”改造财经传统专业，并与电子科技大学共建“金融学+计算机科学与技术”联合学士学位项目，形成跨学科、跨院校、强强联手的“新财经+新工科”深度交叉融合新模式。金融与电子信息的交叉融合，将学校自身的资源优势、创新优势、竞争优势转化为融合发展的新优势。另一方面，持续优化“新财经”培养体系。以思想政治教育为统领，完善“通识教育+宽口径专业教育”人才培养体系，推动思想政治教育、通识教育、专业教育与创新创业教育的互融共通，并深刻转变课程教学范式——加速互联网、大数据、人工智能、虚拟现实等现代技术与“研究性教与学”深度融合。此外，着力打造“新财经”优势平台。通过与成都市政府共建交子金融科技创新研究院，建设金融科技领域学术高地、科研成果转化示范基地和高端人才培养基地，提供实践育人、深度融入业界需求和真实工作场景的广阔舞台。

大数据、云计算、人工智能等新技术革命，以及由此带来的产业变革正奔腾而至，新产业、新业态、新模式蓬勃发展。西部其他财经高校也紧紧跟随着新财经教育改革的步伐，贵州财经大学积极围绕大数据等领域开展研究探索，以大数据和应用经济相融合为特色，积极推动校企合作，通过明确改革内容和总体建设方案、开辟实习就业基地、签署校企合作框架协议等实践，与贵州翼云大数据服务有限公司等企业联合，循序渐进地提高校企深度合作协同育人人才培养工作质量。云南财经大学则积极申报金融科技等新专业，提升新文科专业优势，使学科专业体系更加完备，优化为云南省区域经济社会发展培养应用型人才的平台。在

教学上积极采用“多元混合教学模式”以提高课时效益及教学质量。在人才培养上积极与云南地方金融监管局等部门机构合作，探索人才培养的目标与合作领域，结合数字经济时代的到来，明确培养数字化财经人才方向。

地方财经高校由于区域异质性在新财经教育改革中还体现出自身的一些特点。西安财经大学为适应“新文科”需求、引领“新财经”发展，实现经济管理学科建设与先进科技的融合及经济管理学科建设与统计、计算机学科建设的融合；专注于地方性、行业性经济管理问题，形成地域性、行业性经济管理理论等策略，培养具有区域和行业特色的财经类新文科人才。兰州财经大学结合地缘优势，打造丝绸之路经济带人才培养新模式，构建多样化的财经类应用型复合人才培养模式，努力培养高素质、高水平、高效能学生。

（二）综合性大学整体谋划、综合推动新财经建设

一是大力推动学科专业交叉融合。四川大学形成了“跨学科-贯通式”拔尖人才培养、基于现代信息技术的“探究式-小班化”深度学习等 13 项教育改革与发展实施方案，借助学校多学科交叉融合，创办多个“其他学科专业+财经专业”交叉专业，经济学院作为“新财经”教育改革的主力军，不断加强金融学、财政学等一流专业建设。重庆大学经济与工商管理学院、西南大学经济管理学院、西北大学经济管理学院充分发挥综合性大学多学科交叉融合优势，结合目前快速发展的大数据、区块链、人工智能等，分别设立能源经济、信息管理与信息系统、智能金融学和数理经济学等方向专业，使学科专业更加现代化，更能适应未来的需求，努力培养从事智能分析、数智管理等方面的人才。电子科技大学经济与管理学院依托电子信息科技领域的学科优势，实现跨学校合作、跨学院协同、跨学科交叉、跨专业融合，与西南财经大学强强联手建立“计算机科学与技术+金融学”联合学士学位项目，新增“金融学（‘互联网+’复合型精英人才双学位培养计划）”“经济管理试验班（管理与电子工程双学位培养）”，以培养“信息技术专业素质和经济管理才能兼备的复合型精英人才”为目标，满足产业对财经复合型精英人才的需求。

二是创新人才培养模式。如四川大学经济学院借助“323+X”本科创新人才培养体系和“433”研究生拔尖创新人才培养体系，深化公司企业合作，共建新型金融人工智能实验室等产学研合作基地，着力培养具有经世济民情怀、扎实的经济学专业基础、熟练掌握运用现代经济学分析方法、强烈创新意识和较强创新创业能力、国际视野和全球经济治理能力的优秀人才。西南大学经济管理学院围绕“推动国内国际双循环发展新格局”和成渝双城经济圈等国家战略需求，充分依托学科资源支撑、师资队伍、科研平台和实验实习体系，努

力强化小班授课与研修提升、案例教学与实训训练、双语授课与国际化等专业特色，积极培养“知识-能力-素质-人格-视野”五位一体的卓越财经人才。宁夏大学经济管理学院以培养学生职业能力为立足点，建立“学校培养—企业锻炼—学生自我锤炼”有机结合的培养路径，确立“1+2+N”的经管类专业精细化人才培养模式，着力培养复合型应用财经人才。

（三）地方高校突出特色、局部创新新财经建设

相较于财经高校和综合性大学，地方高校点多面广，新财经教育改革主要在局部突破和创新，发挥专业优势和地方特色，主要集中在四个方面。

首先，转变人才培养理念。四川农业大学经济学院结合目前农林高校财经类专业人才培养过程中存在供需错位、农科教分离、同质化现象突出等挑战，提出培养具有“三农”情怀、农林特色鲜明的复合型财经人才。西南石油大学经济管理学院基于“三全育人”理念，明确经管类专业创新创业协同育人机制的主体，建立全员育人师资队伍，开展全过程育人，实施全方位育人，从而三位一体推进育人教育改革的突破。

其次，创新人才培养模式。如成都理工大学基于大型开放式网络课程（MOOCs）高速发展的背景，建立了在线学习与课堂学习深度融合的微专业人才培养模式，将专业知识中简明易懂而又与工作直接相关的内容提取出来，通过微专业课程快速传递给学生，快速培养学生专业核心技能。贵州商学院对金融工程专业人才培养提出了“一低一高”培养定位和“3+4”专业能力定位，并据此进行了“2 个课堂”实践教学体系、“7 个模块”实验教学体系和“4 种形式”实验安排的设计，努力培养大量应用型基础人才兼顾应用型高端人才。乐山师范学院经济管理学院通过将沙盘模拟引入课程教学，利用筹码推演和角色扮演营造真实的经济环境，让学生了解整个微观和宏观经营过程中各经济主体的经济行为及其相互影响，达到发扬学生团队协作精神、训练学生创新思维能力、提升学生分析和解决经济问题的应用实践能力，培养高素质应用型人才的目标。随着大数据及信息技术的不断发展，云南财经管理学院重视并践行信息技术与会计相结合的育人模式，努力培养具备会计核算、软件应用及税务筹划等能力的高素质复合型、应用型、创新创业型人才。

再次，实施专业交叉融合。四川农业大学经济学院与信息工程学院共建“金融学—计算机科学与技术”主辅修学位精英人才实验班，着力培养金融与现代信息技术有机融合的金融科技人才。充分利用产业资源，发挥产教协调育人的功效，搭建网络平台载体、共建智慧实验室、实践基地，真正提高本科人才培养质量。四川文理学院财经管理学院深入推进“1+X”证书制度试点，创

新设置“业财一体信息化运用、财务数字化运用”培训课程体系，将金融学、会计学、审计学、管理学等专业课程融入理论课程体系中，加之应用课程与实践课程，着力培养财务管理工作的综合型智慧人才，取得了不错的成效。

最后，升级教育教学条件。如西南民族大学基于财会实验室改革运用互联网技术和信息化手段，构建集“理论、技术、操作、应用、平台”于一体的集团管控实践教学中心。以20多年的行业大数据为基础，以移动互联网集团管控云服务平台——EAS系统为载体，让学生身临其境按照集团企业的管理会计的真实岗位进行分岗实验，以达到学生学习和掌握财务大数据的收集、挖掘和分类等方面的知识，进而培养财务大数据人才的目标。攀枝花学院经济与管理学院与广西财经学院经济与贸易学院通过“‘线上’+‘线下’”的混合式教育，采取传统讲授教学结合线上自主学习，充分调动学生学习的积极性、主动性，推进教育教学创新，提高课程教学质量。

四、西部高校新财经建设的重点方向

西部高校由于其区位劣势以及教育教学投入的相对不足，使得新财经建设必须要下更大的力气，以振兴中西部高等教育为目标，新财经建设主要聚焦四个重点方向。

（一）服务于中国特色经济科学和社会主义市场经济建设的人才培养目标

习近平总书记指出“要从我国改革发展实践中提出新观点、构建新理论，努力构建具有中国特色、中国风格、中国气派的学科体系、学术体系、话语体系”；中共中央《关于加快构建中国特色哲学社会科学的意见》要求加快构建中国特色哲学社会科学。新文科建设必须服务于中国特色哲学社会科学建设。不同于西方的资本主义制度，中国的基本经济制度是“公有制为主体多种所有制并存、按劳分配为主体多种分配形式并存和中国特色社会主义市场经济体制”，新财经建设必须服务于构建中国基本经济制度基础上的经济学科体系，特别要为社会主义市场经济体制建设培养学术型、复合型、应用型人才。较长时期以来，西方经济学理论和方法在我国经济学科中占据重要地位，新财经建设必须在理论体系和教学内容上做出重大改变，要以习近平新时代中国特色社会主义思想为统帅，综合运用马克思主义政治经济理论和西方主流经济理论建构中国经济科学理论、选择发展道路，解决“道”的问题；批判地运用西方主流经济学理论、机理和管理方法设计经济运行的模式路径、体制机制等问题，解决“术”的问题，并处理好两者的关系，做到以道驭术，以术行道。目前，中国经济学理论及教材编写已经做出重要转变，教育部发文批准了

13 所高校 25 个团队编写首批“中国经济学”教材，包括中国特色社会主义政治经济学、中国宏观经济学、中国微观经济学、中国发展经济学、中国开放型经济学、中国金融学等 9 门经济学骨干课程。

（二）建立具有学校优势和地方特色的学科专业交叉融合

经济管理学科历史悠久，有较强的理论性。随着全球新科技革命和经济的快速发展，经济管理类专业也有很强的专业技能性，因此，通过学科交叉融合培养学生的综合知识与能力十分必要。交叉融合的主要渠道有三个：一是思想文化的融合。新财经培养应加强学生对中华优秀传统文化与世界先进文化的兼容并包，做到既有家国情怀又有国际视野。二是学科融合。“新财经”强调既要与新工科、新农科和新医科融合，也要与文科中的法学、历史学等学科门类结合，形成跨学科或交叉学科的专业模式，培养知识融合的创新型人才。三是技能融合，既要有较强的经济分析、管理操作能力，也要有较强的信息技术能力。同时，厘清学科专业边界，服务新产业和新业态，适当增设交叉学科专业，完善财经学科专业体系；完善通识教育、专业基础教育、专业教育序贯相接，理论教学与实践教学循环提升的教学体系；构建既重视一般经济管理教材，也加快推进中国经济学、中国管理学的教材体系。

财经院校要继续发挥财经类学科的优势和特色，系统谋划新财经学科专业的交叉融合，培养卓越财经人才；综合性大学要利用其学科专业丰富、基础学科强的优势，大力推动实施大交叉、大融合的学科专业建设，培养新财经的拔尖基础经济学人才；地方高校或专业性高校应利用其学校在地方经济特色或行业特色的优势，实施与优势学科的交叉融合，培养具有地方特色或优势学科特色的复合型财经人才，如农业大学中新文科与新农科的交叉融合、理工大学中新文科与新工科的交叉融合等。

（三）建立健全线上线下结合的教学模式

目前，以“大智移云”（大数据、智能化、移动互联网和云计算）为代表的新一代信息技术发展态势迅猛，对传统的生活方式、思维方式和学习方式产生了深远的影响，“新财经”呈现出深度科技化、高度智能化、交叉融合化、集群复合化的发展趋势，对财经专业人才的知识结构、学习能力、适应能力、创新能力等方面提出了挑战，也对高校财经专业的传统教育模式提出了转型要求。2021 年 7 月，工业和信息化部、教育部等十部门印发《5G 应用“扬帆”行动计划（2021—2023 年）》，明确了“5G+智慧教育”的重点应用领域，提出“加大 5G 在智慧课堂、全息教学、校园安防、教育管理、学生综合评价等场景的推广”。构建信息化、网络化和场景化的新财经教育模式非常必要。主要应从四个方面进行构建：一是建立健全线上教学平台；二是推进教学资源的信息化和网络化；三是提升财经教育技术装备水平；四是提高教师的数字能力和素养。总之，要加快数字校园、智慧校园、智慧（云）课堂、智慧空间、MOOC 平台、数字图书馆、VR/AR 教室、虚拟实验室等优质教育教学平台建设，开展混合式教学、沉浸式在线互动课堂教学和翻转课堂等新的教育教学方法与教学手段改革，教材保证学生能及时获取数字化知识（如人工智能、区块链、云计算、大数据等），提高教师的数字素养和能力。

（四）积极推动教育教学的国际化

全球化不仅联通了世界各国（地区）的经济市场，同时也促进了知识的共享和人才的流动。在全球化背景下，各国高等教育也迎来了新一轮国际化浪潮。国际化是世界教育发展的时代潮流，是衡量一个国家大学办学水平的重要指标。2016 年《关于做好新时期教育对外开放工作的若干意见》进一步明确提出：坚持扩大开放，做强中国教育，推进人文交流，不断提升我国教育质量、国家软实力和国际影响力。2019 年《中国教育现代化 2035》重点部署了教育现代化的十大战略任务，其一就是开创教育对外开放新格局。因此，教育国际化也是“新财经”建设的重要任务。一是搭建国际交流平台。应注重与国外知名财经高校、综合高校扩展交流合作内容，有计划、有步骤地开展暑期国际交流周、海外实习项目等，搭建双向交流平台，营造学校国际化氛围。在后疫情时代，可以利用网络工具线上举办经验分享、学术论坛、成果汇报等交流会，也可以利用微信公众号等新媒体推送相关信息。二是培养国际化的教师队伍。鼓励、选派中青年教师赴海外高水平院校访学研修，学习和借鉴先进的财经教育理念和经验，提升教学科研能力，还应该鼓励教师参与国际科研项目合作，协同共创高水平科研成果。同时，拓宽人才引进思路，积极聘用外籍教师，加快国际化课程和学科建设。三是推动学生进行国际交流学习。积极开辟海外人才教育市场，通过交换生互换项目、联合培养项目等推进与国外高校的合作，一方面要吸引海外留学生来华学习交流，扩大校内留学生规模并优化学生结构，推进我国教学资源的有效输出；另一方面要让我国优秀人才“走出去”，到国际知名高校学习，到国际知名公司、机构实习和就业，培养熟悉国际经贸惯例与法规的财经人才特别是经贸人才。

参考文献

［1］DIAS M A R，杨习超. 国际高等教育发展趋势、问题与建议：联合国教科文组织前高教处处长迪亚斯教授专访［J］. 苏州大学学报（教育科学

版），2015，3（3）：71-80.

［2］高教司. 教育部高教司新闻［EB/OL］.（2022-03-29）［2022-04-04］. https://baijiahao.baidu.com/s? id=1728600212418762029&wfr=spider&for=pc.

［3］WORLD ECONOMIC FORUM. The global competitiveness report 2016-2017［EB/OL］.（2016-09-28）［2022-04-04］.https://www.weforum.org/reports/the-global-competitiveness-report-2016-2017-1/.

［4］别敦荣，易梦春. 普及化趋势与世界高等教育发展格局：基于联合国教科文组织统计研究所相关数据的分析［J］. 教育研究，2018，39（4）：135-143，149.

［5］UNESCO. Education 2030：Incheon declaration and framework for action：towards inclusive and equitable quality education and lifelong learning for all［EB/OL］.（2017-07-20）［2022-04-04］.http://www.uis.unesco.org/Education/Documents/incheon-framework-for-action-en.pdf.

［6］张伟，刘宝存. 在地国际化：中国高等教育发展的新走向［J］. 大学教育科学，2017（3）：10-17，120.

［7］李凤亮. 抢抓"新文科"发展机遇，加快文化产业交叉学科建设［J］. 中国文化产业评论，2021，30（1）：27-34.

［8］VARLOTTA L，HIRAM. College as the new liberal arts：integrated study，high - impact experiences，mindful technology［EB/OL］.（2017-04-05）［2022-04-04］。http:si/Zh-ww. higheredtoday. org/2017/04/05/hirani - college - new - liberal - arts - integrated - study - high - impact - experiences - mindful - technology.

［9］周毅，李卓卓. 新文科建设的理路与设计［J］. 中国大学教学，2019（6）：52-59.

［10］王重润. 新文科背景下新财经教育改革路径及案例研究［J］. 黑龙江高教研究，2020（12）：57-62.

［11］刘兵，刘培琪. 基于新文科视角的新财经人才培养理念探析［J］. 河北经贸大学学报（综合版），2021，21（3）：16-20.

［12］樊丽明，杨灿明，马骁，等. 新文科建设的内涵与发展路径（笔谈）［J］. 中国高教研究，2019（10）：10-13.

［13］张辉，李明耀. 新文科建设背景下的法管科际整合课程探析：以"经济法律通论"课程为例［J］. 中国大学教学，2020（12）：42-45，69.

［14］龙小凤，杨鹏，谢一宁，等. 新文科建设背景下财经类高校本科生实践创新能力培养研究［J］. 湖南人文科技学院学报，2022，39（1）：109-113.

[15] 祝捷，朱虹. 应用型转变建设背景下新文科建设路径的思考与设计[J]. 齐齐哈尔师范高等专科学校学报，2021（6）：30-32.

[16] 龙宝新. 中国新文科的时代内涵与建设路向［J］. 南京社会科学，2021（1）：135-143.

[17] 成海鹰，曾慧敏. 新文科教育与人才培养模式的嬗变［J］. 汕头大学学报（人文社会科学版），2021，37（5）：19-27，94.

[18] 全国财经高校科研管理工作会议暨新财经教育改革研讨会成功举办[J]. 河北经贸大学学报（综合版），2021，21（2）：2.

[19] 马骁，李良华，孙晓东. 关于重构“新财经”人才培养体系的思考[J]. 高等教育评论，2019，7（1）：60-67.

[20] 卓志. 加快推进中国特色“新财经”教育创新发展［J］. 新文科教育研究，2021，1（1）：82-89，143.

[21] 彭青.“新财经”建设：内涵特征与发展路径［J］. 重庆工商大学学报（社会科学版），2021，38（5）：82-87.

[22] 陈益刚. 新财经建设：观念变革、机制创新与实践探索［J］. 高等教育评论，2021，9（2）：97-110.

[23] 张希颖，李清.“新财经”建设内涵初探［J］. 环渤海经济瞭望，2020（11）：155-156.

[24] 董兆伟，柳天恩.“新财经”教育改革的思考与实践：以河北经贸大学为例［J］. 新文科教育研究，2021（3）：72-81，142.

[25] 范露华，林娟. 地方本科高校新商科人才培养体系探索与实践［J］. 长春工程学院学报（社会科学版），2021，22（4）：140-144.

[26] 龚关，郭艳艳. 资源短缺地区高校新商科人才双创教育模式构建思考［J］. 中国培训，2020（9）：46-47.

[27] 杨建新. 建设“新商科”，探索新路径［J］. 江苏教育，2021（29）：42-43.

[28] 电子科技大学新闻网. 推进“新财经+新工科”深度交融 电子科大和西南财大签署战略合作协议［EB/OL］.（2021-04-12）［2022-03-09］. https://news. uestc. edu. cn/? n = UestcNews. Front. DocumentV2. ArticlePage&Id =79549.

[29] 四川省教育厅. 西南财经大学以“新财经”理念为引领着力培养复合型财经人才［EB/OL］.（2021-08-24）［2022-03-09］. http://edu.sc.gov.cn/scedu/c100768/2021/8/24/3371bde24ee94202 bcef 019c3f87a10e.shtml.

［30］郭双建. 校企深度合作协同育人人才培养模式改革与实践：以贵州财经大学为例［J］. 菏泽学院学报，2019，41（3）：73-76.

［31］雷健敏. 高校“统计学”课程多元混合教学模式应用研究：以云南财经大学为例［J］. 教育教学论坛，2021（5）：133-136.

［32］东方社岐，陈翔，张亮，等. 地方财经院校新文科建设策略探讨：以西安财经大学为例［J］. 营销界，2021（39）：180-181.

［33］杜永军，郭伟，潘腾飞. 基于地缘优势，打造丝绸之路经济带人才培养新模式：访兰州财经大学校长蔡文浩［J］. 世界教育信息，2021，34（8）：8-13.

［34］杨彩玲，何娅梅. 工商管理本科专业精细化人才培养模式改革研究：以宁夏大学为例［J］. 兰州职业技术学院学报，2021，37（6）：64-66，111.

［35］蒋远胜，陶睿. 课程思政与财经高等教育教学改革［M］. 四川：西南财经大学出版社，2021.

［36］段登辉. 地方本科院校金融工程专业实验教学体系建设探索：以贵州商学院为例［J］. 产业与科技论坛，2021，20（16）：265-267.

［37］牛秀敏，胡亚会. 应用型人才培养目标下西方经济学实践教学改革研究［J］. 创新创业理论研究与实践，2020，3（22）：63-64，67.

［38］廖战海. 跨境电商背景下创新创业型外贸人才教学改革与实践：混合式教学在《国际贸易地理》课程中的应用［J］. 当代旅游：下旬刊，2019（3）：17-18.

［39］柳秋红. 产教融合背景下基于混合式教学模式的课程设计：以会计学基础为例［J］. 文化创新比较研究，2019，3（36）：93-95.

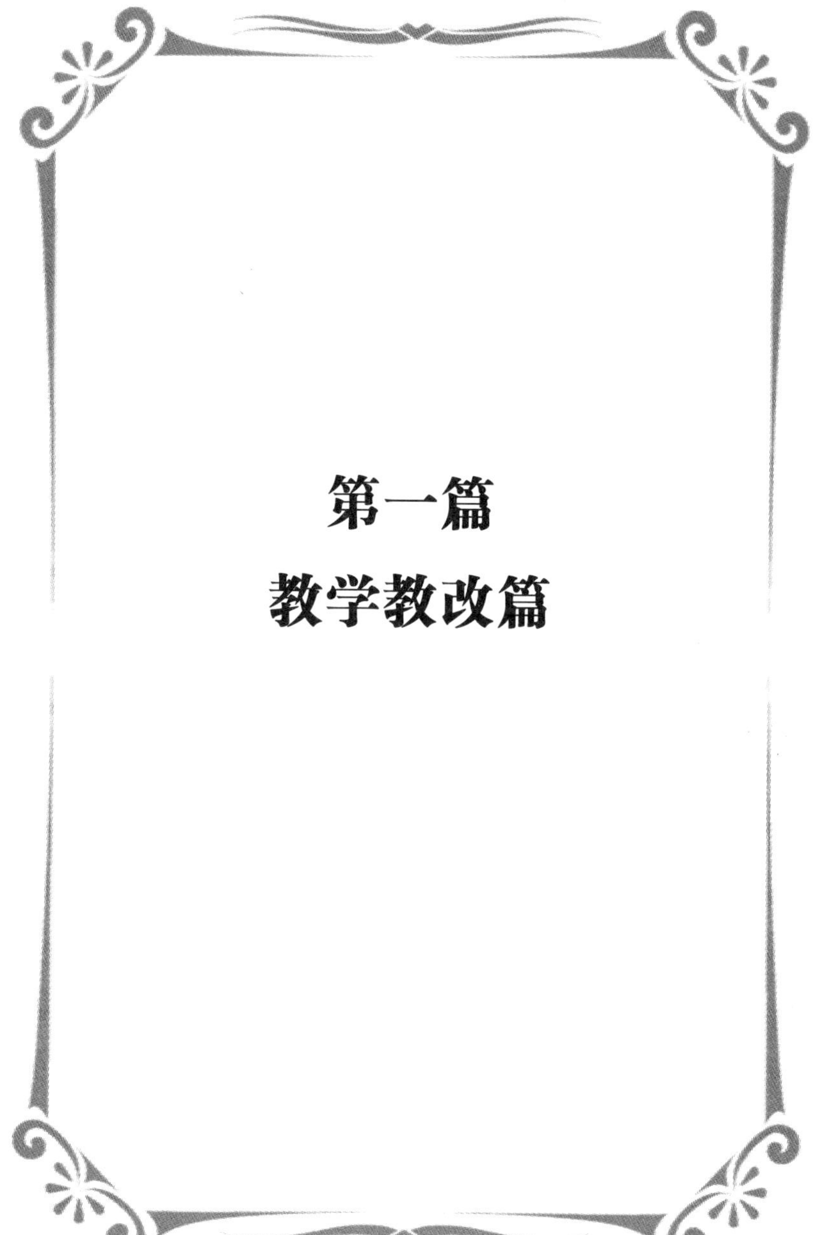

第一篇

教学教改篇

本科高校分层分类教学试点效果分析
——基于四川轻化工大学的实践

毛亮　杨成龙　杨波
（四川轻化工大学管理学院）

摘要： 随着高校生源的差异性越来越显著，地方普通高校的学生在知识面、爱好、特点、职业规划等方面的差异也越来越大。传统的大班教学方式已不适应精准教育的要求，分层分类教学方式是地方普通高校面临的必然选择。文章以四川轻化工大学会计专业为例，选取2016级至2019级四个年级的学生成绩，通过统计软件计算平均值、标准差、最大最小值，利用样本T检验判断其差异的显著性，对比分析英才班和普通班学生的共同课程的成绩差异，结合差异化课程的平均成绩，进而判断英才班的试点效果。结果显示，分层分类教学方式对人才培养具有明显的正向作用，同时表明，英才班培养目标的设置与英才班学生的主观意愿是否一致对培养效果的好坏有较大影响。

关键词： 分层教学；分类教学；对比分析；试点班

一、引言

心理学研究表明，不同的学生由于在成长期间接触的环境不一样，因此在教育方面存在认知差异，包括认知发展差异、认知风格差异、认知智力差异。从1999年高校实施扩招政策开始，高校学生在入学时表现出来的认知差异越来越大。所谓分层分类教学，就是指教师根据学生现有的知识、能力和潜力，科学地把学生划分为若干层次和类别，因材施教，对不同类型的学生予以不同的学习指导，让每个学生都能得到发展和相应的提高。

分层分类教学最初起源于美国。为了培养大批教育背景差异较大的移民儿童，美国部分教育机构以心理学、教育学理论为基础，开展了分层分类教学。维果茨基的最近发展区理论指出：学生的发展存在两种水平，一种是现有水平，另一种是可能发展的水平，两者之间的差距就是最近发展区。布鲁姆的掌握学习理论强调：只要有足够的条件，每个学生就能够掌握任何教学内容。这些观点为国外的分层分类教学提供了理论支撑。

20 世纪 80 年代，分层分类教学理念开始进入中国，国内许多学校，特别是中小学进行了分层分类教学的研究和实践。国内学者邱学华提出的尝试教学法、学者胡兴宏提出的分层递进教学法等为国内的分层分类教学提供了一定的理论支撑。1992 年，学者周谔提出分层教学、分类指导。归根结底，这些分层分类教学理念都来自 2 000 多年前孔子的因材施教思想。

20 世纪 90 年代末以来，众多中等职业学院纷纷对分层分类教学方法进行探索，主要针对某一门课程采用分层分类教学，多为英语、数学等基础课程。经过多年的探索和实践，分层分类教学被越来越多的学者提及，应用范围也逐步扩大，相关的研究也日益多元化。

在知网中输入关键词“分层分类教学”并搜索，共检索出文献 22 732 篇，其中高等教育类的仅占 5.1%，以中等教育和外语教学为主题的占 53.6%。通过关键词“高校分层分类教学”搜索 2015 年以来的文献，得到 308 篇，其中高校将分层分类教学应用于体育和艺术领域的文章有 224 篇。很明显，将分层分类教学模式用于本科专业人才体系建设的研究和实践还很缺乏。

在高等学校中，一个很普遍的现象是，同一个专业的学生在毕业时的专业技能相差很大，并且约 30%的毕业生不从事与专业相关的工作。因此，我们思考：是否可以将分层分类教学理念应用于同一专业的本科生培养中？四川轻化工大学会计专业的学生人数较多，并且会计专业的学生需要掌握的知识、技能以及考取的职业资格证书也较多，因此我们选取了会计专业来进行试点。

二、研究设计

（一）英才班设立及培养方案

四川轻化工大学会计专业从 2016 级开始进行分层分类教学试点，这一试点项目称为“英才班计划”，试点班级简称“英才班”。分层分类的方法如下：按照高考和入学考试的综合成绩对学生进行排名，择优录取一定数量的学生进入英才班，其余学生进入普通班。普通班和英才班所开课程和学分设置有一定的差别，为给予英才班学生充分自由的学习时间，英才班学生比普通班学生少修 10 个学分。相同的课程采用相同的教学大纲，选修课的设置则有一定的差别，英才班采用单班授课方式。

在 2016 级会计专业新生进入学校的第一周，我们统一安排了英语和数学考试，结合高考时的英语成绩及数学成绩进行折算，按照总分从高到低的顺序排名，选择 60 名同学进入英才班，其后四年不再进行调整。2017 级英才班的设置稍有改变，设立了以分层教育为主的英才班和以分类教育为主的 ACCA 方向班（以下简称“ACCA 班”）。2018 级、2019 级英才班则只设置了ACCA 班。

四川轻化工大学会计专业通过设置不同的课程，培养不同层次和方向的学生，其中普通班注重训练专业知识技能，适应社会培养高质量应用型人才的需要，帮助学生找到更好的工作；英才班则注重培养科研能力强的国际化人才，强调以数学、英语为基础，重点讲授管理研究方法类课程，目的是让学生为升学或出国深造做准备。

（二）研究对象及数据采集

我们通过学校教务系统导出 4 个年级的所有学生的全部课程成绩，考虑到课程成绩的完整性和同一时期考核标准的一致性，去掉了专升本学生的成绩，剔除了部分课程旷考、缓考和没有成绩的学生。同时，为了数据对比的一致性，我们将对比成绩的课程设置为普通班和英才班均开设的课程，同时对英才班开设的拓展性课程进行了统计。考虑到大四学生因考研所致的部分课程缓考的情况，经过整理，我们选取 2016 级会计专业学生前 6 学期的各科成绩、2017 级会计专业学生前 4 学期的各科成绩（2017 级英才班包括英才班和 ACCA 班）、2018 级会计专业学生前 3 学期的各科成绩（2018 级英才班只有 ACCA 班）、2019 级会计专业学生第 1 学期的各科成绩（2019 级英才班只有 ACCA 班）进行分析。

三、数据对比分析

我们采用 SPSS 22 软件进行数据分析，先对考试课成绩进行数据描述统计，然后对考查课成绩的优、良、中、及格按 95 分、85 分、75 分、65 分进行赋值，最后计算样本各课程的成绩均值、分数标准差、最大最小值及平均值之差，采用独立样本 T 检验来判断差异发生的概率，从而比较两个样本集的成绩分布差异是否显著。

（一）2016 级成绩对比分析

1. 2016 级大一成绩对比分析

选取 2016 级大一英才班成绩 60 份，剔除 1 份无效成绩，有效成绩为 59 份；2016 级大一普通班成绩 128 份，剔除 1 名转专业的同学，有效成绩为 127 份。我们利用 SPSS 22 软件计算考试课成绩，得到的结果如表 1 所示。

表 1　2016 级大一考试课成绩对比　　　　单位：分

项目	高数 2	体育 2	计算机基础	高数 1	外语 2	体育 1	经济学	外语 1	基础会计
平均值（A）	81.58	80.85	84.42	86.68	73.54	76.44	78.15	77.37	85.68
标准偏差（A）	9.36	5.89	5.95	9.66	7.21	7.29	8.18	6.40	7.14
最小值（A）	61.00	69.00	64.00	60.00	60.00	62.00	60.00	64.00	67.00
最大值（A）	99.00	94.00	96.00	100.00	90.00	93.00	93.00	91.00	98.00
平均值（B）	77.98	78.51	81.16	79.87	74.51	74.65	73.59	74.98	83.11
标准偏差（B）	12.11	8.27	6.68	10.60	9.18	7.24	8.69	6.41	8.61
最小值（B）	35.00	45.00	64.00	44.00	39.00	61.00	55.00	51.00	60.00
最大值（B）	99.00	95.00	93.00	99.00	92.00	93.00	93.00	92.00	100.00
平均值之差（A-B）	3.60	2.34	3.26	6.81	-0.97	1.79	4.56	2.39	2.57

注：（A）代表英才班，（B）代表普通班。

通过表 1 可以看出，英才班在考试课中，除了外语 2 的平均分低于普通班，其余课程的平均分都高于普通班，且除了体育 1 外，每门课程的标准偏差也小于普通班。这说明英才班的成绩分布较为集中，波动幅度较小，表明英才班在该学年的成绩总体优于普通班。

2016 级大一考试课成绩 T 检验结果如表 2 所示。从表 2 可以看出，英才班和普通班的高数 2、体育 2、计算机基础、高数 1、经济学、外语 1、基础会计成绩都存在明显的差异，显著性分别为 0.029、0.029、0.001、0、0.001、0.020、0.035，这些课程的平均值之差分别为 3.60 分、2.34 分、3.26 分、6.81 分、4.56 分、2.39 分、2.57 分。这表明，两个班级的成绩差异较为明显，且英才班的考试课的总体成绩都优于普通班。

表 2　2016 级大一考试课成绩 T 检验结果

项目		Levene 的变异数相等测试		针对平均值是否相等的 t 测试		
		F	显著性	T	df	显著性（双尾）
高数 2	采用相等变异数	5.543	0.020	-2.015	184	0.045
	不采用相等变异数			-2.210	143.340	0.029

表2(续)

项目		Levene 的变异数相等测试		针对平均值是否相等的 t 测试		
		F	显著性	T	df	显著性（双尾）
体育 2	采用相等变异数	5.032	0.026	-1.950	184	0.053
	不采用相等变异数			-2.201	153.619	0.029
计算机基础	采用相等变异数	1.660	0.199	-3.209	184	0.002
	不采用相等变异数			-3.349	126.086	0.001
高数 1	采用相等变异数	0.103	0.748	-4.191	184	0.000
	不采用相等变异数			-4.336	123.290	0.000
外语 2	采用相等变异数	6.485	0.012	0.715	184	0.476
	不采用相等变异数			0.780	141.287	0.437
体育 1	采用相等变异数	0.229	0.633	-1.570	184	0.118
	不采用相等变异数			-1.566	112.444	0.120
经济学	采用相等变异数	0.725	0.396	-3.390	184	0.001
	不采用相等变异数			-3.467	119.660	0.001
外语 1	采用相等变异数	0.101	0.752	-2.366	184	0.019
	不采用相等变异数			-2.367	113.248	0.020
基础会计	采用相等变异数	1.732	0.190	-1.994	184	0.048
	不采用相等变异数			-2.135	134.591	0.035

如表 3 所示，英才班在考查课中，思想道德修养与法律基础和基础会计实验两门课程的成绩不如普通班，但职业生涯规划和心理健康教育两门课程的成绩明显优于普通班，而且外语听说课程的平均成绩高于普通班。此外，通过对 2016 级大一考查课成绩进行 T 检验，看出两个班在思想道德修养与法律基础、基础会计实验、职业生涯规划、心理健康教育四门课程上的差异显著性分别为 0.001、0.000、0.000、0.039，四门课程存在比较明显的差异。

表 3　2016 级大一第一学年考查课成绩对比　　　单位：分

项目	近现代史纲要	思想道德修养与法律基础	基础会计实验	外语听说 1	外语听说 2	职业生涯规划	心理健康教育	中西方文化比较
平均值（A）	87.88	91.10	82.46	89.75	90.42	86.02	87.37	91.27
标准偏差（A）	5.59	4.92	4.39	6.79	5.97	3.05	6.25	4.88
最小值（A）	75.00	85.00	75.00	65.00	75.00	85.00	75.00	85.00
最大值（A）	95.00	95.00	85.00	95.00	95.00	95.00	95.00	95.00
平均值（B）	87.20	93.50	86.34	88.46	88.78	82.17	85.00	90.83
标准偏差（B）	6.16	3.58	4.06	7.06	6.16	4.70	7.66	6.35
最小值（B）	75.00	85.00	75.00	65.00	75.00	75.00	65.00	65.00
最大值（B）	95.00	95.00	95.00	95.00	95.00	95.00	95.00	95.00
平均值之差（A-B）	0.68	-2.40	-3.88	1.29	1.64	3.85	2.37	0.44

注：（A）代表英才班，（B）代表普通班。

2. 2016 级大二成绩对比分析

选取 2016 级大二英才班成绩 59 份，剔除 1 名缓考同学的成绩，有效成绩为 58 份；2016 级大二普通班成绩 127 份，剔除 2 份无效成绩，有效成绩为 125 份。我们通过计算，得到如表 4、表 5 所示的结果。

表 4　2016 级大二考试课成绩分布　　　单位：分

项目	中级财务会计（上）	中级财务会计（下）	外语 4	体育 4	经济数学 1	管理学原理	外语 3	体育 3	统计学	马克思主义基本原理
平均值（A）	85.21	86.36	81.53	81.86	73.60	84.93	77.86	81.76	84.59	87.98
标准偏差（A）	6.19	6.17	6.65	6.23	10.41	9.47	6.56	5.33	9.86	4.58
最小值（A）	70.00	69.00	56.00	67.00	45.00	63.00	60.00	67.00	59.00	77.00
最大值（A）	96.00	98.00	92.00	92.00	93.00	99.00	92.00	92.00	99.00	97.00
平均值（B）	82.54	81.48	79.42	77.91	73.33	80.90	73.56	77.82	81.16	87.51
标准偏差（B）	9.18	8.84	5.99	6.42	10.53	9.75	7.81	6.92	11.36	5.53
最小值（B）	62.00	46.00	65.00	60.00	46.00	56.00	60.00	60.00	47.00	70.00
最大值（B）	99.00	99.00	92.00	93.00	100.00	98.00	91.00	90.00	99.00	98.00
平均值差（A-B）	2.67	4.88	2.11	3.95	0.27	4.03	4.30	3.94	3.43	0.47

注：（A）代表英才班，（B）代表普通班。

表 5　2016 级大二考查课成绩分布　　单位：分

项目	外语听说 3	外语听说 4	市场调查	毛中特
平均值（A）	92.07	88.45	83.79	94.66
标准偏差（A）	4.59	7.15	6.23	1.84
最小值（A）	85.00	65.00	65.00	85.00
最大值（A）	95.00	95.00	95.00	95.00
平均值（B）	89.24	87.40	87.16	85.72
标准偏差（B）	7.21	7.00	5.76	7.95
最小值（B）	65.00	65.00	65.00	65.00
最大值（B）	95.00	95.00	95.00	95.00
平均值差（A-B）	2.83	1.05	-3.37	8.94

注：（A）代表英才班，（B）代表普通班。

如表 4 所示，英才班在所有考试课中的成绩都优于普通班，且成绩波动幅度小于普通班，这说明在大二的课程之中，英才班学生的平均水平高于普通班学生的平均水平。我们对 2016 级大二考试课成绩进行 T 检验，检验结果显示，英才班和普通班在中级财务会计（上）、中级财务会计（下）、外语 4、体育 4、管理学原理、外语 3、体育 3、统计学这些考试课中的显著性分别为 0.022、0.000、0.034、0.000、0.009、0.000、0.000、0.039，这说明两个班的大部分考试课成绩差异较为明显。从表 5 中可以看出，两个班的外语听说 3 课程的成绩差异较为明显（显著性为 0.002），普通班还存在成绩刚好及格的学生，而英才班的最低分为 85 分。两个班的毛泽东思想和中国特色社会主义理论体系概论（以下简称“毛中特”）课程的成绩差异也较为明显（显著性为 0.000），平均分相差 8.94 分。此外，英才班单独开设的战略管理和专业研究能力训练两门课程的平均成绩分别为 90 分和 84.66 分，整体效果较好。综上，2016 级大二英才班的成绩与普通班的成绩相比具有比较明显的优势。

3. 2016 级大三成绩对比分析

选取 2016 级大三英才班有效成绩 59 份、普通班有效成绩 126 份进行计算。表 6 为两个班考试课成绩分布，表 7 为两个班考查课成绩分布，表 8 为独立样本 T 检验结果，综合看出 2016 级大三所开课程中专业课的占比较大，英才班和普通班在考试课成绩上的差异不大。根据独立样本 T 检验也可以看出，两个班的毛中特和财务决策实验课程的成绩差异较为明显，显著性分别为 0.029 和 0.01，通过对比平均值差也可以看出，平均成绩分别相差 2.45 分和

2.27 分。查看考查课，两个班的会计电算化 A 和专业实习课程的成绩差异显著，其显著性均为 0.000，平均成绩分别相差 4.63 分和 3.32 分，英才班的成绩优于普通班。对于单独开设的拓展课程，英才班开设了计量经济学、专业项目研究和综合项目研究，三门课程的平均成绩分别为 86.36 分、85.68 分、85.17 分，总体水平达到良好。综合来看，到了大三，由于专业课的增加及普通班学生对专业课的重视，两个班的成绩差异并不明显。

表 6　2016 级大三考试课成绩分布　　单位：分

项目	高级财务会计	毛中特	财务管理	管理会计	成本会计	财务决策实验
平均值（A）	84.73	79.29	80.10	87.08	83.24	83.22
标准偏差（A）	7.77	7.07	8.45	6.02	7.84	4.71
最小值（A）	55.00	60.00	55.00	69.00	63.00	80.00
最大值（A）	95.00	93.00	96.00	96.00	96.00	90.00
平均值（B）	86.17	76.84	80.87	86.83	82.54	80.95
标准偏差（B）	6.90	7.04	7.07	6.28	8.69	5.86
最小值（B）	54.00	60.00	54.00	66.00	60.00	70.00
最大值（B）	99.00	94.00	96.00	98.00	98.00	90.00
平均值差（A−B）	−1.44	2.45	−0.77	0.25	0.70	2.27

注：（A）代表英才班，（B）代表普通班。

表 7　2016 级大三考查课成绩分布　　单位：分

项目	财务管理课程设计	政府与非营利会计	企业资源计划（ERP）实验	成本会计实验	资产评估	会计电算化 A	纳税筹划	专业实习
平均值（A）	86.86	87.12	87.37	86.86	92.97	91.61	79.75	88.56
标准偏差（A）	6.29	8.05	5.36	3.93	5.18	4.77	11.94	4.83
最小值（A）	75.00	50.00	75.00	85.00	75.00	85.00	65.00	85.00
最大值（A）	95.00	95.00	95.00	95.00	95.00	95.00	95.00	95.00
平均值（B）	86.03	86.59	86.27	86.75	92.22	86.98	81.67	85.24
标准偏差（B）	6.67	6.74	7.48	4.40	5.00	4.00	11.93	5.29

表7(续)

项目	财务管理课程设计	政府与非营利会计	企业资源计划(ERP)实验	成本会计实验	资产评估	会计电算化 A	纳税筹划	专业实习
最小值（B）	75.00	75.00	65.00	75.00	75.00	85.00	65.00	65.00
最大值（B）	95.00	95.00	95.00	95.00	95.00	95.00	95.00	95.00
平均值差（A-B）	0.83	0.53	1.10	0.11	0.75	4.63	-1.92	3.32

注：（A）代表英才班，（B）代表普通班。

表8 2016级大三成绩T检验结果

项目		Levene 的变异数相等测试		针对平均值是否相等的 t 测试		
		F	显著性	T	df	显著性（双尾）
毛中特	采用相等变异数	0.006	0.941	-2.201	183	0.029
	不采用相等变异数			-2.197	112.931	0.030
会计电算化 A	采用相等变异数	14.360	0.000	6.879	183	0.000
	不采用相等变异数			6.455	97.584	0.000
纳税筹划	采用相等变异数	0.001	0.973	-1.020	183	0.309
	不采用相等变异数			-1.020	113.414	0.310
专业实习	采用相等变异数	10.247	0.002	4.092	183	0.000
	不采用相等变异数			4.228	123.330	0.000
财务决策实验	采用相等变异数	0.364	0.547	-2.605	183	0.010
	不采用相等变异数			-2.816	138.564	0.006

（二）2017级成绩对比分析

1. 2017级大一成绩对比分析

选取2017级大一英才班（含ACCA班，下同）成绩66份，剔除无效成绩3份，获得有效成绩63份；选取普通班成绩143份，剔除无效成绩2份，获得有效成绩141份。我们通过统计考试课成绩的平均值、标准偏差及最大、最小值来分析。我们统计税法、高数2、体育2、计算机基础、近代史、高数1、外语2等课程的成绩，再进行T检验，计算差异显著性，结果如表9、表10所示。英才班和普通班在近代史、外语 2、外语 1 三门课程中的差异显著性分别为 0. 000、0. 006、0. 002（<0. 05），且英才班的三门课程的平均成绩都明显高于普通班，平均分分别相差 3. 7 分、3. 1 分、3. 4 分。但对比高数 1、高数 2、体育 1 和体育 2，英才班的平均成绩都低于普通班，尽管差别不具有显著性。表 11 为 2017 级大一考查课成绩分布表，通过对比分析，可以看出英才班的外语听说 1、外语听说 2、职业生涯规划和中西方文化比较四门课程的成绩显著高于普通班，在其余考查课方面，英才班除了工程实训的成绩略低于普通班，其他课程的成绩均高于普通班。

综合来看，对于考试课，英才班和普通班的表现各有千秋，两个班均有成绩高于对方的课程，考查课的表现则为英才班优于普通班。通过分析，我们认为，导致这一结果的主要原因是，ACCA 班的加入使得进入英才班的评判标准变为主要考核英语水平，因此一些英语较好的文科学生进入了英才班，而其在大一的高等数学学习中无任何优势。

表 9　2017 级大一成绩 T 检验结果

项目		Levene 的变异性相等测试		针对平均值是否相等的 *t* 测试		
		F	显著性	*T*	df	显著性（双尾）
税法	采用相等变异数	0. 593	0. 442	0. 968	202	0. 334
	不采用相等变异数			0. 943	112. 226	0. 348
高数 2	采用相等变异数	0. 172	0. 679	−0. 543	202	0. 588
	不采用相等变异数			−0. 551	123. 808	0. 582
体育 2	采用相等变异数	4. 945	0. 027	−1. 176	202	0. 241
	不采用相等变异数			−1. 268	143. 663	0. 207
计算机基础	采用相等变异数	1. 375	0. 242	−0. 471	202	0. 638
	不采用相等变异数			−0. 499	137. 462	0. 618
近代史	采用相等变异数	6. 016	0. 015	4. 259	202	0. 000
	不采用相等变异数			4. 650	148. 342	0. 000
高数 1	采用相等变异数	0. 819	0. 367	−0. 491	202	0. 624
	不采用相等变异数			−0. 521	138. 262	0. 603
外语 2	采用相等变异数	2. 011	0. 158	2. 798	202	0. 006
	不采用相等变异数			2. 978	139. 029	0. 003
外语听说 2	采用相等变异数	0. 056	0. 813	2. 364	202	0. 019
	不采用相等变异数			2. 381	121. 211	0. 019

表9(续)

项目		Levene 的变异性相等测试		针对平均值是否相等的 t 测试		
		F	显著性	T	df	显著性(双尾)
思想道德修养与法律基础	采用相等变异数	0.352	0.554	0.446	202	0.656
	不采用相等变异数			0.443	116.992	0.659
中西方文化比较	采用相等变异数	13.590	0.000	7.146	202	0.000
	不采用相等变异数			6.981	112.928	0.000
经济学	采用相等变异数	1.701	0.194	-0.981	202	0.328
	不采用相等变异数			-1.028	133.456	0.306
外语 1	采用相等变异数	2.164	0.143	3.085	202	0.002
	不采用相等变异数			3.244	134.820	0.001
职业生涯规划	采用相等变异数	15.960	0.000	2.994	202	0.003
	不采用相等变异数			3.352	158.080	0.001

表 10　2017 级大一部分考试课成绩分布　　　单位：分

项目	高数 2	体育 2	近代史	高数 1	外语 2	体育 1	外语 1
平均值(A)	79.7	79.3	80.7	77.0	81.6	76.0	80.2
标准偏差(A)	10.2	4.6	4.8	10.9	6.4	6.4	6.7
最小值(A)	60.0	68.0	63.0	55.0	60.0	60.0	60.0
最大值(A)	98.0	92.0	90.0	95.0	93.0	90.0	93.0
平均值(B)	80.5	80.3	77.0	77.9	78.5	76.5	76.8
标准偏差(B)	10.7	5.7	6.0	12.7	7.6	6.4	7.6
最小值(B)	36.0	68.0	61.0	32.0	42.0	60.0	51.0
最大值(B)	99.0	96.0	92.0	100.0	95.0	96.0	90.0
平均值差(A-B)	-0.8	-1.0	3.7	-0.9	3.1	-0.5	3.4

注：(A) 代表英才班，(B) 代表普通班。

表 11　2017 级大一考查课成绩分布　　　单位:分

项目	工程实训	基础会计实验	外语听说 1	外语听说 2	职业生涯规划	心理健康教育	中西方文化比较
平均值(A)	82.30	87.22	88.17	87.22	91.67	83.73	88.81
标准偏差(A)	5.74	5.52	8.39	10.23	6.48	7.07	4.90

表11（续）

项目	工程实训	基础会计实验	外语听说1	外语听说2	职业生涯规划	心理健康教育	中西方文化比较
最小值（A）	65.00	75.00	65.00	65.00	65.00	65.00	85.00
最大值（A）	95.00	95.00	95.00	95.00	95.00	95.00	95.00
平均值（B）	83.44	86.42	86.42	83.51	87.98	82.87	83.72
标准偏差（B）	6.13	5.55	8.83	10.42	8.76	5.83	4.61
最小值（B）	75.00	75.00	65.00	65.00	65.00	65.00	75.00
最大值（B）	95.00	95.00	95.00	95.00	95.00	95.00	95.00
平均值差（A-B）	-1.14	0.80	1.75	3.71	3.69	0.86	5.09

注：（A）代表英才班，（B）代表普通班。

2. 2017级大二成绩对比分析

选取2017级大二英才班（含ACCA班，下同）有效成绩66份，选取普通班成绩142份，剔除缓考成绩2份，获得有效成绩140份。2017级在大二学年，开设中级财务会计（上）、中级财务会计（下）、财务管理、成本会计等14门考试课，开设外语听说3、外语听说4和财务管理课程设计3门考查课。

我们对成绩进行独立样本T检验，结果显示，所有课程的显著性差异都大于0.05，这表明两个班级在所有课程的成绩上均不存在明显的差异。我们计算平均成绩，结果显示，普通班的中级财务会计（上）、中级财务会计（下）、毛中特、经济数学2、体育3、马克思主义基本原理、成本会计课程的平均成绩都高出英才班1分，英才班的外语4、成本会计实验、体育4、经济数学1、外语3、财务管理A，统计学课程的平均成绩都高出普通班1分。在考查课方面，如表12所示，英才班的学生的外语学习能力略强于普通班。无论是考查课的外语听说成绩，还是考试课的外语成绩，英才班都存在一定的优势。对于单独开设的拓展课程，英才班开设的专业研究能力训练课程的平均成绩为83.79分。

综合来看，英才班的外语水平高于普通班，但是对于专业课的学习，分析结果显示，两个班没有明显的差异，即两个班的学生在专业课的学习能力、积极性及兴趣上，差别是不显著的。

表 12　2017 级大二考查课成绩分布　　单位：分

项目	外语听说 3	财务管理课程设计	外语听说 4
平均值（A）	86.06	87.42	91.36
标准偏差（A）	10.40	6.34	5.72
最小值（A）	65.00	75.00	75.00
最大值（A）	95.00	95.00	95.00
平均值（B）	86.00	87.86	91.07
标准偏差（B）	10.06	5.79	6.31
最小值（B）	65.00	75.00	65.00
最大值（B）	95.00	95.00	95.00
平均值差（A-B）	0.06	-0.44	0.29

注：（A）代表英才班，（B）代表普通班。

（三）2018 级成绩对比分析

1. 2018 级大一成绩对比分析

选取 2018 级大一 ACCA 班成绩 63 份，剔除 4 名转专业学生的成绩，获得有效成绩 59 份；选取普通班成绩 182 份，剔除 10 份信息不全的成绩，获得有效成绩 172 份。表 13 是 2018 级大一考试课成绩分布，表 14 为独立样本 T 检验的结果。结果显示，ACCA 班和普通班在高数 2、高数 1、思想道德修养与法律基础、基础会计四门课程上的显著性分别为 0.043、0.001、0.000、0.018（<0.05），即两个班存在显著差异。ACCA 班的这四门课程的平均成绩分别为 76.8 分、76.1 分、76.3 分、77.9 分，而普通班则为 81 分、81.5 分、80 分、81.4 分，普通班的成绩均显著高于 ACCA 班。在其余考试课中，两个班的成绩不存在明显差异，但是普通班的平均成绩除了外语 1、体育 1 外均高于 ACCA 班。在考查课方面，成绩统计结果如表 15 所示。在工程训练（金工）D 和大学生心理健康教育两门课程中，ACCA 班的成绩和普通班的成绩存在明显差异（差异显著性为 0.004 和 0.001），并且普通班的这两门课程的平均成绩均高于 ACCA 班，ACCA 班仅在入学安全教育、外语听说 1 和外语听说 2 三门课程上占据细微优势，其余课程的成绩都低于普通班。对于 ACCA 班单独开设的拓展课程——会计师与企业（Accountant in Business），其平均成绩为 80.03 分。

表 13　2018 级大一考试课成绩分布

单位：分

项目	高数 2	体育 2	计算机基础	税法	高数 1	外语 2	思想道德修养与法律基础	近代史	体育 1	经济学	外语 1	基础会计
平均值（A）	76.8	82.3	73.1	78.9	76.1	83.0	76.3	76.1	78.3	76.5	80.2	77.9
标准偏差（A）	13.4	7.1	7.2	8.7	10.7	8.5	7.1	6.3	6.3	10.0	6.5	9.2
最小值（A）	46.0	60.0	55.0	58.0	52.0	61.0	61.0	61.0	60.0	52.0	62.0	57.0
最大值（A）	99.0	96.0	90.0	93.0	99.0	97.0	94.0	91.0	88.0	93.0	92.0	93.0
平均值（B）	81.0	83.1	73.6	79.9	81.5	83.4	80.0	76.7	78.3	79.0	79.7	81.4
标准偏差（B）	13.6	6.5	6.5	7.6	9.0	7.5	5.4	6.0	5.0	9.2	6.0	10.1
最小值（B）	41.0	60.0	60.0	59.0	60.0	56.0	67.0	62.0	60.0	49.0	60.0	40.0
最大值（B）	100.0	95.0	91.0	95.0	99.0	97.0	94.0	93.0	90.0	95.0	92.0	97.0
平均值差（A−B）	−4.2	−0.8	−0.5	−1.0	−5.4	−0.4	−3.7	−0.6	0.0	−2.5	0.5	−3.5

注：（A）代表 ACCA 班，（B）代表普通班。

表 14　2018 级大一成绩 T 检验结果

项目		Levene 的变异数相等测试		针对平均值是否相等的 t 测试		
		F	显著性	T	df	显著性（双尾）
高数 2	采用相等变异数	0.118	0.731	2.035	229	0.043
	不采用相等变异数			2.053	102.129	0.043
体育 2	采用相等变异数	0.556	0.457	0.745	229	0.457
	不采用相等变异数			0.711	92.926	0.479
计算机基础	采用相等变异数	1.011	0.316	0.505	229	0.614
	不采用相等变异数			0.480	92.380	0.632
税法	采用相等变异数	2.110	0.148	0.809	229	0.419
	不采用相等变异数			0.759	90.487	0.450
高数 1	采用相等变异数	4.869	0.028	3.779	229	0.000
	不采用相等变异数			3.469	87.653	0.001
外语 2	采用相等变异数	2.024	0.156	0.308	229	0.758
	不采用相等变异数			0.290	90.907	0.773
思想道德修养与法律基础	采用相等变异数	8.783	0.003	4.142	229	0.000
	不采用相等变异数			3.639	82.471	0.000
近代史	采用相等变异数	0.280	0.597	0.634	229	0.527
	不采用相等变异数			0.621	97.183	0.536
体育 1	采用相等变异数	4.213	0.041	0.012	229	0.990
	不采用相等变异数			0.011	83.989	0.991
经济学	采用相等变异数	0.740	0.390	1.759	229	0.080
	不采用相等变异数			1.691	94.089	0.094
外语 1	采用相等变异数	0.583	0.446	-0.458	229	0.648
	不采用相等变异数			-0.441	94.628	0.660
基础会计	采用相等变异数	0.453	0.501	2.289	229	0.023
	不采用相等变异数			2.398	109.743	0.018

由此说明，普通班在考试课成绩与考查课成绩方面同 ACCA 班相比均存在一定的优势。究其原因，2018 级英才班全部为 ACCA 班，为了满足全校学生获得进入英才班机会的需求，四川轻化工大学当年扩大了 ACCA 班的规模，在全校范围内选择了 63 名学员，其中约一半学员来自其他二本专业，这些学生与会计一本专业学生相比，学习基础还不够扎实，这在第一学年的学习成绩上即有明显表现。

表 15　2018 级大考查课成绩分布

单位：分

项目	工程训练（金工）D	入学安全教育	经济法	基础会计学实验	外语听说 1	外语听说 2	大学生职业规划与人生发展	大学生心理健康教育	中西方文化比较
平均值（A）	81.95	85.85	82.63	83.81	90.59	90.25	88.39	79.15	88.56
标准偏差（A）	5.34	2.81	5.03	7.90	6.23	6.26	5.12	7.89	5.17
最小值（A）	65.00	85.00	65.00	65.00	75.00	75.00	75.00	60.00	75.00
最大值（A）	95.00	95.00	95.00	95.00	95.00	95.00	95.00	95.00	95.00
平均值（B）	84.24	85.58	83.78	84.24	88.95	89.56	88.43	82.85	89.42
标准偏差（B）	4.46	2.80	4.36	4.46	6.45	7.31	4.76	7.05	5.54
最小值（B）	65.00	75.00	65.00	75.00	65.00	60.00	85.00	65.00	75.00
最大值（B）	95.00	95.00	95.00	95.00	95.00	95.00	95.00	95.00	95.00
平均值差（A-B）	-2.29	0.27	-1.15	-0.43	1.64	0.69	-0.04	-3.70	-0.86

注：（A）代表 ACCA 班，（B）代表普通班。

2. 2018 级大二成绩对比分析

选取 2018 级大二 ACCA 班成绩 63 份，获得有效成绩 63 份；选取普通班成绩 173 份，剔除 1 份旷考成绩，获得有效成绩 172 份。2018 级大二考试课成绩分布和 T 检验结果分别如表 16 和表 17 所示。ACCA 班的中级财务会计（上）和经济数学两门课程的平均成绩显著低于普通班，显著性为 0.000 和 0.010，体育 3、马克思主义基本原理两门课程的平均成绩显著高于普通班，显著性分别为 0.011、0.002，外语 3 的平均成绩也略高于普通班。对于考查课，2018 级大二仅有一门考查课，即外语听说 3，ACCA 班的外语听说 3 的平均成绩高出普通班 0.69 分。对于单独开设的拓展课程，ACCA 班开设了公司法与商法（Corporate and Business Law）和管理会计（Management Accounting）两门考试课程，其平均成绩分别为 77.08 分和 78.63 分，比 2017 级大二 ACCA 班的平均成绩略差。

综合来看，ACCA 班的考试课成绩不理想，特别表现在数学相关课程中。导致此结果的原因如下：除了降低了选拔学员的标准外，还对培养方案进行了一定的调整，将 ACCA 课程前置，这增加了一、二年级学生的学习压力。

表 16　2018 级大二考试课成绩分布　　单位：分

项目	中级财务会计（上）	外语 3	体育 3	马克思主义基本原理	经济数学
平均值（A）	72.89	71.35	84.22	83.83	71.46
标准偏差（A）	11.35	7.63	8.86	7.54	15.13
最小值（A）	45.00	46.00	60.00	63.00	24.00
最大值（A）	93.00	91.00	97.00	94.00	99.00
平均值（B）	79.35	69.21	80.97	79.96	76.77
标准偏差（B）	10.97	10.81	7.46	9.75	13.50
最小值（B）	43.00	0.00	60.00	46.00	40.00
最大值（B）	98.00	88.00	97.00	96.00	100.00
平均值差（A-B）	-6.46	2.14	3.25	3.87	-5.31

注：（A）代表 ACCA 班，（B）代表普通班。

表 17　2018 级大二成绩 T 检验结果

项目		Levene 的变异数相等测试		针对平均值是否相等的 *t* 测试		
		F	显著性	*T*	df	显著性（双尾）
中级财务会计（上）	采用相等变异数	0.000	0.985	3.963	233	0.000
	不采用相等变异数			3.900	107.118	0.000
外语 3	采用相等变异数	3.345	0.069	−1.444	233	0.150
	不采用相等变异数			−1.689	156.074	0.093
体育 3	采用相等变异数	4.333	0.038	−2.815	233	0.005
	不采用相等变异数			−2.600	96.052	0.011
马克思主义基本原理	采用相等变异数	4.821	0.029	−2.848	233	0.005
	不采用相等变异数			−3.204	141.845	0.002
经济数学	采用相等变异数	1.458	0.228	2.583	233	0.010
	不采用相等变异数			2.450	100.349	0.016

（四）2019 级成绩对比分析

选取 2019 级大一 ACCA 班成绩 30 份，获得有效成绩 30 份；选取普通班成绩 186 份，获得有效成绩 186 份。表 18 为 2017 级大一考试课成绩分布，表 19是 T 检验结果。综合分析，ACCA 班和普通班在思想道德修养与法律基础、高数 1、外语 1 三门课程中存在显著差异，显著性分别为 0.006、0.022、0.050。ACCA 班的这三门课程的平均成绩分别为 76.30 分、81.13 分、80.30 分，普通班的平均成绩分别为 79.56 分、75.59 分、76.34 分，这表明 ACCA 班的高数 1 和外语 1 的平均成绩均显著高于普通班。

通过分析考查课的成绩，我们可以看出，ACCA 班的大学生职业规划与人生发展、外语听说 1 和财经法规与会计职业道德三门课程的平均成绩均高于普通班，且财经法规与会计职业道德达到了 100%的优秀率，外语听说 1 的成绩均在中等及以上，大学生职业规划与人生发展课程的平均成绩显著高于普通班（显著性为 0.000），平均分高出 6.72 分（见表 20）。但是普通班的工程训练（金工）D 的平均成绩显著高于 ACCA 班（显著性为 0.008）。对于单独开设的拓展课程，ACCA 班开设了考试课 Accountant in Business，平均成绩为 82.26 分。

综合来看，成绩所表现出的差异性说明在考试课方面，ACCA 班的学生在高数和外语方面占据优势，究其原因是四川轻化工大学吸取了 2018 级扩大 ACCA 班规模的教训，在 2019 级 ACCA 班招生的时候，以会计专业学生为主体，从其他专业录取了几名优秀学员，严格控制了小班规模，上课效果得到了保障，ACCA 班的全英文教学对英语成绩的提升作用也得到了彰显。

表 18　2019 级大一考试课成绩分布　　单位：分

项目	计算机基础	思想道德修养与法律基础	高数 1	体育 1	外语 1
平均值（A）	76.93	76.30	81.13	75.50	80.30
标准偏差（A）	6.63	6.23	11.94	6.53	5.43
最小值（A）	65.00	65.00	53.00	60.00	68.00
最大值（A）	93.00	89.00	97.00	91.00	90.00
平均值（B）	77.38	79.56	75.59	75.65	76.34
标准偏差（B）	7.04	5.79	12.35	5.46	10.73
最小值（B）	57.00	63.00	36.00	55.00	23.00
最大值（B）	93.00	95.00	100.00	88.00	94.00
平均值差（A-B）	-0.45	-3.26	5.54	-0.15	3.96

注：（A）代表 ACCA 班，（B）代表普通班。

表 19　2019 级大一成绩 T 检验结果

项目		Levene 的变异数相等测试		针对平均值是否相等的 t 测试		
		F	显著性	T	df	显著性（双尾）
计算机基础	采用相等变异数	0.639	0.425	0.285	213	0.776
	不采用相等变异数			0.297	40.305	0.768
思想道德修养与法律基础	采用相等变异数	1.238	0.267	2.800	213	0.006
	不采用相等变异数			2.624	37.282	0.013
高数 1	采用相等变异数	0.180	0.672	-2.313	213	0.022
	不采用相等变异数			-2.372	39.767	0.023
体育 1	采用相等变异数	0.578	0.448	0.115	213	0.909
	不采用相等变异数			0.101	35.898	0.920

表19（续）

项目		Levene 的变异数相等测试		针对平均值是否相等的 t 测试		
		F	显著性	T	df	显著性（双尾）
外语 1	采用相等变异数	3. 789	0. 053	−1. 972	212	0. 050
	不采用相等变异数			−3. 116	73. 168	0. 003
工程训练（金工）D	采用相等变异数	3. 521	0. 062	−2. 690	214	0. 008
	不采用相等变异数			−2. 461	36. 687	0. 019
大学生职业规划与人生发展	采用相等变异数	0. 022	0. 883	9. 227	214	0. 000
	不采用相等变异数			9. 045	38. 391	0. 000
安全教育	采用相等变异数	6. 988	0. 009	−0. 492	214	0. 624
	不采用相等变异数			−1. 226	185. 000	0. 222
外语听说 1	采用相等变异数	0. 309	0. 579	1. 267	214	0. 207
	不采用相等变异数			1. 468	44. 408	0. 149
财经法规与会计职业道德	采用相等变异数	6. 710	0. 010	1. 229	214	0. 220
	不采用相等变异数			3. 067	185. 000	0. 002

表 20　2019 级大一考查课成绩分布　　单位：分

项目	工程训练（金工）D	大学生职业规划与人生发展	安全教育	外语听说 1	财经法规与会计职业道德
平均值（A）	79. 33	93. 33	85. 00	89. 33	95. 00
标准偏差（A）	5. 68	3. 79	0. 00	5. 68	0. 00
最小值（A）	65. 00	85. 00	85. 00	75. 00	95. 00
最大值（A）	85. 00	95. 00	85. 00	95. 00	95. 00
平均值（B）	82. 04	86. 61	85. 32	87. 63	94. 52
标准偏差（B）	5. 03	3. 69	3. 59	6. 98	2. 15
最小值（B）	75. 00	85. 00	75. 00	65. 00	85. 00
最大值（B）	95. 00	95. 00	95. 00	95. 00	95. 00
平均值差（A−B）	−2. 71	6. 72	−0. 32	1. 70	0. 48

注：（A）代表 ACCA 班，（B）代表普通班。

四、分层分类教育结果分析及相关建议

（一）结果分析

（1）分层分类的确定标准会影响总体水平，决定试点班的总体成绩。四川轻化工大学从 2016 级开始设置试点班——英才班，选拔方式是由学校统一命题考核新生的数学和英语，因此在大一、大二，英才班的大部分课程的平均成绩都显著高于普通班，并且标准偏差低于普通班，这表明英才班的设立能让学生保持较强的学习能力和较好的自觉性，并能在科学研究的基础课程中取得较好成绩。因此，分层分类教育对基础较好的同学未来考取研究生及接受研究生教育有较明显的促进作用。2017 级学生通过入学英语考试来分层，因此就表现出英才班（含 ACCA 班）的外语成绩高于普通班而高数成绩低于普通班的现象；在专业课方面，两个班的平均成绩没有明显差异，这虽对学生考取研究生没有实质性帮助，却令 ACCA 分类教育产生了明显的效果，即 ACCA 全球统考课程的班级通过率均远超全球通过率。2018 级未通过考核来分类试点，选拔标准降低，这导致了 2018 级 ACCA 班的平均成绩在大一时低于普通班，ACCA 班到大二才形成了一定优势。2019 级通过自主报名、参考入学英语成绩和高考英语成绩来确定分类，ACCA 班学生的学习热情高涨，英语水平显著高于普通班，在第一学期，大学英语四级通过率达到 58%，ACCA 相关课程成绩也显著提升。

（2）英才班和普通班在专业课的学习能力和兴趣上差异不大。2016 级进入大三后，随着专业课的增加，以及与外语和数学能力联系较紧密的课程逐渐减少，两个班的成绩分布并没有表现出显著的差异，即两个班的学生的学习能力和积极性没有太大的差异。2017 级的专业课成绩也显示出类似的结果，可见分层教学在此阶段没有产生相应的效果。

（3）专业分层教育试点效果不明显，分类教育有明显成效。在专业分层教育方面，通过对两届学生试点，结果显示，英才班和普通班的总体学业成绩相差不大，2016 级英才班的研究生考取率为 10%，只略高于普通班，试点效果不明显；英才班的毕业论文成绩普遍高于普通班，这表明试点开设的研究能力训练课程取得一定成效。而在分类教育试点方面，对 2017 级、2019 级的学生按照一定的英语水平进行选拔，入选英才班的学生学习目标明确、积极性高，各项成绩普遍高于普通班，2017 级的大学英语四级通过率为 100%、大学英语六级通过率为 50%，难度较大的全英文课程在全球联考中也取得了优异成

绩，总体来看成效显著。

（二）相关建议

（1）分层方式及分类标准的确定。高等学校的学生都是通过高考统一选拔入校的，同一学校、同一专业学生的入学成绩相差不大，因此高校可在学科基础课程的基础上实施分层教学，数学、英语、计算机应用等课程的效果会比较显著，高校需要在学生入学时通过考试进行选拔；在大三、大四的专业课学习阶段，不再实施分层教学，在选修课程中设置研究类基础课程，供报考研究生的同学学习。分类学习的目标非常明确，所有教师、学生都应朝着这一目标努力，选择的标准也有极强的针对性，学员选择宁缺毋滥，如国际化人才培养中英语水平就是一个基本考核指标。

（2）建立弹性机制进行分层分类教学。进入英才班的学生不应该是一成不变的，否则不利于竞争，不利于英才班的整体发展，英才班应建立末位淘汰机制，要求不能跟上节奏的同学，回到普通班学习；允许达到要求，并愿意参与竞争的普通班学生进入英才班学习。为了提升英才班学生的积极性，高校需要设立特别的奖学金，以鼓励学生更加辛勤地付出和取得更好的成绩。

（3）实行差异化培养、教学和考核。英才班和普通班在核心课程的设置上是一致的。分层教学的目标是鼓励学生考研，数学、英语课程的课时有所增加，分层教学还单独设置了研究方法类课程进行拓展训练，并采用单独授课的方式，最终的效果要通过全国硕士研究生招生考试来检验。分类教学在课程设置上有较大差别，部分课程会采用不同的教材，授课教师、授课形式、授课内容也不相同，最终的效果一般通过社会认可的职业资格考试来检验，比如注册会计师（CPA）全国统一考试、国际注册会计师（ACCA）专业资格考试、造价工程师执业资格考试等。为了更好地达成目标，高校往往需要与社会机构合作。

五、总结

高校生源的差异性、多样性越来越强。要提高学生的总体质量，就必须采用分层分类教学，这是高校教育中，不可或缺的人才培养手段。四川轻化工大学会计专业通过分层分类教学实践的探索，取得了一些经验和成果。分层教学的优点是考虑了学生在专业层次上的差异性，满足了部分学生进一步深造的需要；缺点是学校、教师付出较多，最终的效果却不一定符合预期，因此高校要更加注重培养过程的管理和对教师、学生的激励。分类教学的目标非常明确，高校应针对目标设置培养方案和选拔合适的学员，尽量让专业课程与考试课程重合，不额外增加上课时间，但是学生必须为职业资格考试投入更多的精力，同时高校要提供优越的条件、引进优质的机构，这样才能使分类教育的效果得到提升。

参考文献

[1] 郑怡敏. 大学英语分层教育有效性研究报告：以云南农业大学为例[J]. 科技资讯，2019，17（34）：138-140.

[2] 李明. 基于最近发展区的数学教学策略[J]. 西部素质教育，2020，6（8）：240-243.

[3] 王建东，张凌. 探索分层教学在网络环境的设计与实现[J]. 福建电脑，2016，32（11）：166-167.

[4] 邱学华. 尝试教学研究50年[J]. 课程·教材·教法，2013，33（4）：3-13，32.

[5] 胡兴宏. 关于“分层递进教学”的设想[J]. 上海教育科研，1992（6）：1-6.

[6] 周谔. 大面积提高教育质量的途径：浅谈“分层教学，分类指导”[J]. 中小学管理，1992（6）：28-30.

[7] 许庆亚. 民办高校分层教育的实践与思考：以浙江树人大学信息科技学院为例[J]. 科教文汇（上旬刊），2018（11）：19-20.

地方应用型本科高校
产教融合环境优化研究

王莹

（四川轻化工大学经济学院）

摘要：产教融合是地方应用型本科高校人才培养模式改革和创新的有力举措，但其深化受到了“外部”的地方政府和行业企业，以及“内部”的企业人事、薪酬、教育评价等制度的影响。优化地方院校产教融合生态环境，我们提出以下建议：政校治理放权与赋责并重，推进地方应用型本科教育“管办评”分离和“放管服”结合；提升行业企业参与产教融合的动力与能力，明确和落实激励政策，扩大行业企业参与院校治理的权限，加强第三方教育质量评估管理；加快院校的人事制度和薪酬制度改革，实现政事分离，弱化编制管理；深化教育评价体系改革，重塑地方应用型本科院校质量评价标准、改革院校内部评价体系、完善评价方式。

关键词：本科高校；产教融合；环境障碍；制度创新

2000年，中国普通高等学校大学毕业生人数突破100万，此后，该数据呈现逐年递增的趋势。2017年全国高校大学毕业生人数达到795万，2018年全国高校大学毕业生人数达到820万，2019年全国高校大学毕业生人数增长到834万；地方应用型本科人数占全国普通高等学校毕业生总人数的一半以上。2019年2月，教育部针对地方应用型本科高校的建设与发展指出“应紧紧围绕应用型人才培养这个中心，突出合作办学、合作育人、合作就业、合作发展的核心，建设神形兼备的一流地方应用型大学”。因此，地方本科高校应主动以“地方性、应用型、有特色”作为发展定位，以产教融合、校企合作为指导，围绕区域经济和产业转型升级，面向市场需求培养区域及行业一线生产和服务，积极构建“新生态、新大学”的发展格局，培养复合型和应用型人才。

一、产教融合人才培养内涵

产教融合人才培养内涵为：政府、高校、企业及行业组织各主体围绕人才培养这一目标，共同发力、共赢融合并最终实现共同的利益诉求。“产”（产业）与“教”（教育）的宏观层面相融合，主要体现在学校与企业互动以实现生产和教育的一体化，具体表现为地方教育的整体发展与地方产业发展的结构、规模相互促进，深层面则表现为高校的专业设置要更加适应区域产业发展。“产”（生产活动）与“教”（教学活动）的微观层面相融合，主要涉及校、企协同育人问题，具体表现为企业生产活动与高等院校的教育教学过程进行深度对接，主要侧重于人才培养模式与合作企业一线生产活动的衔接环节。“产教融合”更多蕴含于教育与产业融合的宏观层面以及教育教学活动与生产活动相结合的微观层面之间。其地方应用型本科高校实现产教融合的过程，也是从宏观层面深入微观层面具体实施的过程。

二、构建产教融合的必要性

国家社会转型需要高素质工科人才。自第四次工业革命以来，以自动化、智能化为代表的高新技术席卷全球，中国要成功追赶并与其他发达国家处于同一起跑线上，就需要大批应用型、复合型、创新型人才。在这类人才所需的知识结构中，技术类所占比重一般为50%～70%，人才质量成为我国转变经济发展方式、调整升级产业结构以及优化技术密集型高新技术产业的关键因素。因此，在占据高等教育系统大半江山的地方本科高校实施产教融合，有利于推动地方本科高校实现人才培养供给与区域经济发展需求间的对接，提升人才培养质量，解决人才培养与产业需求的矛盾，从而有效发挥教育对产业转型升级的支撑引领作用，在增强产业核心竞争力的同时推动经济转型升级。

产教融合是地方应用型本科高校实施人才培养模式改革和创新的有力举措。近年来，我国高等教育在高校招生规模上快速发展，致使部分高校的教育结构和类型协调性欠佳。多数应用型高校仍采用学术型教育模式，其在办学目标、人才培养方案设置上与以往精英教育思路一致，所培养的学生大多是适合从事科学研究的学术型人才，而不是经济社会发展所需的应用型人才，甚至盲目追求“多而宽”的办学规模，倾向于选择热门专业而不是考虑区域优势和特色专业。学生在校园里只注重对理论知识的学习，而忽视对理论的实践，这无疑会使得这些应届毕业生在进入社会后，其职业意识欠缺、操作能力不强，由此出现学生就业难与企业招工难问题，从而造成地方本科高校毕业的人才类型与经济社会发展所需相脱离、人才培养“过剩”与企业所需的应用型人才缺失之间的矛盾更明显。如果这一问题无法得到解决，区域经济的发展将难以得到有效支撑。

三、地方应用型本科高校深化产教融合的环境障碍

地方应用型本科高校产教融合的深化，实际上受到“外部环境”和“内部环境”的影响。

（一）外部环境障碍

外部环境主要涉及地方政府和行业企业。具体而言，地方政府的环境障碍表现为：政府主导产教融合的部门整合力不足，缺乏协同联动，无保障监管机制，缺乏制度体系来推进产教深度融合，顶层设计不到位、政策落地较难；同时，地方政府对院校办学自主权的干预也在一定程度上限制了院校深化产教融合的能力和活力。行业企业的环境障碍表现为：行业企业作为产教融合的出资方，投入较大、成本较高；同时，行业企业实质性参与院校治理的权利有限，在专业与产业对接、校企协同育人方式变革等方面的话语权较少，产教融合的良性互动和利益诉求机制还未形成，院校产教融合“多元共治”的理想状况还未实现。

（二）内部环境障碍

地方应用型本科高校的内部治理与产教融合的不匹配，主要表现在四个方面。一是事业单位编制管理制度的稳定性和控制性，削弱了地方应用型本科高校对人员编制调整的积极主动性，也消减了高校人事制度的激励约束效应。二是聘任制度中教师职称转换机制供给滞后不利于“双师型”教师队伍建设。上述两个问题已经阻碍了企业工程技术人员、高技能人才和职业院校教师之间的双向流动。简而言之，就是“不合适的辞不掉、想要的引不来”。三是当前地方应用型本科高校薪酬制度激励效应弱，教师投身产教融合的积极性不高。四是多数地方应用型本科高校的教育评价制度并没有突出应用研究的导向。

四、政策建议

（1）政校治理放权与赋责并重。进一步贯彻落实《国家职业教育改革实施方案》的要求，推进地方应用型本科教育“管办评”分离和“放管服”结合。这样做并不是要弱化政府的教育职责，相反，政校之间应尽快探索建立权力清单、责任清单和负面清单，完善政府对学校的契约考核制度。同时，各级地方政府应及时制定地方性校企合作扶持政策，加强并规范校企合作项目的管理，引导地方应用型本科高校与行业企业深化产教融合。

（2）提升行业企业参与产教融合的动力与能力。一是明确和落实行业企业参与地方应用型本科高校产教融合的激励政策。依据《国家职业教育改革

实施方案》，建立产教融合型企业认证制度，对进入目录的产教融合型企业给予“金融+财政+土地+信用”的组合式激励，按规定落实相关税收优惠政策。二是适当扩大行业企业参与地方应用型本科高校治理的权限。确保社会力量在学校董事会或理事会中的成员比例达到三分之一以上，探索建立中共党委党委领导下的校长办公会、学校董事会或理事会、学术委员会共同决定学校重大事务的“三会”共治机制。三是加强第三方教育质量评估管理。建立公开、透明、规范的职业教育准入和审批制度，严格审查和规范社会力量举办或参与地方应用型本科高校办学事宜；建立产教融合试点企业退出机制，坚决治理“假参与”“滥发证”等现象。

（3）加快地方应用型本科高校的人事制度和薪酬制度改革，实现政事分离，弱化编制管理。扩大产教融合项目的薪酬支出，以项目成果及薪酬的分配为导向，激发教师深化产教融合的动力；同时，探索建立相对独立的行业企业师资薪酬体系。

（4）深化教育评价体系改革。一是重塑地方应用型本科高校质量评价标准。强化对地方应用型本科高校在产教融合、应用型技术技能人才培养、应用研究与横向项目、服务地方经济社会发展方面的考核。二是改革地方应用型本科高校内部评价体系。强化市场导向，从聚焦产教融合的视角来完善教师薪酬、教师晋升、教学质量、科研应用、人才培养质量等评价体系。三是完善评价方式。引入第三方力量以提升评价的社会认可度，将真正融入区域产业发展的院校与其他学校区分开，将考核结果作为政策支持、绩效考核、表彰奖励的重要依据。四是评价与督导相结合。由参与产教融合的内、外部主体协商确定地方应用型本科教育质量标准和评价体系，督促各主体对各自应负责领域进行实时的质量监控和改进。

参考文献

［1］曾翠清．多方协力，杜绝高校，课堂手机低头族［J］．佳木斯职业学院学报，2016（4）：270-271.

［2］董焕敏，李智军，黄波．大学生学习倦怠精准帮扶个案分析与思考：基于萨提亚治疗模式［J］．山西青年职业学院学报，2019，32（1）：35-38.

［3］李振跃．高等教育教风学风建设的可行性路径分析［J］．教师教育学报，2013，11（6）：201-202.

［4］惠志兵．高校加强大学生学风建设的几点策略［J］．教育教学论坛，2019，399（5）：233-234.

[5] 李政，徐国庆. 我国职业教育治理结构转型：内涵、困境与突破 [J]. 西南大学学报（社会科学版），2020（4）：78-85.

[6] 孙绵涛. 现代教育治理体系的概念、要素及结构探析 [J]. 教育研究与实验，2016（6）：52-56.

[7] 孙云志. 我国地方应用型本科院校内部治理现状调查分析 [J]. 职业技术教育，2017（21）：61-67.

“两山论”融入经济学课程教学的探讨
——以西南科技大学为例

宋加山　陈丽娜　赵锐钲
（西南科技大学经济管理学院）

摘要：“两山论”是习近平新时代中国特色社会主义生态文明建设的核心要义，是中国传统文化中生态文化思想精华的集成，是马克思主义政治经济学中生态思想的弘扬和继承。“两山论”内涵丰富，既可融入高校经济学课程的理论讲授过程，也可在课外开展形式丰富的实践教学。将“两山论”融入经济学课程教学，有助于实现经济学课程教学理念的与时俱进，扩展经济学知识落地生根，促进教学改革不断创新，培育公民生态理念，提高高校经济学课程的实效性。

关键词：“两山论”；生态文明教育；高校经济学课程

1978年以来，我国仅用30年的时间就基本实现了发达国家200多年的工业化成效，但与此同时，经济发展高能耗、高污染、环境破坏、资源枯竭、生态多样化严重退化等现象也越来越成为影响经济可持续高质量发展的严重问题。为此，2005年习近平总书记在浙江余村考察时，提出了“绿水青山就是金山银山”（简称“两山论”）的生态理念，并于2015年中央政治局会议上正式把这一论点写进中央文件。“两山论”是我国生态文明建设的核心要义，是“五大发展理念”与“四个全面”的重要内容，是建设美丽中国的基石。

生态文明建设的基础和关键是提高公民的生态理念，而教育是提高公民生态理念的关键因素之一。众所周知，作为未来社会建设的主力军、接班人和主要决策者的大学生，是传播和实践“两山论”的先锋力量，不可避免地要承担起建设生态文明、保护生态环境的责任，此外，大学阶段是个人价值观和世界观形成的重要时期，因此，如何在高校课程建设中融入“两山论”，形成生态教育合力，协同育人，为生态文明建设提供价值指导，营造良好的生态氛围就成了一个亟须研究的问题。

一、“两山论”的内涵

“两山论”生动阐述了经济增长与生态环境两者之间的辩证关系，包含了人与自然和谐共处的哲学智慧。“绿水青山”是对人类追求的生态优化的总括，“金山银山”是对经济增长和财富增加的形象描述。保护好“绿水青山”是实现“金山银山”的条件和基础，建设“金山银山”也是“绿水青山”的保障和动力。失去了生态支撑的经济增长是无法持续的，缺乏经济增长的生态优化也会失去内生动力。“两山论”为在保障人与自然和谐共处的前提下实现经济高质量增长，以及正确处理好生态治理、经济发展和社会进步之间的矛盾问题，提出了实现双赢的科学方法，充分体现了社会主义核心价值观内含的生态价值。

“两山论”是中国传统文化中生态文化学说的精华展现。宋代理学家周敦颐认为，“天以阳生万物，以阴成万物”，因此传统文化向来讲究“天人合一，和谐共生”，儒家、道家、佛家的思想中不可避免地都蕴含着这一生态伦理思想。儒家强调尊重自然界的运行规律，只能通过改变自身行为使其符合自然规律；道家主张“人法地、地法天、天法道、道法自然”，提出顺应自然，无为而治；佛家提出因果报应，众生因“缘”而起，所以众生皆平等，必须敬畏生命，善待自然。纵观我国文献古籍，都要求民众在生产生活中践行守住绿水青山的生态行为，所以“两山论”是对传统文化的传承和发展。

“两山论”是马克思主义政治经济学中生态理论的延续和实践。马克思主义告诉我们，人是自然界长期发展的产物，通过改造自然界来获得所需的衣食住行产品。一方面，人类无法脱离自然界而生存；另一方面，人能通过认识自然来对自然进行改造。但是，对自然的改造超过一定的限度，只会像恩格斯在《自然辩证法》中所说，“我们不要过分陶醉于我们人类对自然界的胜利。对于每一次这样的胜利，自然界都对我们进行报复”。从生产力角度来看，马克思认为促进生产力增长的方法之一就是保持良好的生态环境，保护好生态环境就是发展生产力。从剩余价值理论来看，资本主义社会为了实现利润最大化，榨取更多的剩余价值，因此通过破坏环境、疯狂开发并利用大自然来扩大社会生产，导致人与自然发生异化。要从根本上解决这个问题，只能推翻资本主义制度，建设共产主义社会。

二、“两山论”融入经济学课程学习的可行性和必要性

经济学学科与普罗大众生活密切相关，经济学一直作为各大高校的热门专业，经济学专业的学生数量庞大，且很多学校也向非经济类专业学生开设了经济类选修课程，以便提高其社科素质。因此，在经济学课程中融入“两山论”，受众较多，影响力较大，示范性较强。同时，经济学的很多知识点和

“两山论”有天然的联系，二者融合有天然的中介。同时，强化经济学课程建设的“两山论”教育，有利于为可持续高质量发展经济培养优质的经营管理人才。这既是满足现代社会高质量发展的需求，也是经济学专业不可推脱的义务。

（一）可行性

经济学从诞生起，其内容就与人民的生活、国家的经济发展密不可分，随着工业化快速发展，经济可持续发展的实现路径只能是生态文明建设之路。因此在课程建设中融入“两山论”教育，既是教学与时俱进的要求，也是理论应用于实践的结果。

以西南科技大学为例，其经济学专业开设的“西方经济学”“政治经济学”“发展经济学”“人口资源与环境经济学”等课程中都隐含大量与“两山论”理念相关的知识点。经济学专业开设的课程在提高学生经济学理论水平，培养学生经济学实践能力的同时，也担负着对其进行生态观教育的重任。因此，经济学课程完全可以通过充分挖掘和传授课程中包含的“两山论”因素，积极主动培养大学生的生态素养。

（二）必要性

2018 年，习近平总书记在全国教育大会上指出，社会主义大学要“培养德智体美劳全面发展的社会主义建设者和接班人”。目前大学生生态文明意识普遍较强，但生态文明知识不足，生态文明行为还有待强化。因此，“两山论”和高校课程的融合，是高校推进生态文明建设的迫切要求，也是促进大学生全面发展的内在需要，把“两山论”融入经济学课程建设就显得尤其必要。

高校将“两山论”融入经济学课程的传授过程中，可以引发学生对现实问题展开深入思考，有助于学生树立正确的生态观，推动社会经济的可持续发展；形成示范效应，带动群体共同实现社会道德和经济利益的统一，增进社会福祉。

那么，“两山论”如何才能有机地融入经济学的课堂？本文以西南科技大学为例，探讨“两山论”融入经济学课程教学的路径和方法。

三、“两山论”融入经济学课程建设的路径和方法

（一）理论教学中融入“两山论”

目前，课堂教学仍占据大学生课程学习的大部分时间，是经济学教学的主阵地，也是进行“两山论”培育的主要途径。因为“西方经济学”“政治经济

学”“发展经济学”“人口资源与环境经济学”都属于理论经济学或理论+应用经济学的学科，理论知识的讲授占据较大比重，所以，教师在讲授经济学专业知识的过程中，应结合每门课的教材内容和要求，探索融入“两山论”教学资源，加强生态观教育，提高大学生生态文明素养，真正落实立德树人的责任，以取得良好的教学效果。

“西方经济学”课程中的“两山论”资源：西方经济学的流派众多，早在19世纪，古典经济学家马尔萨斯、李嘉图、穆勒、马歇尔就萌芽了早期生态经济思想。不同学派对经济增长与生态平衡之间的关系有不同的见解。以马尔萨斯为首的悲观派认为，人口的增长将带来资源的消耗和环境的破坏，终将导致人类社会的崩溃；以舒尔茨为首的乐观派认为，经济增长将带来资源利用效率的提高，避免人类社会的毁灭。但资源天生具有稀缺性，由于理性“经济人”追求自身利益最大化，外部性的出现则势必会引发市场失灵，最终导致“公地悲剧”。为了解决这一问题，出现了庇古税、科斯定理等方法实现环境成本显性化，以治理环境污染。

“政治经济学”课程中的“两山论”资源：政治经济学中包含着深刻的“两山论”思想，学科教育可从资本主义私有制和生态危机产生根源开发资源，进行“两山论”教育。政治经济学强调自然界中不可缺少人类社会；强调自然资源天生具备经济价值；强调人可以改造自然，但不能逾越自然；强调在资本主义生产方式下，由于私有制的存在，生态危机无法避免，只能依靠更高级的生产方式和社会形态彻底解决这一问题，即实现共产主义。

“发展经济学”课程中的“两山论”资源：发展经济学强调经济发展和经济增长的关系，前者必然会导致后者的发生，但是后者不一定会带来前者的出现。发展经济学研究不发达国家实现工业化并向发达国家进军的过程；强调在经济增长中尤其应注重对环境的保护，所以“发展经济学”是直接的“两山论”教育资源。

“人口、资源与环境经济学”课程中的“两山论”资源：人口、资源与环境经济学（简称“人资环”）顾名思义，就是研究人口增加、环境变化与经济发展之间关系的学科，是人口经济学、资源经济学和环境经济学三者形成的交叉课程。人资环总结了绿色核算的国内外实践经验，分析了三者间的关系和影响，提出国内外对有效治理环境问题的市场及非市场的经济调控手段以及施行的相关环境管理政策，引发学生对相关问题的思考和讨论，形成了较为成熟的“两山论”教育资源。

表1为“两山论”融入经济学课程教学知识点的情况汇总。

表 1 “两山论”融入经济学课程教学知识点的情况汇总

课程名称	知识点	能力培养	“两山论”融入点
西方经济学	市场失灵	理解正、负外部性；了解公地悲剧及其相应政策建议	通过空气污染和废旧垃圾排放，理解负外部性带来的严重后果；通过了解公地悲剧及其相应政策措施，如庇古税、科斯定理等解决环境污染的经济学措施，建议强调环保的重要性
	成本—收益理论	决策时考虑成本和收益之间的大小	学会在成本核算中加入环境成本
	国民收入核算体系	了解国民生产总值的计算方法	通过学习绿色 GDP 的历史由来、计算方法和优劣势，加强对“两山论”的理解
政治经济学	生产力关系理论	生产力与生产关系的辩证关系	学习劳动在人与自然的物资变换过程的作用，加深对人与自然生态关系的认识
	商品理论	使用价值与价值之间的关系	学习商品的使用价值中映射人类劳动与自然物的相互依赖
	信用理论	信用的产生、用途和维护信用的途径和方法	了解企业信用包括承担治理生态环境的责任
发展经济学	经济发展因素	讨论影响经济发展的各种因素	掌握自然资源对国家发展的正反两方面作用
	自然资源与环境	“资源的诅咒”“环境库兹尼茨曲线”	讨论环境污染和治理问题，介绍气候变化问题的争论，讨论可持续发展的概念及其争论
人口、资源与环境经济学	环境资源的价值评估	学习环境资源的价值内涵、评估价值的主要方法及如何选择	掌握环境资源的概念及其构成
	自然资源的可持续利用	自然资源的构成及可持续利用的方式方法	掌握可耗竭资源的最优解的计算方法、持续利用可更新资源的方法
	环境经济政策	熟悉环境经济政策的基本问题	理解国家出台的各类型环境经济政策

（二）实践课程中感知“两山论”

为了让学生理论联系实际，从生活实践中深切感知“两山论”，教师要在实践教学中积极鼓励学生走出校门，走出课堂，让学生在实践活动中加深对“两山论”的感知，改善教学效果。

“两山论”实践调研是西南科技大学经济管理专业学生假期实践的重点。近年来，西南科技大学经济管理专业以垃圾分类、农业污染、环境保护等多种主体开展了大量实地调研活动，取得了丰富的社会调研成果。在假期实践中，经济学专业教师要求学生根据自己家乡生态环境的实际变化情况进行社会实践。学生通过查阅资料、采访当事人等方式见证了家乡近年来的发展成效，通过分析变迁的原因，提出合理的生态保护措施和建议。2018 年，史海霞老师指导的“居民生活垃圾源头分类意愿”实践小组，通过发放垃圾分类宣传资料解答市民疑问，普及相关知识，让市民了解垃圾分类的意义和价值；华春林老师指导的“大新养殖户对农业面源污染的市场机制调查”小组，通过实地走访、发放问卷等方式引导农户自觉从源头上减少农业面源污染。2019 年张宇老师带领的“可再生能源产品”队伍，通过实地调研为可再生能源产品的推广提出对策建议；他带领的“回收利用”实践小组，利用暑期积极研究二手商品再交易情况，发掘其重要的“绿色环保，物尽其用”的社会意义。

西南科技大学在生态文明建设较好的社区、企业设立实践教学基地，通过“校地合作”“校企合作”，一方面将青山绿水转化为金山银山的实践成果应用到地方和企业，另一方面将“两山论”丰富的实践内容作为案例和素材，第一时间传达到经济学课堂上，不断充实案例教学库内容。实践教学中，西南科技大学经济管理学院在北川维斯特农业科技示范园、铁骑力士等企业设立实践教学基地，每年带领学生参观，并开展现场教学，让学生切身感受“两山论”的实践成果，使学生成为“两山论”的宣传员和传播者，为“两山论”的推广应用添砖加瓦。

（三）教师培养中注入“两山论”

教学过程既是知识传播和接受的过程，也是通过教学各个环节将深厚的自然情怀与高尚的道德素质传递给受教育者的过程。因此，在整个生态价值观传递过程中，教师对“两山论”的理解水平和认可程度对教学效果的影响至关重要。由此可见，提高课程生态质量的关键是提升专任教师自身的“两山论”的素质和能力。

为了保证“两山论”在经济学课程中的教学质量，“西方经济学”和“政治经济学”课程组都采取集体备课的形式，集体研究教学内容，进行教学设计，制定教学大纲和计划，统一教案，合作完成教学考核，便于能集中高效地收集“两山论”教学资源，合理开展“两山论”专题教学。

西南科技大学紧抓四川循环经济中心这一省级平台，积极为“两山论”学术研究提供有力支撑和保障。学校通过邀请在“两山论”有重要研究的专家学者来学院举办讲座、发放循环经济的课题、举办生态方面的学术会议、鼓励教师参加相关学术研讨会等方式，提升教师“两山论”的主体意识、研究能力与教育水平，出台措施鼓励经济学专任教师聚焦经济学中零散的“两山论”知识点，开展学术研究，强化教师的生态意识，以教研相长来增强人才培养质量保障，有效提升“两山论”教学效果。

四、结语

“两山论”是我国“五位一体”总体布局中的重要一环，是经济可持续发展的重要基础和保障。在新发展格局下，“美丽中国”的建设只能且必须走发展生产、保护生态的文明发展道路。作为培养未来经济建设主力军、决策者的高校，在经济学课程教学中必须吸收“两山论”理念，不断探索，实现“两山论”教学与经济学课程建设的深度融合，为“两山论”教育开拓新思路。

参考文献

［1］汪浩.“两山”理念融入高校思想政治理论课教学研究：以湖州师范学院为例［J］. 教育理论与实践，2020（12）：26-28.

［2］刘婧，姜宗建.“两山论”理念下“低碳经济学”教学模式创新研究［J］. 山东教育（高教），2020，1142（11）：38-39.

［3］汪浩.“两山论”嵌入“两课”教学的理论架构与现实路径探析［J］. 湖州师范学院学报，2016，38（11）：39-44.

［4］陆韵.“两山论”指导下大学生党员生态观培育的路径研究［J］. 文学教育，2018，（8）：1.

［5］文兰娇，胡伟艳，张安录. 习近平生态文明思想与课程思政的融合和教学设计：以土地资源管理专业课程为例［J］. 黑龙江教师发展学院学报，2020，39（2）：38-40.

财经管理专业群实践教育基地建设管理与运行机制研究[①]

——以四川文理学院财经管理学院为例

傅忠贤　程子彪　杨波

（四川文理学院财经管理学院）

摘要：实践教育基地建设是应用型专业建设的重要抓手，是建设高水平应用型大学的基础工程；构建长效运行机制是加强财经管理专业群实践教育基地建设的关键和重点。必须着力加强长效运行机制建设，包括构建互利共赢的利益驱动机制、合作共商的工作交流机制、高效健全的激励保障机制、稳定常态的情感交流机制，这样才能推动财经管理专业群实践教育基地建设管理迈上新台阶。

关键词：实践教育基地建设；长效运行机制；财经专业群

一、加强财经管理专业群实践教育基地建设的重要性

建设特色鲜明、优势突出的高水平应用型大学是学校的奋斗目标，2019年，四川文理学院印发《学科专业群建设指导意见》，全面启动包括财经管理专业群在内的八大学科专业群建设，并把“财经管理专业群”列入2个“加快建设”的扶持专业群之一，要求财经管理专业群要“服务市场经济新发展”。财经管理专业群涵盖财务管理、人力资源管理、物流管理、审计学、应用统计学、商务英语6个本科专业和会计专科专业，都是应用性较强的专业。学校如何真正在“应用性”上做出特色和亮点，是一个亟待认真研究并深入实施的重大问题。

实践教育基地建设是应用型专业建设的重要抓手，是建设高水平应用型大学的基础工程；构建长效运行机制是加强财经管理专业群实践教育基地建设的

---

① 本文系四川文理学院教改项目“财经管理专业群实践教育基地建设管理与运行机制研究”（项目编号：2020JZ002）以及“四川文理学院“政治经济学”一流课程建设项目”（项目编号：2020KCB001）的阶段性研究成果。

关键和重点。应用型专业建设必须正确处理专业教育、职业教育、素质教育之间的关系，必须找到能够把“知识”“能力”“素质”有机结合起来，并能将其有效转化为学生就业创业核心竞争力的有效途径和可行办法。实践教学基地建设能够弥补校内专业实验实训条件的不足，是沟通学校与社会之间的桥梁和纽带，能够极大地提高学生实践操作能力，也能够有效缩短学生走出学校步入工作岗位开启职业生涯的“适应期”。建设和发展财经管理专业群，就必须高度重视校外实践教育基地的建设和管理。

2019年国务院印发的《国家职业教育改革实施方案》（国发〔2019〕4号）提出：职业院校、应用型本科高校启动“学历证书+若干职业技能等级证书”制度试点工作，即1+X证书制度试点工作，同年教育部启动1+X证书制度试点工作。1+X证书制度为应用型本科高校的发展指明了方向。实践教育基地建设是财经管理专业群贯彻落实1+X证书制度试点的重要渠道和有效切入点。构建实践教育基地建设管理长效运行机制是深化校企合作、促进产学研用一体化发展、充分发挥实践教育基地育人功能的关键环节，也是财经管理专业群提升专业设置与产业发展的契合度，增强专业建设服务产业转型升级的能力的基础工程。

二、财经管理专业群实践教育基地建设管理和运行机制建构的现状分析

财经管理专业群分属财经管理学院、数学学院、外国务学院三个二级学院，以财经管理学院为主。为了把以“信（诚信）济（济世）敏（敏学）能（尚能）”为核心指向的人才培养方案落到实处，财经管理学院高度重视实践性教学，在健全完善校内专业实验实训室建设、持续开展专业技能大赛的基础上，着力建设和发展校外实践教育基地，从多个角度进行探索，取得了明显的建设成效。

（一）订单式实践教育基地

学院与企业签订人才培养协议，把企业的人才需求有机植入人才培养方案之中，依托企业优势资源开设相应的企业课程，共同开展学生培养。这种模式下，学院是企业的人才输送基地，企业是学院的实践教育基地，学生可以实现入学就有明确的就业指向，毕业就可就业的愿景。如四川文理学院经济管理学院与成都链家房地产经纪有限公司合作，公司来学院宣传介绍公司的企业文化、发展理念、经营现状、发展前景，介绍人才需求信息、职业生涯路径、就业待遇等，在学生完全自愿的基础上与学生签订协议，组建“链家班”，公司利用晚上、周末、节假日时间送教上门，以讲座形式开设相应的企业课程，

“链家班”以专业课程成绩和企业课程成绩为基础对学生进行评级，成绩优异的学生可获得“链家奖学金”，毕业后可优先到链家公司就业，“链家班”学生毕业后不选择到链家公司就业也不受任何影响。

（二）平台式实践教育基地

学院与企业立足双方需求，在充分协商的基础上共建一个实践锻炼平台，每年开展相应的主题活动，确定活动实施方案，企业提供必要的活动经费支持，学院具体组织实施相应活动。实践平台既是企业的平台也是学院的平台。例如，学院与中国人民银行达州市中心支行、中国工商银行达州分行、达州农村商业银行等达州市金融系统合作，立足双方的共同需要（人民银行作为国家社会信用体系建设牵头单位对诚信教育的需求，而诚信文化又是学校校园文化的重要组成部分，诚信是财经管理类专业人才的核心品质），以校银合作方式共建共享“诚信文化教育基地”，开展“诚信文化演讲大赛”“诚信主题教育”“诚信手抄报比赛”“迎新晚会植入诚信主题”“组建社会信用体系横向科研团队”“联合课设现代征信企业课程”“联合编写现代征信学大学教材”等。该基地已被达州市社会信用建设领导小组授予“达州市首批诚信文化教育示范基地”和四川省社会信用建设领导小组授予“四川省首批诚信文化教育示范学校”。2019 年四川文理学院批准该基地为“特色项目”。

（三）专业性实践教育基地

从专业相关性出发，重点围绕解决学生专业见习、毕业实习问题，与党政部门、企事业单位构建专业性较强的实践教育基地。例如，审计学专业在达州市审计局建立实践教育基地；财务管理专业和审计学专业在达州市财政局、达州市地方税务局、成都顶呱呱财务管理有限公司建立实践教育基地；物流管理专业在达州达运公路物流港有限公司、京东商城成都分公司建立实践教育基地；人力资源管理专业在达州市达才人力资源服务有限公司建立实践教育基地。这类实践教育基地专业指向性比较强，实践教育活动制度化，合作事项明确、重点突出，基地建设能够横向拓展、纵向深化。2019 年达州市地方税务局被学校评为“校级示范性实践教育基地”。

（四）奖励性实践教育基地

依托一些发展前景广阔、成长态势良好、对专业人才有大量持续需求、渴望通过校企合作提升社会影响力的企业，设立专业奖学金，企业冠名、出资并直接发放，学院配合做好专业奖学金的考核遴选等辅助性工作，学生获得专业奖学金取得优先在该企业就业的资格。学院聘请该企业专业技术人员前来讲学，协助企业开设企业课程，配合该企业宣传企业文化。例如，学院与达州达运公路物流港有限公司合作设立“物流管理专业奖学金”，利用每年“6·18”“双 11”开展专业见习实习活动，这样既进行了专业实践教育，又帮助企业解决了突然增长的巨大用工需求。

财经管理专业群实践教育基地运转良好、实践教育活动开展常态化，较好地实现了人才培养目标，也逐步扩大了四川文理学院财经管理学院的社会影响力，逐步提高了人才培养质量。

三、财经管理专业群实践教育基地建设管理与运行机制存在的困惑

实践教育基地建设管理，构建长效运行机制，是一项复杂的系统工程，要受到多种主客观因素的制约和影响。在实践中，很多令我们感到困惑的地方，都可能会影响到实践教育基地的可持续发展。

（一）政府部门共建实践教育基地的积极性不高

近年来，党和国家非常重视职业教育，重视产教融合、校企合作。如 2012 年党的十八大报告提出“加快发展现代职业教育”；2013 年《中共中央关于全面深化改革若干重大问题的决定》提出：“加快现代职业教育体系建设，深化产教融合、校企合作，培养高素质劳动者和技能型人才”；2014 年习近平总书记指示“要把加快发展现代职业教育摆在更加突出的位置”；2014 年国务院发出《国务院关于加快发展现代职业教育的决定》（国发〔2014〕19 号）；2017 年党的十九大报告提出“完善职业教育和培训体系，深化产教融合、校企合作”；2019 年国务院印发《国家职业教育改革实施方案》强调“推动校企全面加强深度合作”，明确指出政府主要负责“规划战略、制定政策、依法依规监管”。基于这些宏观层面的指示、规定和部署，如果地方各级政府未能在校企、校地合作，以及建设实践教育基地等方面做出明确具体的规定，那么政府部门共建实践教育基本的积极性则会不高，学院期待与地方政府部门建立实践教育基地难免也会遇到尴尬，仅仅依靠私人情感、人脉关系以及地方政府部门领导者的思想觉悟、胸襟胸怀和事业追求，是难以为继的。

（二）企业共建实践教育基地的动力不足

《国家职业教育改革实施方案》虽然明确规定“企业应当依法履行实施职业教育的义务，利用资本、技术、知识、设施、设备和管理等要素参与校企合作，促进人力资源开发”，但并没有规定不履行该义务会承担何种责任。由于缺乏责任追究机制，更没有确定校企合作中各方的利益分享机制，学校也缺乏实践教育基地建设方面相应的政策支持，加之接受学生见习实习实训是一件麻烦事情，还会增加企业管理成本和安全风险，企业就会缺乏接受建立实践教育

基地的内在动力。

(三) 二级学院在建设实践教育基地过程中进取心不强

开设应用型专业必须把专业知识教育和职业技能教育结合起来，把理论教育和实践教育统一起来。建设数量充足、运行稳定、结构合理、质量过硬的校外实践教育基地，这是专业建设的重要组成部分，也是接受专业评估的重要内容。但是在校外实践教育基地建设中，二级学院单方面承担着责任与压力，学校没有明确具体的责权利划分，也没有明确具体和常态化的考核奖惩机制，做与不做、做多做少、做好做坏几乎都一个样，这导致二级学院建设实践教育基地的积极性不高。不做事情没有风险，做了事情还要承担责任。管理体制上“放管服”改革步伐较为迟缓，“法有规定才可为”的授权管理痕迹过重，距离“法无禁止皆可为”的负面清单管理模式有较大距离，这也在一定程度上束缚了二级学院建设实践教育基地的积极性发挥。

四、加强财经管理专业群实践教育基地建设管理优化运行机制的对策建议

产教融合、校企合作、双向参与、良性互动是建设实践教育基地的有效模式，能够有效实现提高高校办学质量、增强企业人才竞争优势、促进经济社会发展的目标。实践教育基地建设管理和良性运转依赖于科学长效运行机制的建立和健全。构建实践教育基地的长效运行机制，核心是合理确定参与各方的责权利问题。在实践中，我们认为以下四个方面的机制建设是非常重要的。

(一) 构建互利共赢的利益驱动机制

构建互利共赢的利益驱动机制，就是寻找实践教育基地建设参与各方的“最大公约数”。随着我国进入新的发展阶段，产业升级和经济结构调整不断加快，地方经济、社会的发展刺激着各行各业对技术技能人才的需求日趋激烈。二级学院通过建设实践教学基地，主动与具备条件的企业在人才培养、技术创新、就业创业、社会服务、文化传承等方面开展合作，这有助于完善人才培养模式、提高人才培养质量；同时企业可获得职工培训、吸引优秀人才、联合科研攻关、企业文化宣传等方面的便利。基于参与各方共同的利益诉求，确立起互利共赢的利益驱动机制，能为实践教育基地建设开发出不竭的动力源泉。

(二) 构建合作共商的工作交流机制

为了推动企业深度参与协同育人，共建实践教育基地，学校和二级学院应主动搭建工作交流平台，常态化举办工作交流会议，经常性通报工作开展动

态，把企业的愿望与期待及时纳入工作方案中，把企业负责人、业务专家充分吸纳到二级学院师资库中，在人才培养方案、专业见习实习方案、企业课程开发、联合科研团队建设等方面充分听取企业的意见和建议，让企业真切感受到它是“合作主体”。学校每年召开实践教育基地研讨会、财经管理学院常态化开展“工作经验交流会”“工作情报通报会”“基地建设活动推进会”“横向教研科研团队建设讨论会”等，都较好地发挥了沟通交流作用。构建好合作共商的工作交流机制，要抓好三个关键点：一是二级学院要积极主动利用已有的工作平台，积极创建新的工作平台；二是工作开展要常态化、制度化；三是要充分发挥企业负责人和企业业务专家的作用。

（三）构建高效健全的激励保障机制

建议地方政府部门对参加校企合作、建设实践教育基地的企业实施“金融+财政+税收+土地+信用”的组合式激励，调动企业建设实践教育基地的积极性。建议学校在关于实践教育基地建设的经费投入、管理模式、培训收入分配、科研奖励、兼职待遇等方面与企业协商，力争制订出双方满意的实施方案，并确定完善的配套政策支持，激发参与各方的建设热情。建议学校对二级学院就实践教育基地建设在职责、权限、管理体制、相关收益分配、考核奖惩机制等方面做出明确规定，消除二级学院的后顾之忧。对二级学院松绑放活，这样才能充分激发出整个学校的发展活力。构建高效健全的激励保障机制，要把握好以下三项重点内容：一是学校要投入必要的经费来建设实践教育基地；二是相关部门要加强对实践教育基地常态化的工作指导；三是学校要建立健全对实践教育基地的配套政策。

（四）构建稳定常态的情感交流机制

实践教育基地建设管理需要充分发挥主观能动性，顺畅的情感交流会明显促进主观能动性的发挥。财经管理学院注重在实践教育基地建设中与相关各方负责人、联系人以及工作人员之间的情感交流，获得了他们的理解、信任、支持和配合，促进了工作的有效开展。一个问候电话、一条祝福短信、一句工作汇报、一段温馨视频，都能够促进双方思想交流、产生情感波澜、消解工作阻力。构建稳定常态的情感交流机制，要把握好以下三点内容：一是利用好节假日、工作启动日、工作总结日、对方生日等重要时间节点；二是充分利用现代信息手段，多样化使用；三是要有真情实感，不虚伪、不逾矩。

参考文献

[1] 齐亚丽. 深化产教融合、校企合作的研究与实践 [J]. 现代职业教

育，2019（5）：42-43.

［2］孙园园，张悦，玉素甫艾力·阿巴斯，等. 我国校企合作研究文献综述［J］. 现代商贸工业，2018（17）：84-86.

［3］于晓玲，李利军. “产教融合、校企合作”实践教学平台建设研究：以广西科技大学鹿山学院为例［J］. 黑龙江教育（高教研究与评估），2018（10）：56-58.

对通识课经济学原理中一些教学难点的理解

刘磊[1]　徐爽[2]

（1 电子科技大学经济与管理学院　2 宜宾学院三江金融研究中心）

摘要：鉴于在大学本科通识课的经济学原理（别称"西方经济学""经济学概论""经济学通论""经济学基础"）微观经济学部分的教学中，尽管微观经济学相对于宏观经济学更成熟且争论较少，但还是有一些部分学生存在理解困难的情况，甚至一些教师也存在理解不足和认识偏差，笔者特根据多年从事经济学课程教学的一些经验提出建议供同行参考。

关键词：经济学四大基本概念；局部均衡；企业的成本和利润；经济衡量

一、导论

许多教师选用的教材或参考的教材是曼昆的《经济学原理》（第 7 版），这当然没有问题，全世界的主流大学都在用它，但是笔者认为曼昆的经济学十大原理未必精准得当。

笔者主要讲授经济学四大基本概念：①保持其他条件不变的前提（意味着几乎所有的经济学特定题目的研究是不考虑外生变量的，这很重要）；②机会成本（教师应讲透李嘉图的比较优势理论，因为它对我们中国的改革开放和经济发展有特殊意义）；③边际的概念（除了传统的经济学意义，还能带来思维启发）；④各种约束条件下求最优或次优解（可以扩展到人生意义，因为人生也必定面临各种约束条件，没有这个约束条件也有那个约束条件）。笔者认为每位大学生都应该至少学习一门通识课的经济学，这对于他们未来充满不确定性的人生有一定帮助。

二、关于局部均衡部分

首先，在讲最基础的一般均衡时，教师最好将供给曲线和需求曲线画成直线，不要随意画成曲线。因为如果画成曲线，用函数推导写方程就会有麻烦，许多教材包括曼昆的教材在这方面都存在瑕疵。如图 1 所示：$Q=f(P)$，P 是自变量，Q 是因变量，因为 P 的变化，Q 发生变化。教师还要注意供给与需求曲线都是代表了完全竞争市场某种商品或服务的行业的所有生产者和消费者。供给曲线与价格 P 呈正相关，需求曲线与价格 P 呈负相关，必会产生均衡点 E。Q（d）$=a+bP$，Q（d）为需求曲线上某两个点（两点可决定一条直线的方程）对应的横轴上的两个数值，P 为需求曲线上某两个点对应的纵轴上的两个数值，用代入法求解两个二元一次方程可以得到 a、b 值；Q（s）$=c+dP$，Q（s）为供给曲线上某两个点（两点可决定一条直线的方程）对应的横轴上的两个数值，P 为供给曲线上某两个点对应的纵轴上的两个数值，用代入法求解两个二元一次方程可以得到 c、d 值；均衡点 Q（d）$=Q$（s），即可得到均衡价格 P。

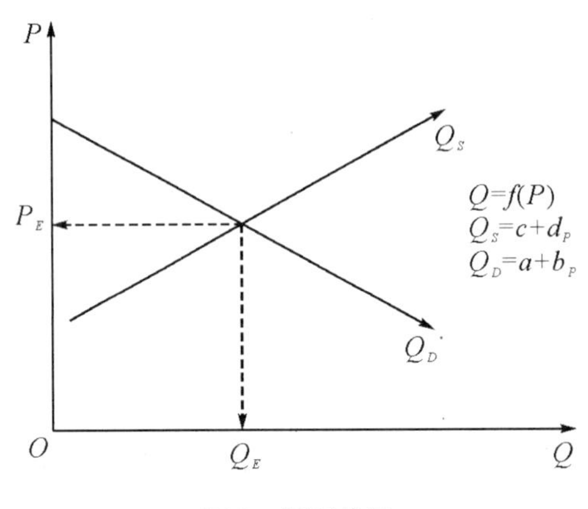

图 1　供需关系

其次，笔者建议在供给需求章节不讲吉芬商品。笔者认为如果考虑“保持其他条件不变的前提”，是没有所谓吉芬商品的，这点张五常在其《经济解释》一书里论证得已很清楚。如果一定要讲，也应该将吉芬商品放在消费者选择理论的收入效应、替代效应章节去讲。我们的目的都是给学生打下一个正确和比较坚实的经济学基础，学习初步的经济学的思维方式。

三、关于企业的成本和利润部分

每次给学生讲微观经济学的“企业的成本和利润”部分时总是很累，因为要让缺乏企业经验的这些二十来岁的年轻学子明白固定成本、可变成本、平均成本、边际成本、平均收益、边际收益、边际利润、垄断利润等这些概念确实难！不仅如此，这些经济学意义上的成本与利润的概念又与真实企业的财务会计意义上的成本与利润有区别。但笔者还是从多年的教学经验中总结了一些窍门，在此分享，也许对同行有一点帮助。

首先，如何理解单个竞争企业（特别建议不要使用“个别企业”的说法，因为汉语中“个别”往往有特殊的意味，而此处我们要说的是一种商品或服务的生产者或提供者所在行业中的众多企业）的利润最大化产量就是边际成本等于边际收益即 MC = MR 那个点？可以这样讲，企业的产量低于这个点，即 MC<MR 时，企业少生产一个就会少赚一个的钱；企业的产量高于这个点，即 MC>MR 时，企业多生产一个就会多亏一个的钱，要点是边际收益等于平均收益等于价格，即 MR = AR = *P*，而价格 *P* 不是由企业决定的，因为竞争企业是价格接受者（price taker）。在讲这部分时，除了课件演示外，教师一定要在黑板上画局部均衡模型，方便告诉和提醒学生竞争企业的价格 *P*（*P* = MR = AR）是由市场上无数生产者和无数消费者的供给和需求通过局部均衡形成的，不是单个企业所能决定的。对于非竞争企业，如垄断企业，也是这样，不同的是垄断企业在一定条件下（需求曲线之下）可以决定价格，因为垄断企业是价格制定者（price maker）。

其次，曼昆的咖啡店例子［见两张曼昆《经济学原理》（第 7 版）原书所附的课件截图，即图 2 和图 3］就不要用了，它的平均可变成本（AVC）一开始就增加，不仅有违常识（可变成本中的各种投入一般也有一个规模经济的过程），而且与他接下来画的 AVC 曲线先由高到低、再由低到高的形状也不一致。

Table 2

The Various Measures of Cost: Conrad's Coffee Shop

Output (cups of coffee per hour)	Total Cost	Fixed Cost	Variable Cost	Average Fixed Cost	Average Variable Cost	Average Total Cost	Marginal Cost
0	$ 3.00	$3.00	$ 0.00	—	—	—	
1	3.30	3.00	0.30	$3.00	$0.30	$3.30	$0.30
2	3.80	3.00	0.80	1.50	0.40	1.90	0.50
3	4.50	3.00	1.50	1.00	0.50	1.50	0.70
4	5.40	3.00	2.40	0.75	0.60	1.35	0.90
5	6.50	3.00	3.50	0.60	0.70	1.30	1.10
6	7.80	3.00	4.80	0.50	0.80	1.30	1.30
7	9.30	3.00	6.30	0.43	0.90	1.33	1.50
8	11.00	3.00	8.00	0.38	1.00	1.38	1.70
9	12.90	3.00	9.90	0.33	1.10	1.43	1.90
10	15.00	3.00	12.00	0.30	1.20	1.50	2.10

 16

图 2　课件截图（一）

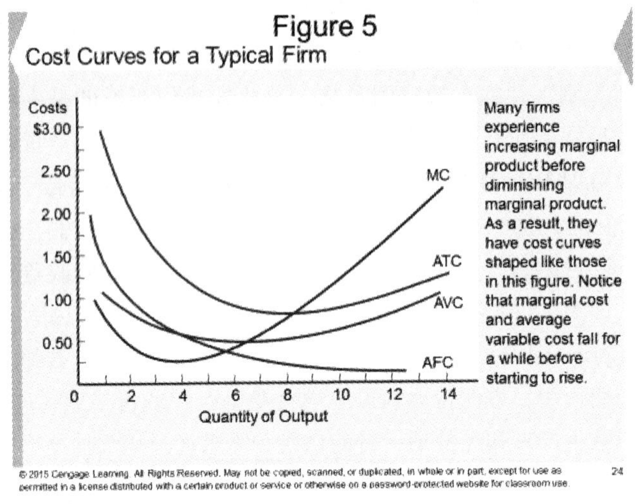

图 3　课件截图（二）

还要注意的是图 3 中被广泛使用的 AFC、AVC、ATC 和 MC 曲线图形容易造成一个 AVC 曲线位置高于 AFC 曲线的印象，其实 AFC 和 AVC 曲线的相对高、低位置是不确定的，它们叠加成为 ATC 曲线。另外，因为 AFC 在一般情况下一直往下，所以 AVC 的最低点会先于 ATC 到达。此外，关于亏损企业最小亏损生产点的解释应该是：给定亏损企业的平均成本线是无法变化的，企业暂时不能退出市场，如果长期如此，则只能退出市场。

最后，怎么帮学生理解垄断者的边际收益总是低于其产品的价格呢？教师可以按照这个思路讲解：首先，垄断者（价格制定者）和完全竞争市场中的生产者（价格接受者，其 $MR=P$）不同，随着产量增加，价格下降。虽然垄断者可以在需求曲线上任何一点卖出商品，但如果如此就只能卖这么多了，不能获取垄断利润，也不能实现最大化利润。所以垄断者为了获取垄断利润、实现最大化利润，就必然不断通过降价测试市场需求量以便实现（同时通过规模化降低成本）垄断利润和最大化利润，因此垄断者的边际收益总是低于其产品的价格；由于 $P=AR$，$MR=\Delta TR/\Delta Q$，而 $MR<P$，所以 MR 曲线总在需求曲线下方。其次，平均收益还是等于价格。

这一部分对学生而言，需掌握的概念多且难。教师可以在教学过程中在黑板上将曲线图形画出来，这样有利于学生学习。当然，其前提是教师对此非常熟练，不需要照着教材或课件画。

四、关于宏观经济学经济衡量的一个问题

我们知道 $Y=C+I+G+NX$。其中，Y 代表国内生产总值（GDP），C 代表消费，I 代表投资，G 代表政府购买，NX 代表净出口。有人认为随着贸易战双方互相加征关税，出口和进口都减少了：如果出口和进口基本同步减少，对 Y 就没有影响；如果出口减少大于进口减少，Y 就可能减少；如果出口减少小于进口减少，Y 就可能增加。实际上，上述三种情况对 Y 没有影响或者会产生短期影响；从中长期来看，出口和进口的减少是一定会导致"$C+I+G$"中每一项都减少，从而使 Y 也减少。

五、关于宏观经济学负利率的一个问题

负利率是指存款利率为负值。一般而言，商业银行在央行存款时可获得利息，但在负利率情况下反而需要支付手续费。在负利率情况下，商业银行将钱存入央行会出现资金缩水的情况，这会促使商业银行积极放宽面向企业的贷款。有些情况下商业银行也会出现负利率，即向储户存款收取手续费，如1990—2010 年的日本。有些时候经济学教师囿于有限的经验和常识不太理解在比较极端的情况下商业银行也会出现负利率，即向储户存款收取手续费。许多国家包括我国和美国都规定存款利率不能低于零，但是日本在 1990—2010 年就出现了负利率，所以 2011 年日本福岛地震中，许多老百姓家的保险柜被海水冲出来，里面都装满了成百上万的现金（纸币最大面值为 10 000 日元），说明许多老百姓不愿意给银行交手续费。另外，经济学上讲的实际负利率是指通货膨胀率高过银行存款利率，即把钱存在银行里，财富不但没有增加，反而随着物价的上涨缩水了。

参考文献

[1] 曼昆. 经济学原理 [M]. 梁小民，梁砾，译. 北京：北京大学出版社，2015.

[2] 张五常. 经济解释 [M]. 北京：商务印书馆，2000.

[3] 刘磊. 自由求索的足迹 [M]. 成都：西南财经大学出版社，2014.

[4] 周其仁. 真实世界的经济学 [M]. 北京：北京大学出版社，2006.

[5] 斯密. 国民财富的性质和原因的研究 [M]. 孙羽，译. 北京：中国社会出版社，1999.

碳中和战略下金融工程专业教学改革
——以江西科技学院为例

鲁宇　黄爱科　华婷
（江西科技学院财经学院）

摘要：21世纪以来，我国二氧化碳排放量随着经济发展急速增加，碳中和与经济并行发展成为主流。金融工程作为近年逐步发展起来的新学科，本着“面向现代化、面向世界、面向未来的”的人才培养理念，应当结合当今发展大势，进行相关教学改革。本文从碳中和与绿色金融协调发展的角度出发，为金融工程专业教学提出相应的意见与建议，研究如何在能源金融领域培养符合社会需求的应用型、开发型、复合型、创新型人才。

关键词：碳中和；金融工程专业；教学改革；绿色金融

一、引言

2020年12月16日至18日中央经济工作会议中首次将碳达峰、碳中和列入新一年的重点任务。在2021年4月30日，中共中央政治局会议提出，有序推进碳达峰、碳中和工作，积极发展新能源。随着中国改革创新的脚步加快，碳中和将会迎来一次历史性增长周期。为了响应国际号召，我国先后在国际上做出承诺——力争于2030年前实现碳正峰，努力争取于2060年前实现碳中和。在这一背景下，为未来碳中和目标的实现提供可持续的人才保障和支持已经成为必然选择，因此对金融相关专业教学模式进行改革十分必要。本文以江西科技学院为例对金融工程专业教学改革进行研究。

（一）金融工程对碳中和的重要性

碳中和战略对我国未来国家战略起着尤为重要的作用，金融工具改革则为碳中和战略下的重要战术。金融工程最大的价值和作用在于定价，灵魂在于对资产进行定价，因此价格机制是市场经济的核心。由于市场中每个经济主体的收益预期都不一样，影响价格的因素众多，量化价格便尤为复杂，而金融工具则为量化价格提供了途径，使价格机制更为有效。金融工程通过对交易进行风险量化，可以使得价格机制更好运行，从而减少市场中的投机行为，让市场交易更加活跃、资源配置更加有效。另外，金融工程专业对提高社会的生产效率，促进社会的发展起着重要的作用。碳中和债券、碳中和信贷、低碳指数、低碳基金、支持碳减排创新工具都需要金融工具的改革才能不断创新发展。金融业在碳减排支持工具、碳中和融资工具和碳排放定价交易上发挥着不可或缺的重要作用。我国实现碳中和目标虽然具有一定基础，但时间紧、任务重，这对我国产业结构调整和生产生活方式转变提出了很高的要求，而碳中和战略的实现需要大量的绿色资金投资，其中绝大部分需要通过金融体系引导社会资本来实现。

（二）金融工程教学改革的必要性

目前，我国金融工程还处于早期发展阶段，金融市场体系和金融体制还不完善，金融监管制度还不健全，金融市场依然存在一定的不稳定性，这就需要建立安全可靠的金融风险防范系统，尽可能地防范和化解可能存在的金融风险，增强抵御风险的能力。而实现这一目标需实施的措施之一就是加快金融工程建设进程，加大金融工程的改革与创新力度。无论是从我国金融制度体系的发展要求还是从整个中国的金融市场需求，抑或是基于世界经济环境的发展趋势来说，我国金融工程的改革都势在必行。从长远角度来说，这既能满足中国现实发展需求，也是金融工程领域能在我国平稳迅速发展的保证。

金融工程作为一门实践性较强的专业，符合江西科技学院创办应用型人才高校的宗旨。金融工程实践改革尤为重要，在实践环节中，要培养学生独立思考、创新开拓、分析指标、爬取数据、构建模型、结论分析的能力。江西科技学院金融工程教学中仍存在着诸多不足之处，如：课程衔接混乱，导致学生不能串联起所学知识；知识缺乏整合梳理，导致学生对知识的理解还远远不够。因此金融工程专业教学改革尤为必要。

二、金融工程专业教学改革的历史背景、主要问题及思路

（一）历史背景

金融工程最早产生于20世纪70年代，顾名思义就是将工程思维运用到金融行业中去。金融工程专业所涉及的主要内容就是设计产品或方案、定价和风险管理，设计、开发和运用新型的金融工具为各种金融问题提供解决方案。由于现代金融理论的逐渐成熟，信息技术的不断进步和全球经济环境发生重大变化，在种种有利因素的推动下，金融工程最终应运而生。

金融工程的出现丰富了金融市场中的产品种类并提高了市场交易的效率，同时为投资者带来了更多的选择，优化了资源配置，降低了融资成本。而对于

金融机构来说，金融工程创新的方法可以降低交易成本提高运行效率，增强交易的灵活性。金融工程的发展主要可以分为三个历史阶段；第一阶段为 1970 至 1997 年，这是金融工程的产生和早期发展时期，在这个时间段，各国政府减轻了对利率、货币和商品价格的管制力度，从而催生出金融市场对风险管理的需求，科学技术的进步尤其是电脑等高科技产品的出现为其提供了平台，经济全球化的趋势日渐明显，最后金融工程这一新名词走进了大众的视野。第二阶段为 1998 年至 2006 年，金融工程进入快速发展阶段，在此期间曾先后爆发亚洲金融危机和俄罗斯金融危机，这些危机增加了企业风险管理的需求；市场快速发展，金融机构从事单一业务时代结束，证券规模呈现井喷式增长，经济全球化的程度进一步加深，这些因素叠加起来为金融工程的发展创造出十分有利的环境。第三阶段为 2007 年至今，在经历了一系列国际金融市场动荡后，世界经济逐步步入正轨，金融工程的发展进入合理化阶段。

气候变化是当今全球面临的重大挑战之一。要实现转型、创新发展，亟须直面人才储备等方面的挑战。江西科技学院作为民办本科院校，本着响应国家号召和培养高素质金融人才开设金融工程专业，但是由于发展时间较短，金融教学体系尚不完善，还有很大的上升空间。

（二）金融工程专业教学改革面临的主要问题

由于金融工程的专业开设较晚，很多高校都存在着实训课程占比不够、基础设施与投入不足等方面问题。因此高校应当着重对学生进行实践性课程培训与实践性教学指导，要对教学模式和核心课程合理化安排进行优化，要加大硬件和软件设施建设的投入力度，让整个金融工程体系在碳中和的背景下得到丰富和完善。

江西科技学院成立于 1994 年，在经济学领域先后开设有国际经济与贸易、会计学等专业。金融工程专业开设于 2019 年，相对于金融工程 30 年的发展历程来说，在这个领域的起步时间较晚。到目前为止，江西科技学院一直在努力修改和完善人才培养方案，并不断调整专业的核心课程。为了让课程更加多元化和合理化，江西科技学院采取了许多措施，例如每学期加入一周实训课、鼓励和指导学生参加证券投资类的竞赛、积极建设校企合作、支持学生参与校外实习等。尽管这样，江西科技学院金融工程专业仍然有很大的上升空间，有许多问题亟待解决，因此更加突出了新形势下进行教学改革的迫切性与必要性，这里将问题归纳为三点：

（1）课程安排和设置不合理。金融工程专业具有创新程度高、更新速度快的特点。但是，金融工程专业实践教学安排的过程中暴露出“偏重理论而缺乏实践”的问题，对于学生对课堂理论知识的实际应用与实践能力的重视程度与支持力度还不够，学生对所学知识一知半解、不能融会贯通。要想将学生培养成为一名拥有较高综合素质的复合型创新型金融人才，就必须让学生积累实战经验，在实践中摸索和成长。

（2）教学模式不足。江西科技学院实训课程所占比例相对于其他课程较少，不利于提升学生金融职业化技能和综合素养。金融工程专业要求学生具备应用经济学、金融管理、金融工程等方面的基本理论和基础知识，以及接受相关方面的基本训练；具有设计、开发、综合运用各种金融工具创造性解决金融实务问题的基本能力，能在跨国公司和金融机构从事金融财务管理、金融分析和策划。因此，课堂上的效率与质量显得尤为重要，拘泥于理论、依赖于书本对于学生获取专业技能和提高学术水平并无多大帮助，要想适应新时代下的发展需求，从根本上还得依靠专业知识与技能。

（3）投入力度较小。江西科技学院金融工程专业刚刚开设不久，底蕴不足，还处于初期建设阶段，尤其是在如今国家提出“碳达峰、碳中和”战略和“绿色金融”的理念后，对于相关金融科技人才的需求量会大大增加，与金融有关专业的实行教学改革已成趋势，而要进行教学改革就需要加大投入力度，包括软件与硬件设施的投入，这样才有利于教学改革的顺利推进。

（三）金融工程教学改革的思路

江西科技学院金融工程着眼于培养碳中和战略下的应用型人才，但部分学生数学基础薄弱，难以掌握相关数学知识，因此在教学中强调因材施教格外重要。江西科技学院着眼于培养应用型人才，分层培养、开拓创新则成为金融工程改革的基本思路。

对学生归类、分层培养，可以加深学生对知识理解的深度，使学生能学习自己擅长领域的知识，激发学生学习潜力。

创新能力需要厚重的知识体系作支撑，掌握学科发展的体系，才能高效地完成学习。因此学校要重视金融专业的基础学科建设，为创新奠定基础。而且相比国外，我国金融产品比较单一。培养开拓创新的精神也是江西科技学院金融工程专业不断发展的源泉。

在实践教学过程中，教师要引导学生发挥其主动性，积极参与实践，在团队中承担与自己能力相适应的工作，这可以提高学生解决问题和独立思考的能力。教师应在实践中开阔学生视野，让学生掌握基本分析能力，激发学生学习兴趣。同时学校需要在线下充分提供网络学习资源，让学生构建自己的知识体系。总而言之，江西科技学院金融工程教学改革应当以持续的学习、创新能力培养、分层培养为目标，以实践教学环节为主要载体，以线下自学为辅，达到培养应用型人才的目的。

三、意见与措施

伴随着时代发展的脚步，金融工程专业只有顺应金融行业的发展趋势，不断革新与创新，与实际相结合才能凸显本专业的创造性和可持续性并存的专业特色，所以在完善创新型复合型金融人才的培养方案上要持续地进行改革。经过研究分析，这里将改革措施归纳为以下三个方面：

（一）对学生进行分层培养

在实际教学过程中，学校应优化资源配置，对学生进行分层培养。在新生入学时开展入学考试，根据不同科目成绩的差异对学生进行分层：一部分为金融工程（理论研究方向），这部分学生的理解能力强，理科能力偏弱，可以进行理论研究，因此开设政治经济学、财政学、国际金融、碳中和概论等特色理论学课；另一部分为金融工程（应用方向），这部分学生数学、逻辑思维能力强，可以对金融工具进行创新，因此开设统计学、公司金融、运筹学、python、java 等理科课程。此外，学校既不能照本宣科式灌输理论知识，也不能一味地进行实验与实践教学，应使二者相辅相成、相互联系，提高学生的综合素质，培养出适应新形势的创新型复合的金融人才。

（二）加强实践教学环节

金融学是金融工程的基础，但金融学中的金融工具特别是金融衍生工具具有抽象、复杂等特点，这对于没有接触过金融的学生来说较难理解。因此学校要为金融工程专业的学生开设实践课，学校可以带领金融工程的学生到期货交易所、证券交易所、商业银行、基金公司等金融机构进行实践，学生通过接触这些金融机构可以了解相关的金融工具。这样复杂难理解的金融工具通过接触变得具体、可接受。同时，学生通过到金融机构参观学习，更能理解金融市场运行的规则，化抽象为具体，深化对金融知识的理解。

（三）编写贴近碳中和战略的金融学教材

目前来说涉及碳中和战略的金融学教材较少。要提高教学质量，则要编写更加完善的金融学教材，教材应既与碳中和战略相联系，又其与金融工程相衔接。此外，引用的案例教材应更多用来分析碳中和战略下中国金融市场的实际问题，而且教材应该实时更新、与时俱进，涵盖市场上新的金融衍生产品和国家经济政策，这样才能让学生全面掌握金融工程和碳中和战略相关知识。

参考文献

[1] 崔明. 上海普通高校金融专业实践教学改革的探索：基于人才需求视角 [J]. 教育教学论坛，2020 (28)：334-335.

[2] 谌卫学，李晶. 金融工程课程教学改革实践与思考 [J]. 科技广场，2016 (12)：115-118.

[3] 马千里，李倩. 金融工程课程的教学改革探讨 [J]. 行知部落，2016 (30)：104.

数字化转型背景下高校管理学课程线上线下混合式教学研究①

杜华勇　刘长江

（西华师范大学管理学院）

摘要：数字化转型给传统的线下管理学教学改革带来新的机遇和挑战。本文立足数字化转型背景，探讨数字化转型对管理学课程教学的意义，并结合线上教学与线下教学优缺点的比较，指出高校管理学课程线上线下混合式教学的方向与策略。本文所做研究对管理学课程教学改革提供了理论借鉴，为数字化转型背景下经管类课程的教学再设计提供了参考。

关键词：数字化转型；混合式教学；管理学课程；教学改革

一、引言

随着互联网的普及和数字技术的发展，数字化转型已成为当前国内高校教学改革不可阻挡的新趋势。数字化转型背景下，先进数字媒介和信息技术应用不仅大大节约了高校教学的时间成本，同时也通过更加形象的可视化教学演示过程推动教学活动迈向高质量发展阶段。特别是，在教育部大力推出“双万计划”的背景下，如何利用管理学等经管类基础课程的课堂教学推进高校一流经管专业建设，成为数字化转型背景下高校管理学课程教学改革的重点和难点。在推进管理学课程教学的过程中，相比传统的线下教学，单纯依靠信息技术、在线平台的线上教学在为教学带来便利的同时也暴露出一些问题，故而在教学实践中往往并不能严格地取代线下教学。为此，如何基于线下教学场所和线上教学平台设计有效的线上线下混合式教学策略，推动线上线下教学有机融合，对于经管类专业建设和教学成效提升至关重要。鉴于此，本文立足于管理学课程教学实践，探讨数字化转型背景下高校管理学课程线上线下混合式教学改革的方向与策略。首先，基于对数字化转型内涵的解读，本文探讨了数字化

① 本文系西华师范大学博士科研启动项目（编号：19E028）、南充市社科研究“十四五”规划2021年度项目（编号：NC2021C127）的阶段性成果。

转型背景下线上教学平台和新一代信息技术对管理学课程教学改进的积极意义。其次，基于管理学课程教学实践，本文比较了管理学课程线上教学与线下教学的优缺点，从而理清线上线下教学的衔接点和融合方向。再次，结合管理学课程纲要特点，本文分析了管理学课程线上线下混合式教学的方向和策略。最后，综合前文分析，得出研究结论。

二、数字化转型对管理学课程教学的意义

按照曾德麟等的定义，数字化转型是指以数字化技术、数字化产品和数字化平台的基础设施为支撑起点，进而引发个人、组织、产业等多个层面的变革。从内涵来看，数字化转型包括三层含义。其一，数字化转型以数字技术和信息技术为支撑，通过数字化在线平台打造数字化基础设施。其二，数字化转型不是单向技术的简单加总或独立应用，而是通过数字在线平台推动数字化智能决策。其三，数字化转型如同互联网的普及一样，在全球范围内对个人、组织乃至大部分产业产生着深刻的影响。具体而言，数字化转型背景下，大数据、人工智能、云计算等新一代信息技术的充分应用必将带动管理学课程教学的积极改变。

首先，数字化转型能带来更强的学习互动体验。随着学生更多地参与学习过程，教师已经意识到数字化技术的重要性。事实上，当教师使用科技和信息技术时，学生的响应会更加积极，知识的传授也更加形象和流畅。比如，演示文稿（PowerPoint）、视频和在线学习平台的应用，可以吸引学生的注意力，更加动态形象地展示管理学现象和案例，提高学生对管理学课程知识的领悟能力和吸收能力，从而增强学生参与课堂教学的积极性。

其次，数字化转型有利于开发新的教学模式。当数字技术被运用于课堂，以改善学生的行为时，学生对课堂的好奇心会逐渐增加。一方面，新兴教学技术和互动模式可以让学生将注意力集中到课堂教学环节。另一方面，学生深度参与管理学的线上线下讨论互动也加深了学生对教师的认可和对专业的认同。教师可以自主结合在线工具灵活安排管理学课堂交流环节，如利用弹幕、红包、分组讨论、案例分析等方式鼓励学生应用管理学知识解决实际问题。

再次，数字化转型有利于制定符合学生需求的课程。新的软件解决方案允许教师和监督人员实时监控出勤率，每天跟踪学生的进度，并为学生提供符合个体学习需求的定制课程。比如，利用雨课堂在线学习平台，学生可以自主反馈学习效果和可能存在的问题。对于教师而言，一方面教师可以及时收集来自学生的需求和信息，及时监督学生的学习进度；另一方面也可借助数字化在线

平台实现全程可视化、档案化，便于合理判断学生学习态度和学习效果，同时也为进一步查漏补缺提供决策支持。

最后，数字化转型大大推进了远程学习和离线学习。2020 年受新冠肺炎疫情影响，学校停课的时间较长，人们不得不在相当短的时间内，甚至是在毫无准备的情况下转向远程学习。由于需要确保学校教育的连续性，许多国家找到了以技术使用为基础的替代解决办法。然而，这场危机凸显了数字工具和互联网使用方面的不平等。世界各地的教育系统被迫变得更有弹性，教师和学校必须适应才能生存并为校外学生提供教育服务。强烈的远程教育需求倒逼教育类平台加大研发力度和完善数字化技术，使得 Zoom、腾讯会议、学习通、慕课、雨课堂等在线学习平台迅速崛起。借助数字化在线学习平台，教师可以摆脱地域限制开展远程直播教学，学生也可以借助平台记录存储功能实现离线学习。

三、管理学课程线上教学与线下教学的优缺点

管理学课程教学的基本特点是：与理工科或其他文科科目不同，管理学既是一门经管类学生学习的基础课程，也是相比于通识课更强调专业属性的专业课程。同时，管理学本身是源于实践但高于实践的一门交叉学科，其教学过程兼具理论导向和实践导向，既要解决“是什么”和“为什么”的问题，也要解决“怎么办”的问题。在管理理论的教学过程中，教师应让学生了解作为管理者应具备的动手能力，不只关注理论、原理本身，而是善于归纳和演绎。单纯的线上或线下教学方式往往并不能满足管理学课程教学的需求。具体而言，管理学课程线上教学与线下教学的优缺点对比如表 1 所示。

表 1　管理学课程线上教学与线下教学的优缺点对比

教学形式	优点	缺点
线上教学	教学手段多样 教学过程可视化 教学趣味性强 教学信息易于存储 教学过程可追溯 教学反馈及时 教学设计成体系 教学定制化程度高 可实现远程和离线教学	学生投入度难衡量 教学过于游戏化 软硬件设备要求高 学生终端要求高 在线平台操作技能要求高 学生行为难以监控 缺乏线下集中学习的氛围 在线学习容易分神 学习效果受网络条件限制

表1(续)

教学形式	优点	缺点
线下教学	面对面互动更便捷 便于深度答疑 课堂氛围浓厚 课堂纪律便于控制 学生行为可监控 学习效果不受网络条件约束 学生学习感受真切 便于教师直接管理课堂	教学时间耽搁较多 大班教学管理难度高 教学定制化程度低 教学板书和课件演示受限 教学互动形式单一 教学信息来源单一 依赖固定场所教学 教学过程难以储存和追溯

从表1可知，管理学课程实施线上教学的主要优势在于：在教学设计上更加系统灵活，特别是易于结合学生情况和教学条件开展定制化教学方案的设计；在教学手段上更加灵活多样，可通过加入互动性更强的趣味教学环节增强学生参与教学活动的积极性和主动性；在教学过程中可及时收集学生反馈意见并以数字化方式系统记录教学开展至结束的全过程，便于反复观察、查漏补缺、总结教学经验。同时，线上教学也并非万能，线上教学效果的发挥受教学环境、软硬件设施、师生在线教学平台操作熟练程度等诸多因素的综合影响。因而，利用在线平台开展管理学课程在线教学不仅需要良好的网络环境、优良的设备终端、熟练的平台操作以及完善的软件系统，同时也对教师掌控在线课堂的能力提出了挑战。在实际的运行过程中，网络延迟、终端设备（手机、平板等）落后、系统运行卡顿等现象时有发生，对管理学课程教学的流畅性造成不利影响。不仅如此，在线教学对教师和学生言行的掌控难度也进一步加大。一方面，在直播教学中，如何识别、管控和纠正教师或学生可能存在的不当言论成为难点；另一方面，离线教学虽然可以事先审核教学内容，但对于学生是否足够专注投入课程学习仍然较难捕捉。在实践中，即便教师设置了不可跳跃观看教学视频，学生在远程教学情境下也可在播放视频的同时忙于其他无关课程学习的事情。如此一来，学生的学习效果可能因为远程离线教学而大打折扣。另外，值得注意的是，即便软硬设备能保证学生正常投入在线直播教学，学生也可能因为对教学互动的关注而忽略了知识学习。色彩化、可视化、强互动的教学过程在带动学生积极性的同时也容易造成学生分神，加之学生课堂投入情况难以准确监控，就可能形成学生看似在课堂上积极投入而并未用心习得知识的问题。

对比之下，线下课程教学的优缺点正好与线上教学相反。线下开展管理学课程教学不受网络、终端设备、师生平台操作技术等软硬件条件的局限。学生在统一教室集中学习，其教学感受真切，师生积极互动能给课堂教学创造有利的情绪氛围。同时，线下教学互动更加直接和便利，教师便于直接管控教学全过程。特别是管理学课程涉及与现实企业经营和管理实践有关的对话和讨论，可能需要结合对线下实体企业的参观、走访和案例分析，才能更好地实现管理学理论与实践的结合。线下教学的缺点也较为明显：依赖线下场所，学生参与课堂的形式单一；课堂教学手段运用有限，教学信息主要来源于教师事先整理的资料；受教学场地的限制，后排的学生较难看清课件、视频等演示内容，教师的课堂声音清晰度也在前后排存在差异；相对缺少便捷的工具对教学过程进行详细归档和记录，教学过程的可追溯性不强。同时，如果是100人以上的大班教学，考勤点名、分组讨论、纪律维护、作业查验、课堂问答等环节都需要占用一定时间，降低课堂教学效率。

四、管理学课程线上线下混合式教学的方向和策略

（一）管理学课程线上线下混合式教学的方向

结合线上教学和线下教学的优缺点对比分析可知，线上教学最大的优势在于：①充分整合多样化信息设计体系成熟的教学方案；②借助数字化技术和网络信息工具形成师生之间的体验式教学互动（特别是实现远程互动）；③通过全过程数字化归档和存储形成教学记录，便于反思和总结。线下教学最大的优势在于：①面对面真切感受教学情境，课堂感染力更强；②可搭配专业见习、走访、参观、案例分析等依托线下场所才能顺利推进的教学实践活动，便于理论与实践衔接；③课堂集中教学全程可控性强，对学生行为的约束和监管相对容易。

同时，结合管理学自身的课程特点和教学目标来看，管理学作为经管类专业学生的专业入门课程和必修课程，不仅要培养学生的辩证思维，更要帮助学生善于运用管理学课堂所学的理论知识来分析现实管理问题。具体而言，按照布鲁纳提出的教学目标三层次，管理学课程教学无论是采取何种教学形式，都应在知识、能力、态度三个方面渐次取得实质成效。在知识方面，教师主要通过课堂知识传授使学生掌握管理学的基本内涵、基本职能、基本准则、基本原理和核心概念，从而理解管理学的科学性与艺术性、自然属性与社会属性等本质属性，掌握管理学的思维和理念。在能力方面，管理学课程围绕决策、组织、领导、控制、创新五大职能展开，应使学生在掌握五大职能的内涵和原理的基础上，学会具体的方式方法，理解每种方法的优缺点和适用情境，善于综

合运用管理学方法和工具解决现实问题。在态度层面，主要强调授课教师选择多样化的适配教学手段，从而激发学生的学习兴趣，共同参与管理学问题的探究和科学研究工作。因而，管理学课程若想通过线上线下混合式教学实现线上教学与线下教学的优势互补，就必须紧抓管理学课程在知识、能力、态度三要素的基本目标，结合管理学的课程内容特点衔接线上线下环节，实现增益协同。

（二）管理学课程线上线下混合式教学的策略

结合前文分析，管理学课程线上线下混合式教学不能完全依靠线下教学，也不能完全倚重线上教学，而是要根据授课内容和教学目标的需要安排。本文以陈传明等编写的《管理学》教材为例来说明管理学课程线上线下混合式教学的策略（见表2）。

表2　管理学课程线上线下混合式教学的策略示例

内容	主要教学目标	教学策略	实施手段
总论	①知识：掌握管理学基本概念、历史演变和经典理论。 ②态度：吸引新生关注管理问题和管理现象。 ③能力：学会分析东西方管理情境的差异	线上展示为主、线下讲授为辅	①结合课件、视频资料和经典文献展示管理学的产生和演变过程。 ②讲授管理学的历史脉络。 ③线下讨论东西方管理的差异
决策	①知识：掌握决策的原理、过程，了解决策的环境，学习决策的方法。 ②态度：主动关注决策可能的影响因素，比较方法的优劣。 ③能力：善于分析现实决策情境，能够选择适配的方法用于问题决策	线上线下同步	①线上资料演示重大国际、国内决策的制定和执行过程。 ②线下讲授决策章节的理论知识。 ③组织无领导小组讨论，让学生进行非程序决策
组织	①知识：掌握组织的内涵、产生、类型、设计、文化等内容。 ②态度：主动感受和表达组织文化和特定结构的特点。 ③能力：用组织结构与设计、人员配备、文化营造等方法分析组织是否良性成长	线上线下同步	①线下讲授组织章节有关知识。 ②组织讨论集权与分权的利弊。 ③布置作业分析案例企业的组织运行状态（结构、配备、文化）。 ④线上展示最新的平台组织等形态

表2(续)

内容	主要教学目标	教学策略	实施手段
领导	①知识：掌握领导的内涵、理论、要素和影响因素。 ②态度：主动理解领导者与管理者的区别，学会沟通。 ③能力：善于分析不同情境下如何实施正确的领导、沟通和激励方式	线上线下同步	①线下讲授领导、沟通、激励章节。 ②线上结合热门影视作品分析领导风格及其绩效差异。 ③组织开展无领导小组讨论和沟通游戏，加快学生理论知识的内化
控制	①知识：掌握控制的原则、标准、过程、方法。 ②态度：主动理解控制与失控的差异，学会增强自控力。 ③能力：善于运用不同控制方法实施管理控制	线上线下同步	①用《中国机长》等影视案例演示优秀控制的成效和影响。 ②线下讲授控制章节有关知识。 ③组织讨论控制成本和效益的权衡
创新	①知识：掌握创新的内涵、方式、变革等理论知识。 ②态度：主动理解创新思维与非创新思维的差异。 ③能力：善于创造性地解决生活中的管理问题	线上线下同步	①结合游戏环节培养学生创新思维。 ②线上展示国家的重大创新成果。 ③线下讲述创新章节的知识。 ④组织有关创新职能的无领导小组讨论
管理展望	①知识：了解最新管理研究前沿动态。 ②态度：激发学生参与管理学科学研究和实践的积极性。 ③能力：提高学生认识和分析当今世界前沿管理问题的能力	线下实践为主、线上展示为辅	①引导学生参观优秀企业，与优秀管理者对话，增进对新兴管理技术、方法、理念的实际感受。 ②结合研究方向和前沿文献解读最新管理趋势和热点话题

五、结论

本文研究发现，数字化转型对推进以管理学为代表的经管类课程教学改革具有积极意义，但线上教学并不能完全替代管理学线下教学。相对而言，线上教学和线下教学各自具备优势但也都存在一些不足。为此，本文在分析数字化转型背景下管理学课程教学的意义和特点的基础上详细比较了线上教学和线下教学的优缺点；基于管理学的课程特点和三维度（知识、态度、能力）教学目标指出线上线下混合式教学的基本方向和衔接点；结合管理学教学内容和章节安排提出了管理学课程教学的具体目标、教学策略和实施手段。本文通过研究发现，管理学课程教学并非单纯依赖线上或线下环节展开教学，而是要结合具体目标和章节内容有所侧重。

参考文献

[1] 曾德麟，蔡家玮，欧阳桃花. 数字化转型研究：整合框架与未来展望[J]. 外国经济与管理，2021，43（5）：63-76.

[2] 陈传明，徐向艺，赵丽芬. 管理学[M]. 北京：高等教育出版社，2019.

基于混合式教学的生产运作管理课程设计与实践

杨世睿　刘虹杉　李荣刚

（西昌学院）

混合式教学是通过“线上+线下”的教学，将传统的“以教学为中心”的教学模式向“以学生为中心”的教学模式转变。为了促进深层次学习的实现，混合式学习强调情境学习和活动学习；混合式教学的最终目的是实现学习者对知识的深层次学习。笔者在生产运作管理的课程设计与教学实践中，将雨课堂作为教学辅助工具，使学生有了全新的教学体验，以此增强教学的趣味性，激发学生主动学习的积极性，增加学习过程的师生互动内容。本文希望通过对生产运作管理课程的设计实践，推动生产运作管理课程的混合式教学改革，提高该门课程的教学实效。

一、生产运作管理课程教学现状

生产运作管理课程在我国高校经济管理类本科教学中广泛开设，并且是工商管理、管理工程类专业主干核心课程。在该课的教学实践中，主要具有以下几点特征：

（1）在前导课程中，未树立对生产运作的基础认知。以实际教学中的工商管理专业为例，在生产运作管理的前导课程中，多以管理学基础课程为主，缺乏工程类专业的学习，造成了学生对生产运作的相关基础知识缺乏理解，甚至对于某些知识点存在认识上的偏差。

（2）在教学过程中，重知识点传授轻实操能力培养。传统的生产运作管理课程教学设计和实践重视教学内容、教学环节的设计，追求知识点讲解清晰、生动，忽略了有关生产流程的设计和控制的操作内容。

（3）在学习过程中，学生缺乏学习的热情。由于我国生产性企业的一线生产工作存在工作量大、收入低的客观问题，大学本科生往往很少愿意从事企业一线生产工作，所以缺乏对生产运作管理课程学习的积极性与热情。

（4）在教学结果考查中，重知识点考查轻思维能力、实践操作能力考查。这是由两个原因造成的：①生产运作管理课程本身知识点多且杂；②生产运作思维方式与实践操作能力的考查难以定量。

正是由于以上原因，生产运作管理课程的教学需要突破传统的以“教学为主”的模式，在教授理论知识的同时增加有关生产线实际运作的教学内容，让“课上”学习和“课下”实践思考有机结合。情境学习的方式可增加学生对生产运作本身的认识、实践和思考。同时，针对学生缺乏学习热情的情况，管理课程也需要增加教学的趣味性，让学生积极主动地参与学习。

二、生产运作管理混合式教学的课程设计及实践方式

西昌学院2018级工商管理专业的生产运作管理课程的计划学时为56个学时，其中计划理论学时40个，计划实践学时16个。在实施混合式教学中，其主要将清华大学和学堂在线共同推出的新型智慧教学解决方案——雨课堂作为教学辅助工具，以理论学习、实践操作、扩展思考三个模块开展教学工作。

（一）理论教学

理论教学是以让学生形成对生产运作管理的正确认知并掌握相关基础知识为目的。因为生产运作管理课程的理论较多且和实际生产联系非常紧密，所以西昌学院在该门课程的理论学习中加入了理论联系实践的视频学习内容，具体分为课前、课中和课后三个阶段来实施。首先，在课前部分，根据教学计划和教学实际情况，教师在课程开始前2~3天，通过雨课堂将课件和预选的参考材料、视频等推送给学生。在课中，根据课前推送内容的学习反馈，教师针对学生理解困难和多次观看的内容进行详细讲解，并利用雨课堂的“弹幕”和“随机点名”抽选学生回答问题，从而增加了教学互动的趣味性。另外，按照教学规律，教师在课堂开始后的10~15分钟进行一次随堂知识点检测。在课后，教师利用雨课堂将课后习题推送给学生并完成对学生提问的回答。

（二）实践教学

生产运作管理的实践教学内容主要以生产线的模拟实践为主。在课堂上，教师以乐高拼装玩具为教具，学生以小组为单位模拟组装型生产线生产流程。该门课程的主要实践项目包括“生产工艺流程设计”“技术路线规划”“时间设计”“动作设计”等。因为生产运作管理的专业性极强且绝大部分学生没有生产线工作经验，所以该门课程包含课内和课外两个部分。课内部分主要是教师在课堂上说明实践项目的内容、要求和操作方法，并且针对学生所提出的问题做出解答。课外部分则是学生按照模拟实践要求进行对应的实践学习及练习。此外，学生须以小组为单位通过组装型生产线生产流程模拟实践完成相应实践报告。

（三）扩展思考

为了让学生对生产运作管理的知识点有更深层次的理解，教师须要求学生在理论知识学习和实践的基础上进行扩展性思考。学生主要是以小论文的形式完成（可单人完成，也可以以小组的形式完成）。

三、生产运作管理课程混合式教学实践效果

生产运作管理课程在实施混合式教学后取得了良好的教学成果。

首先，在理论教学方面，在“课前”推送的学习资料中，超过 90%的学生完成了 50 000 字以上的课外资料阅读和 40 个以上的教学相关视频观看。在“课中”，教师根据“课前”的学习内容反馈，做出了有针对性的知识点讲解及问题解答。通过雨课堂的教学互动平台的使用，学生在课中的注意力更加集中，对知识点的学习和理解也更加准确。绝大部分学生完成了“课后”的习题，并且每次都有超过 10%的学生针对课中讲解和课后习题提出问题。

其次，在实践教学方面，因为将乐高拼装玩具作为教具模拟组装型生产线生产流程，极大地提高了学生的参与度与兴趣。在实践模拟的基础上，学生以小组为单位完成了“产品零部件说明书”“生产工艺流程设计说明书”“技术路线规划说明书”“时间设计实践报告”“动作设计实践报告”等的制作。

再次，在扩展思考方面，学生各完成了 3 篇小论文的写作，总计字数超过 5 000 字。

最后，笔者针对已完成生产运作管理课程学习的西昌学院 2018 级工商管理的 76 名学生做了关于课外主动学习的问卷调查，调查结果显示近 70%的学生主动在课外完成了 20 个学时的学习，近 20%的学生完成了 30 个课时的课外学习。其中，大部分学生用于查找小论文的文献资料和写作的时间超过了 5 个学时，用于实践模拟的时间超过了 10 个学时。问卷调查结果显示，大部分学生都认为课外学习的内容趣味性强，有利于自身对生产运作管理的学习和理解。

四、结论

从生产运作管理课程混合式教学的效果可以看出，“线上+线下”的混合式教学更有利于提高学生的学习兴趣、激发学生主动学习的积极性，更有利于学生对生产运作相关理论知识的学习和理解。情境学习的方式实现了深层次学习的课程设计目标，实现了以“学生为中心”的课程模式建设。笔者希望此次生产运作管理课程教学设计和实践能够为混合式教学的发展提供新的思路和参考。

参考文献

[1] 吴耕，董育圆，孙冬石. 雨课堂在生产运作管理课程中的应用研究 [J]. 物流工程与管理，2018 (12)：156-157.

[2] 黄荣怀，马丁，郑兰琴，等. 基于混合式学习的课程设计理论 [J]. 电化教育研究，2009 (1)：9-14.

[3] 冯根尧. "生产运作管理" 实践教学方法探讨 [J]. 实验室研究与探索，2009 (1)：118-120.

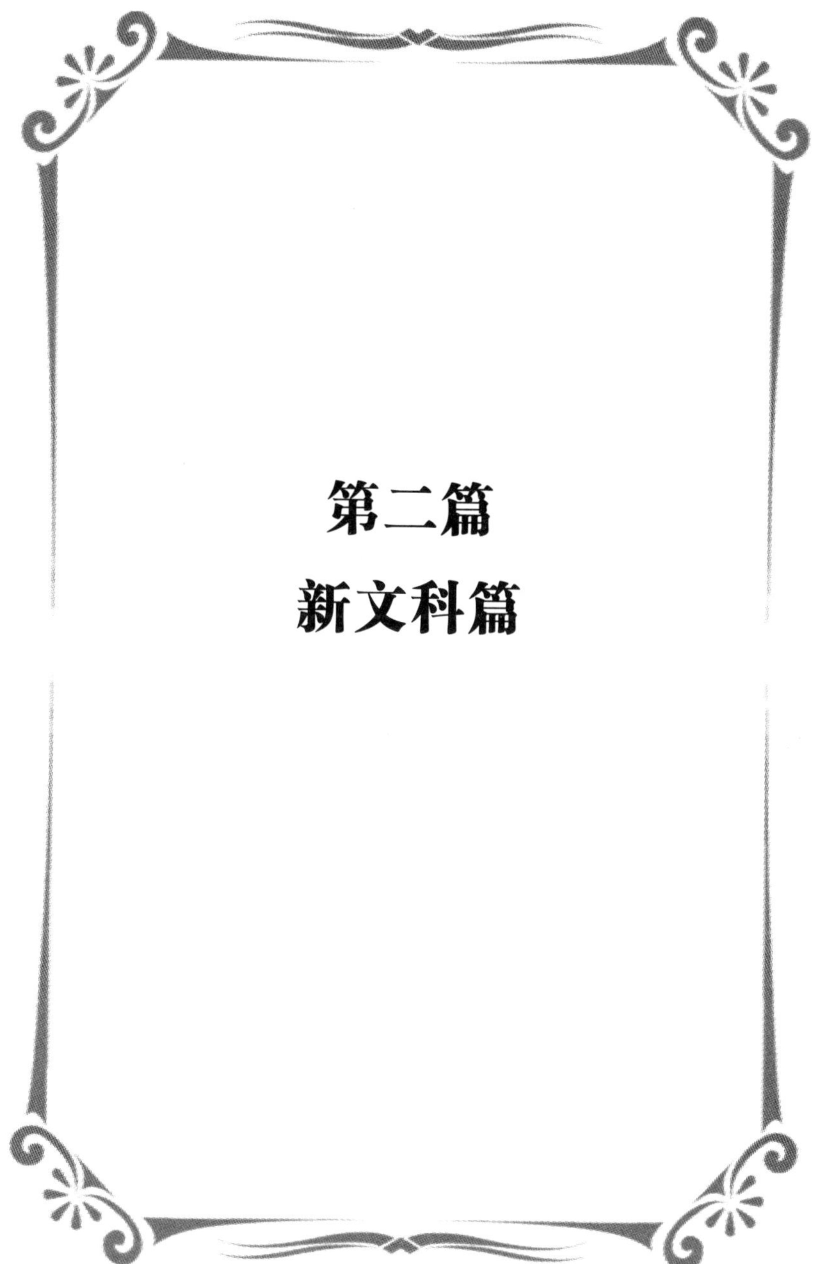

第二篇

新文科篇

回顾与前瞻：新文科背景下应用型高校工商管理类专业课程改革①

万玺　吕奇光

（重庆科技学院工商管理学院）

摘要： 应用型高校工商管理类专业有其特有的教学要求和特征，而新文科背景下的跨学科交叉融合又对此提出了新要求。对此，本文在梳理此类课程教学现有问题的基础上，围绕“学什么”“教什么”，提出新文科背景下应用型高校工商管理类课程体系的重构方案，针对“如何学”“如何教”，设计配套信息化教学模式，并就此对教学内容、模式和评价的实践设计进行了分析。

关键词： 新文科；应用型高校；工商管理类专业；课程建设

2018年，教育部提出建设“新文科”，发展中国特色哲学社会科学育人体系。各高校积极开展新文科理论研究和实践探索，不少高校形成了可资借鉴的成功做法和经验。2020年11月3日，教育部新文科建设工作组在山东大学（威海）召开新文科建设工作会议。会议发布了《新文科建设宣言》，对新文科建设做出了全面部署。新文科的重要特征之一是交叉融合，交叉融合是指学科之间的交叉重组，即为学生提供综合性的跨学科学习，达到知识扩展和创新思维培养的目的。新时代高校教育教学改革的关键任务之一就是要主动适应和引领新技术、新产业、新业态、新模式，优化高校专业布局，实现人才培养结构、培养模式与国家需求相匹配，专业体系、人才培养体系与产业链、创新链等相衔接。高校专业建设要服从和服务于科技进步和经济社会发展的需要，要把社会需求作为高校专业设置和优化调整的第一准则。同时，新文科的另一个重要特征之一是价值重塑，它需要吸收中国改革开放伟大实践的最新成果，中国特色哲学社会科学的理论创新的最新成果，而课程作为教学的基本单元，自然成为教学改革的核心与主要着力点。

---

① 本文为“新文科背景下应用型高校工商管理类专业课程体系改革与实践”（重庆市教改重点项目212118，重庆科技学院教改重点项目202106）的阶段性成果。

一、高等学校课程改革回顾

课程是人才培养的基本单元，这次改革的目的主要是适应时代的新要求。改革开放以来，国内高等教育在课程改革方面主要经历了以下阶段：20 世纪 90 年代前的恢复重建期，该时期，学者们围绕课程设置、课程内容等方面进行了众多研究和实践；20 世纪 90 年代的高潮与深化期，随着《中国教育改革和发展纲要》等文件的颁布，根据专业培养目标和培养规格，关于课程类型及体系构建的相关成果不断涌现；21 世纪以来的全面改革快速发展期，在《面向 21 世纪教育振兴行动计划》《中共中央国务院关于深化教育改革全面推进素质教育的决定》大力推进人才培养模式的改革背景下，课程结构、教育内容和教学方法等课程改革向纵深发展，并在近 10 年进入了一个全面改革、跨越式的发展阶段。

2014 年，教育部印发《关于全面深化课程改革，落实立德树人根本任务的意见》，“全科育人、全程育人、全员育人”的教学理念引导了课程内容、教学模式等全方位的研究，这一阶段出现了众多类型的实践。例如，聚焦能力为本、多元协同的应用型高校课程开发；针对工程教育改革与发展中存在的问题，对新工科专业课程体系改革和课程建设的研究；一流本科课程建设背景下，对课程体系多类型、多形式、多层次等基本特征的分析；课程思政建设背景下，显性课程和隐性课程统筹一体的课程体系建设议题；当然，也有信息技术和网络技术融入课程教学所带来的慕课（MOOC）、小规模限制性在线课程（SPOC）、翻转课堂等教学模式或手段的变化。

上述研究为新时代背景下的课程改革提供了重要的指导意义。但在新文科背景下，应用型高校工商管理类专业有其自身特有的特征和问题，我们仍需开展有针对性的课程改革研究。

二、新文科背景下应用型高校工商管理类专业课程建设存在的问题

目前，应用型高校工商管理类专业课程教学存在的主要问题有：

（一）现有教学内容无法匹配新时代及信息技术应用背景下的专业能力要求

众多互联网新兴企业的快速发展，信息技术和网络技术已经深刻融入、改变了产业结构、产业形态和产业内容，在工商领域形成了新型的商业模式和管理要求。因此，信息技术与人文社会科学的融合已经成为一个重要发展趋势，国家需要发展旨在实现哲学社会科学与科技革命交叉融合的新文科。与此同时，这些变化也在工商管理领域产生了新的人才需求和定位。

目前，工商管理类专业课程的教学内容仍停留在常规管理理论、方法和工具上。在“教什么”的问题上，课程教学内容以经典工商管理理论和方法为中心，无法将管理理论应用到数智化的新场景当中，缺少对展现国家发展成就、创新实践等思政元素的深度挖掘；在“学什么”的问题上，大部分学生仍然停留在传统的对知识点的记忆和方法练习上，无法满足新一轮科技与产业革命对岗位知识能力的要求。

（二）现有教学方法无法满足学科交叉融合、教学协同互动的能力培育要求

目前管理类课程在教学方法上仍以“教”为中心，未能实现以“学”为中心，不能满足学生跨学科学习以及自主学习的个性化需求。我们需要在掌握工商管理学科及专业知识的基础上，形成学科知识的继承与创新、交叉与融合、协同与共享。提高学生学习的主动性与积极性，其核心在于“如何学”“如何教”，以及如何形成以学生发展为中心的“教”与“学”的协同互动。

三、应用型高校工商管理类专业课程改革的目标

（一）通过改造工商管理课程体系，探索优化新文科背景下工商管理类课程“学什么”“教什么”的方案

高校应在经典管理学理论的基础上，充实信息时代应用案例、重构专业课程体系和教学内容，把人工智能、大数据、区块链等新兴技术融入工商管理核心课程中，培育学生在数智化背景下的工商管理知识的应用技能；以价值引领、知识传授与能力培养三者有机融合为目标，通过各专业课程对思政元素的强化和建设，引导学生树立正确的世界观、人生观、价值观。

（二）通过打造配套信息化教学模式，探索解决新文科背景下工商管理类课程“如何学”“如何教”的方案

围绕工商管理课程体系的改造，高校应通过信息化教材的应用与开发、多元化的混合式教学法以及多样化、信息化教学工具的广泛应用，在工商管理知识的继承与创新的基础上，逐步实现学科知识和能力的交叉与融合、学习过程和进程的协同与共享，解决信息化条件下教师“如何教”与学生“如何学”的问题。

四、应用型高校工商管理类专业课程改革的思路

在全球新科技革命、新经济发展的背景下，科技与文化的融合更加紧密，中国特色社会主义进入新时代这一新的历史方位，要求高校突破传统文科的思维模式，寓价值观引领于知识传授和能力培养之中，帮助学生塑造正确的世界观、人生观、价值观，满足新文科的发展要求。一方面，高校需要通过学科及

学科之间的继承与创新、交叉与融合、协同与共享，形成多学科的交叉与深度融合，进而实现传统文科到新文科的更新升级；另一方面，高校需要将中国改革开放伟大实践的最新成果、中国特色哲学社会科学理论创新的最新成果、现代信息技术在作为新文科重要组成部分的工商管理类专业教学中予以推广应用。应用型高校工商管理类专业课程改革思路如图 1 所示。

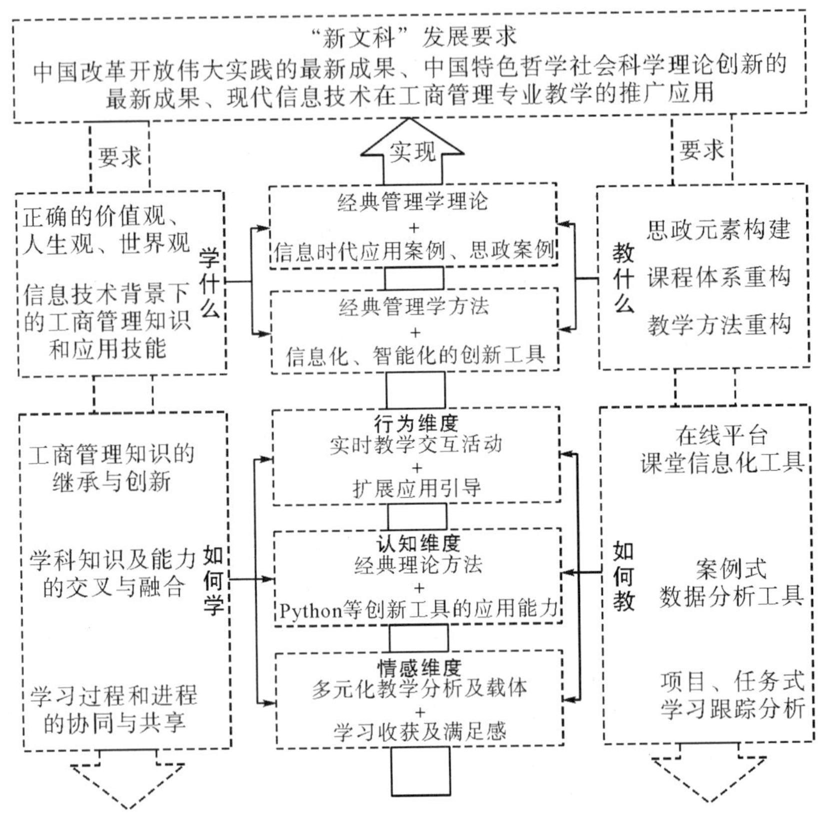

图 1　应用型高校工商管理类专业课程改革思路

（一）以学生管理应用能力培养为目标，重构教学内容

扩展和补充"经典管理学理论+信息时代应用案例"，重构各专业课程知识体系，将经典理论在新时代背景下的应用要求、场景特征引入专业课程体系；延伸和深化"经典管理学方法+信息化、智能化工具"，将抽象的经典管理学方法具体化，强化学生新时代下的信息化应用能力培养；以中国改革开放伟大实践的最新成果构建专业课程思政案例库，并在专业课程中设计思政元素或案例的引用机制。

（二）以契合应用能力学习的多元化需求为目标，重构教学模式

从满足学生学习的行为、认知、情感三个需求维度出发，以信息化技术和工具为载体重构教学模式。具体包括：针对学生学习行为上期望获得参与感的需求，为达到以教学互动促进学习的目标，充分利用当前众多在线课程平台、课堂信息化工具的信息化优势，以“实时教学交互活动+扩展应用引导”的方式，重构学生的学习行为维度，进而通过提升教学互动质量，引导学生将知识点、方法应用到教学实践当中。

针对当代学生在学习认识上更偏好动态化、图形化的教学内容的需求，为达到以动态化教学的方式激发学生的学习动力和强化学习认知的目标，高校应充分利用数据分析工具开展案例式教学设计，以“经典理论及方法+Python 等工具应用能力”的方式，重构学生学习认知维度。

针对学生在学习情感上期望获得收获感和满足感的需求，为达到以多元化教学分析来匹配和满足学习情感的目标，高校应充分开展对学生的学习效果的跟踪分析，强化项目、任务式教学效果，以“多元化教学分析及载体+学习收获及满足感”的方式，重构学生学习情感维度。

（三）以持续改进为目标，多维度开展教学改革评价

多维度开展教学改革评价，以达到持续改进教学质量的目的。为获得更加客观的教学质量效果评价，构建学生、学校、用人单位等多主体的评价机制，在教学质量监控过程中多维度评价教学质量。各教学质量评价点形成联动机制，实现校内与校外贯通、理论与实践贯通、督导与评估贯通、过程评价与结果评价贯通、质量监控与持续改进贯通，以达到持续改进教学质量的效果。

五、结语

新文科背景下的应用型高校工商管理类专业课程改革创新主要体现在以下三点：第一，要通过优化教学模式和教学方法，全面推进教学方法改革，培养工商管理创新型人才。积极推进混合式教学、翻转课堂，形成第一课堂与第二课堂、理论教学与实践教学相互支撑的新文科课程教学体系，推进信息技术与教育教学的深度融合。第二，通过课程内容重构，学科重组文理交叉，培养工商管理应用型人才。学科重组文理交叉，把人工智能、大数据、区块链等新兴技术融入工商管理核心课程中，为学生提供综合性的跨学科学习。打破常规的管理类专业课程内容设置模式，加强定标数据挖掘、智能决策等技术型应用能力的培养，使学生具备数智化应用场景下的管理应用能力。第三，通过聚焦中国管理创新实践，强化思政教学，培养时代新人。立足中国大地，服务国家发

展，深度进行价值引领。围绕中国改革开放伟大实践的最新成果、弘扬与创新中国的管理理念和管理文化，从研究中国管理实践问题出发，聚焦中国管理创新实践，收集提炼工商管理领域的典型思政元素，通过课程论坛、在线群、在线专栏等信息技术手段构建专业课程思政元素库、案例库，实现工商管理类课程思政教学的全覆盖。

参考文献

[1] 周毅，李卓卓. 新文科建设的理路与设计 [J]. 中国大学教学，2019(6)：52-59.

[2] 黄启兵，田晓明. “新文科”的来源、特性及建设路径 [J]. 苏州大学学报（教育科学版），2020，8（2）：75-83.

[3] 刘宗南. 改革开放以来我国高校课程改革与发展的思考 [J]. 教育理论与实践，2009，29（30）：45-47.

[4] 罗尧成，陈敬良，姚俭. 我国高校课程与教学改革三十年：历程、经验与瞻望 [J]. 中国高教研究，2009（2）：11-14.

[5] 陈兴明，郑政捷，陈孟威. 新中国 70 年大学本科课程体系的嬗变 [J]. 中国大学教学，2020（1）：70-78.

[6] 康宁，张其龙，苏慧斌. 从近十年国家出台的文件看我国高等教育政策制定 [J]. 复旦教育论坛，2018，16（5）：23-31.

[7] 王晓蕾，林妍梅. 应用型本科高校课程建设与改革发展路径研究 [J]. 职教论坛，2019（12）：34-38.

[8] 林健. 新工科专业课程体系改革和课程建设 [J]. 高等工程教育研究，2020（1）：1-13.

[9] 董立平. 关于大学课程建设与改革的理论探讨：基于中国大学“金课”建设的反思 [J]. 大学教育科学，2019（6）：15-22.

[10] 何玉海. 关于“课程思政”的本质内涵与实现路径的探索 [J]. 思想理论教育导刊，2019（10）：130-134.

[11] KIM H Y. More than tools：emergence of meaning through technology enriched interactions in classrooms [J]. International journal of educational reesearch，2020，100（2）：1-10.

[12] 董晓. “互联网+”时代下的混合式教学探究：评《翻转课堂与混合式教学：互联网+时代，教育变革的最佳解决方案》[J]. 中国教育学刊，2020(1)：116.

新文科背景下商科专业“12345”协同育人模式探索

——基于绵阳师范学院的实践[①]

杜漪　王力宏　肖静

（绵阳师范学院经济与管理学院）

摘要：为满足中国特色文科人才培养的现实需要，顺应教育改革发展的新文科建设应运而生，新商科融合创新势在必行。培养高素质应用型商科人才也没有普遍适用的固定模式，为适应新文科建设的新趋势，打通政产、产学、学用、研用之间的壁垒，实现“政产学研用”的深度融合，探索具有本土特色适应地方需求的新商科人才培养模式是地方高校的重大使命。基于此，绵阳师范学院积极从理论研究和试点示范两个维度积极探索“政产学研用”全链条协同育人新模式，取得了一定成效。

关键词：新文科；商科专业；协同育人

近年来，随着人工智能、大数据和云计算等为代表的新兴科技成果的广泛应用，由新兴科技驱动的新产业、新经济、新业态不断涌现。技术创新驱动产业创新，产业创新驱动商业模式创新，商业模式创新驱动商科创变。商科人才培养理念、培养目标、培养模式的持续优化已成为必然趋势。地方新建本科院校向应用型高校转型的需求也日渐强烈，其适应新经济、新产业发展新需求服务地方经济建设的功能也更加突显。如何促进教育链、人才链、产业链的有机衔接，课程体系与岗位需求、课程标准与职业标准、教学环节与生产环节的有机衔接，以及如何面向新经济业态、新生活方式、新运营模式培养高素质应用型商科人才也没有普遍适用的固定模式。打通政产、产学、学用、研用之间的壁垒，实现“政产学研用”的深度融合，成为地方高校应用型人才培养急需解决的课题和重大使命。基于此，绵阳师范学院积极地从理论研究和试点示范

① 本文为绵阳师范学院国家级、省级高等教育教学成果奖培育项目“省属师范院校商科专业应用做实的‘12345’协同育人模式探索”、首批省级新文科研究与改革实践项目项目“地方高校经管法专业融合创新实践探索”的部分研究成果。

两个维度探索“政产学研用”全链条协同育人的新模式，其探索历程大致经历了“应用型商务人才培养的理论构建→新商科协同育人模式探索→新文科全链条育人”三个阶段。

一、基于应用型商务人才培养现实需求的理论构建

商科专业是最具实用性的学科专业，因此商科专业人才培养目标必须以不断变化的实践和需求为导向，商科专业的应用转型是行业、企业对商科人才培养的迫切需求。基于此，绵阳师范学院从2013年开始就将商科专业应用转型作为专业建设的主要任务，从应用型人才培养体系、应用型商务人才的能力结构模型、课程体系和实践教学体系等维度开展理论研究。

一是构建起商科专业“1234”应用型人才培养体系。绵阳师范学院以商科专业应用转型的现实需求为导向，提出了围绕“1个目标”、实施“2轮驱动”、培养“3种能力”、构建“4个模块”的应用型商务人才培养体系。如图1所示，“1个目标”即立足地方需要培养应用型商务人才，“2轮驱动”即理论教学和实践教学并重，“3种能力”即着重培养学生的学习能力、应用能力和职业能力，“4个模块”即构建起通识教育课程、学科基础课程、专业教育课程和实践实训课程为主体的课程模块。

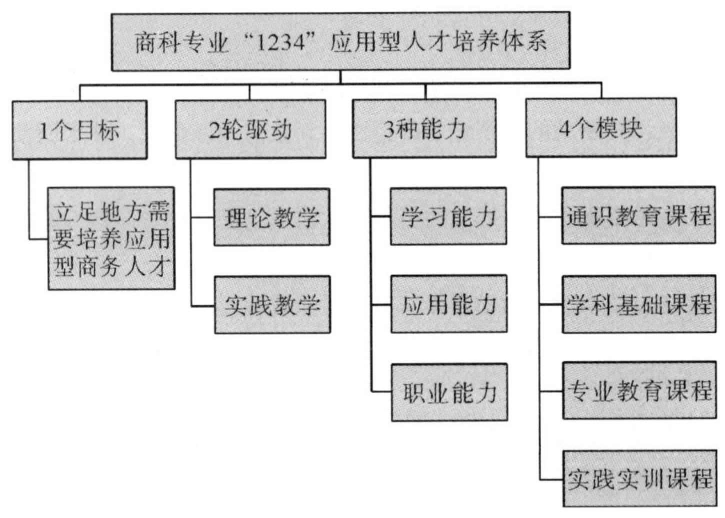

图1　商科专业“1234”应用型人才培养体系

二是构建了应用型商务人才的能力结构模型。我们在充分的市场需求调研基础上，从学习能力、应变能力、职业能力三个维度进一步细分出18项能力，

它们共同构成了应用型商务人才的能力结构模型。如图 2 所示，学习能力包含如何学习、如何做人、如何做事、专业知识、人格魅力和工作态度 6 种能力；应变能力包含适应社会、人际沟通、认真勤勉、与时俱进、善于应对和敢于创新 6 种能力；职业能力包含专业技能、团队协作、职业素养、决策力、影响力和执行力。

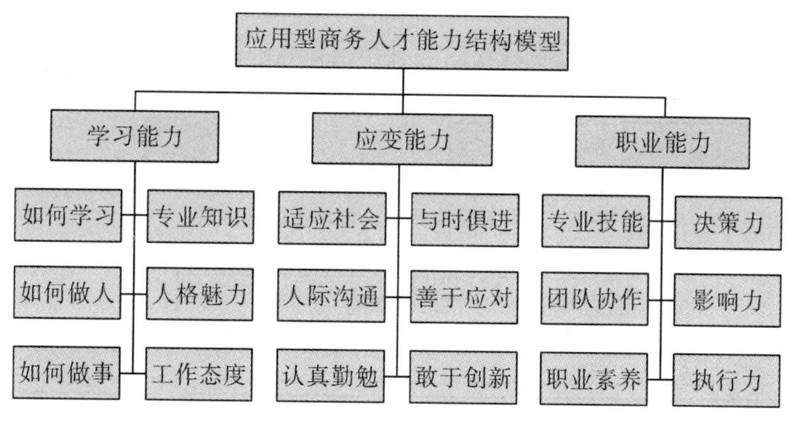

图 2　应用型商务人才的能力结构模型

三是构建起商科专业课程体系和实践教学体系。在商科专业“1234”应用型人才培养体系和应用型商务人才能力结构模型的基础上，我们进一步对课程体系的四个课程模块进行细分，形成了商科专业应用型人才培养课程体系。如图 3 所示，通识教育模块包含思政类课程、语言类课程和文化素质类课程；学科基础模块由经济学类课程、管理学类课程和高等数学构成；专业教育模块又分为专业核心主干课程（必修）和专业提升拓展课程（选修）；实践实训模块分为单项（或课程）实验、专业综合实训、社会仿真模拟实训、职业技能实训和毕业顶岗实习五个层次。

二、基于新商科理念的“12345”协同育人模式探索

自 2016 年以来，绵阳师范学院以前期理论研究为起点和基础，在大胆实践探索中运用这一理论的同时，对商科专业“1234”应用型人才培养体系进行不断修正完善，进一步提炼出地方高校商科专业应用转型的“12345”协同育人模式（图 4），进而解决了培养什么人、为谁培养人和怎样培养人，以及人才培养标准、机制、体系和路径等现实课题。

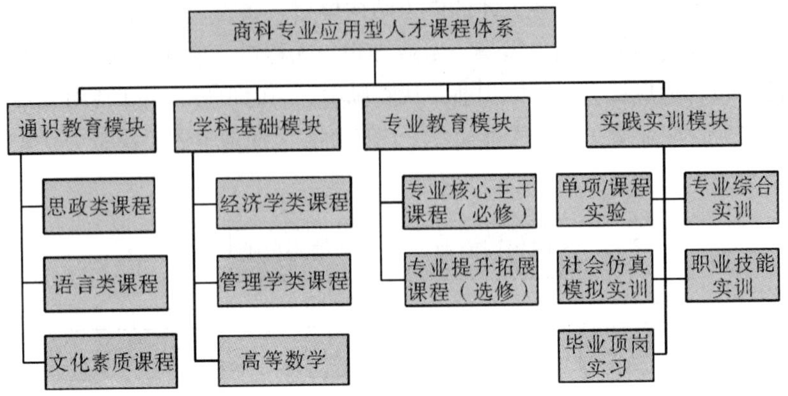

图3 商科专业应用型人才培养课程体系

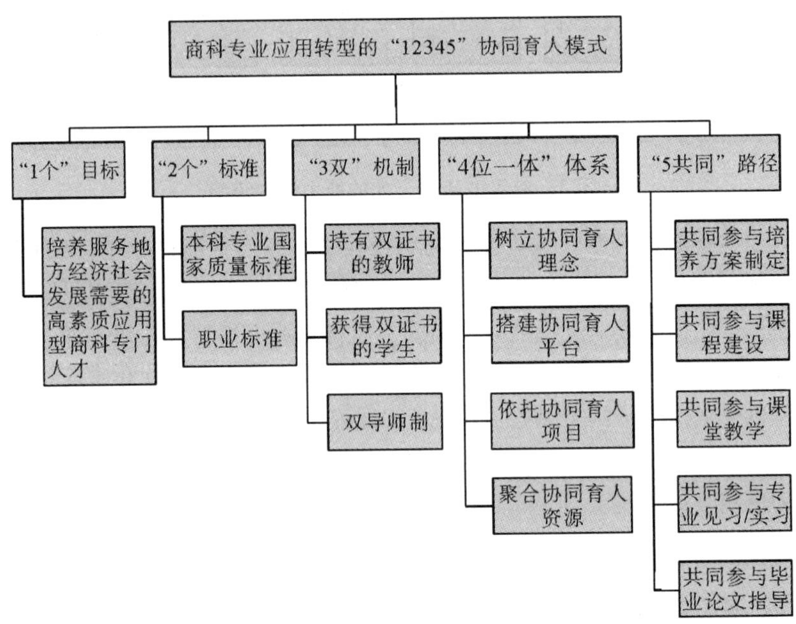

图4 商科专业应用转型的“12345”协同育人模式

一是明确了“一个”协同育人目标，即培养满足服务地方经济社会发展和行业产业需求的高素质应用型商科专门人才。绵阳师范学院瞄准地方经济社会发展和行业职业需求，以学校“四型定位”为导向，将“培养高素质应用型商科专门人才”作为商科各专业人才培养目标，进一步明确了新商科建设背景下商科专业应用转型的目标定位，为课程转型、教师转型、专业转型和学院转型指明了方向。

二是构建起“两个”协同育人标准。以一个协同育人目标为指针，自2018年以来，绵阳师范学院依据2018年教育部新颁布的《普通高等学校本科专业类教学质量国家标准》（以下简称“新国标”）并融入行业标准，将职业标准融入“新国标”，重新设定专业质量标准、课程标准和教师标准，建立起专业链与产业链、课程标准与职业标准有机衔接，教学环节与生产环节紧密契合的产教深度融合的协同育人机制，实现了专业与职业的有机契合。

三是构建起“四位一体”协同育人体系。通过树立协同育人理念、搭建协同育人平台、依托协同育人项目、聚合协同育人资源，构建起服务区域经济社会发展的“四位一体”协同育人框架体系。近5年来，绵阳师范学院通过构建起服务区域经济社会发展的“四位一体”协同育人框架体系，在目标和理念达成共识的基础上，依托校内实践教学平台和各类产学合作项目，聚合起“名校名家+行业专家+优秀校友”等优质人力、物力和财力资源，为共同参与培育优秀应用型商科专门人才奠定了基础。

四是形成了“三双”协同育人机制。“三双”协同育人机制是指拥有“学历证+职业资格证”“双证书”的本科学生、拥有“教师资格证+职业资格证”“双证书”的双师双能型教师、实施“辅导员+专业导师”暨“校内+校外指导老师”的“双导师”制的教学。近年来，我们通过实施学生“双证书”制、教师“双证书”制和培养过程“双导师”制，引导老师和学生主动适应行业、职业和社会需求，主动提升自身的职业竞争力。

五是探索出“五共同”协同育人路径。校企（政）双主体多方共同参与人才培养方案制定（修订）、共同参与课程建设、共同参与课堂教学、共同参与毕业论文（设计）指导、共同参与专业实习和毕业实习，多渠道拓展校企政多主体协同育人路径。开拓校企政多主体“五共同”协同育人路径，使“用人方”“需求端”深度参与到人才培养的全过程中，实现了产学深度融合，不仅解决了理论与实践脱节的问题，也解决了长期困扰毕业生的岗位适应期较长的问题，实现了毕业与就业零距离的目标。

三、基于新文科理念的政产学研用全链条育人思考

随着我国经济社会发展进入新阶段，原有学科专业设置、专业建设理念、人才培养模式等的弊端越来越明显，新文科建设的重要性和紧迫性也日渐突出。2020年11月3日发布的《新文科建设宣言》吹响了新文科建设的正式号令！《新文科建设宣言》呼吁“进一步打破学科专业壁垒，推动文科专业之间深度融通、文科与理工农医交叉融合，融入现代信息技术赋能文科教育，实现

自我的革故鼎新，新文科建设势在必行”。如何建设新文科？我们迫切需要“加强高校与实务部门、国内与国外‘双协同’，完善全链条育人机制”。2021年初，吴岩司长在《积势蓄势谋势 识变应变求变》中指出：“应精准把握高等教育新形势，积势、蓄势、谋势，识变、应变、求变，构建以育人育才为中心的哲学社会科学发展新格局”。吴岩司长还进一步从新文科建设的根本任务、时代使命、根本要求、基本方略和基本举措等方面，明确了如何构建以育人育才为中心的新文科人才培养体系。

可见，以新文科建设理念为导向的“政产学研用”全链条育人机制，将是新阶段新商科建设的必然要求。基于此，新文科建设背景下的新商科建设需要从以下几个方面进一步完善“政产学研用”全链条协同育人机制：

一是强化新商科专业目标的价值引领。“价值引领是新文科建设的根本要求，知识性和价值性统一是哲学社会科学的命脉。价值引领事关出思想理论、树理想信念、涵人文精神、养家国情怀；事关立德树人根本任务落实；事关建设者和接班人。”基于此，新商科专业建设必须强化专业目标的价值引领，必须坚持立德树人的根本任务，以培养新时代助力治国理政优秀人才为总目标，以习近平新时代中国特色社会主义思想和社会主义核心价值观为引领铸魂育人。坚守为党育人、为国育才的根本使命，全面推进课程思政，提高学生思想觉悟、道德水准、文明素养，实现专业知识性和价值性的有机统一；积极推进专业思政，将育人与育才有机统一，培养能担当民族复兴大任的新时代新商科优秀人才。

二是构建新商科交叉融合的教学平台。一方面，以现有新商科实践教学中心为基础，适应新商科领域建设新形势，紧跟新兴科技革命和产业变革新需求，加快推进人工智能、区块链、云计算、大数据等现代新兴技术与商科专业的深度融合，进一步提升现有商科仿真实践教学中心的软硬件条件，以培养数智化商科人才为目标，引入最先进的数智化实践教学平台，将数智化融入新商科人才培养的全过程，力争建成省级新文科虚拟仿真实践教学中心。另一方面，以现有校外实践教学基地为基础，积极寻求与引领人工智能和大数据领域前沿科技的知名企业合作，共建共享现代化校外数智化实践教学平台或基地。

三是打造“政产学研用”五方命运共同体。面向地方经济社会发展新需求，主动融入地方经济社会发展，积极引进社会资本和行业资源，探索由“地方政府+地方高校+龙头企业”为主体的“三位一体”联合办学模式，由地方政府、行业企业与学校共同创建数智商学院和产业学院，打造“政产学研用”的命运共同体。坚持“政产学研用”五方共商育人方案、共担育人责任、共享育人成果，促进政府、学校、地方和企业共同发展、教师和学生同步成长、教学和科研同步提升，实现政、校、企和产、学、用等多主体共赢发展。办好“经管大讲堂”，邀请业界专家、名校（所）名家进课堂，实现“一课多师、多师同堂”，共同讲授实务课程和热点专题。鼓励校内专任教师走出学校、走出课堂、走进企业挂职任职，“将课堂融入实践中，将论文写在大地上”。进一步创新共建共享机制，进一步拓展校企政、产学用多主体共同参与人才培养方案制定、共同参与课程建设、共同参与课堂教学、共同参与毕业论文指导、共同参与专业见习和毕业实习的“五共同”协同育人模式。

四是服务数字经济推进专业交叉融合。高等学校新文科建设必须更关注理解和解决现实世界问题、更加重视多学科和跨学科的知识交叉、更有效地提高培养人才的理论素养和实践能力。紧贴新一轮信息技术革命和新兴产业发展新需求，积极推动人工智能、区块链、云计算和大数据等现代新兴技术与传统文科专业的交叉融合，以岗位需求变革为导向推动原有商科专业课程体系、知识体系、技术手段和教学方法的更新，探索原有专业内涵提升、改造升级的实施路径，积极探索“经+管+法+理+工”多专业交叉融合的有效模式。科学确定新兴专业人才培养目标和培养标准，探索基于多学科交叉复合的新课程体系、教学内容和培养路径。

五是助力企业数智化共育数智商务人才。紧跟新技术、新产业、新经济和新业态的最新发展趋势，紧跟地方经济社会高质量发展和重点产业领域的人才需求变化，以地方战略性新兴产业发展和人才市场最新需求为导向，探索学校与地方政府、龙头企业共同申报数字经济、大数据应用管理、智慧旅游等新兴商科专业。通过对社会资本、人才资源、课程资源、研究成果等多方资源的整合优化，探索与地方企事业单位共建数智商学院、数智产业学院的新路径，构建“政产学研用”共建共育共享协同育人长效机制，为助力地方企事业单位数智化培养更多优秀适用的新型数智化商务人才。

四、结语

社会变革、科技革命、商业创变的无限需求，将成为地方高校新商科融合创新的加速器，推进新商科人才培养模式的不断创新，构建“政产学研用”全链条育人机制是新商科人才培养融合创新的关键。

参考文献

［1］杜漪. 基于“1234”模式的商科专业实践教学体系构建初探［J］. 教

育研究与实验，2013（4）：65-67.

[2] 杜漪. 基于应用型人才培养理念的商科专业课程体系构建初探 [J]. 绵阳师范学院学报，2013（6）：130-134.

[3] 中国教育在线.《新文科建设宣言》正式发布[N/OL].https://www.eol.cn/news/yaowen/202011/t20201103_2029763.shtml.

[4] 吴岩. 积势蓄势谋势 识变应变求变 [J]. 中国高等教育，2021（1）：4-7.

[5] 姚新中. PPE 的历史机缘及其时代任务：新文科建设的三大转向 [J]. 云梦学刊，2021（5）：20-26.

"新文科"背景下经济学专业创新发展与人才培养的思考[①]

肖韶峰　陈灿平　肖育才

（西南民族大学经济学院）

摘要：中国特色社会主义进入新时代，为了顺应新技术和新产业革命，应对复杂的国际政治经济环境变化，"新文科"建设应运而生。经济学学科发展和人才培养在新时代、新形势下面临着挑战和机遇，在"新文科"建设的大背景下，经济学专业需要改革创新人才培养模式。本文在对"新文科"的时代背景、内涵、特征和主要任务进行深入解读的基础上，分析了"新文科"建设对经济学专业创新发展和人才培养的影响和新要求，并对"新文科"建设中经济学专业创新发展的基本思路、路径以及人才培养理念和具体措施提出了相应的建议。

关键词："新文科"；经济学专业；创新发展；人才培养

习近平总书记在哲学社会科学工作座谈会上的讲话指出："一个国家的发展水平，既取决于自然科学发展水平，也取决于哲学社会科学发展水平，一个没有发达的自然科学的国家，不可能走在世界前列，一个没有繁荣的哲学社会科学的国家也不可能走在世界前列。"全世界正处于新科技、新产业革命对人类社会生产方式、生活方式、价值理念不断重构的时期，再加上国际形势纷繁复杂，人文社会科学的发展面临巨大挑战，传统人文社会科学已经无法适应社会发展需要。根据《加快推进教育现代化实施方案（2018—2022年）》的要求，2019年4月29日，教育部在天津召开了"六卓越一拔尖"计划2.0启动大会，大会提出了发展新工科、新医科、新农科、新文科（简称"四新"）的目标。

"四新"建设目标的提出，推动了新文科建设进入新的发展阶段，但学界

① 本文为国家民委教改项目（跨学科交叉融合背景下民族院校经济金融人才培养改革的探索与实践）以及西南民族大学教学团队项目（西南民族大学经济学院专业数字化建设转型与发展）的部分研究成果。

尚未对新文科建设实质是什么以及“新”在何处等问题有一个统一的认识，不利于新文科的推进。2020 年 11 月 3 日，山东大学发布的《新文科建设宣言》提出要“紧扣国家软实力建设和文化繁荣发展新需求，紧跟新一轮科技革命和产业变革新趋势，积极推动人工智能、大数据等现代信息技术与文科专业深入融合，积极发展文科类新兴专业”，勾勒出了新文科建设的基本理念、核心原则和主要任务，使得学界对发展新文科的目标达成了共识。经济学作为人文社科中一个重要的学科门类，一直以来备受社会关注，在新文科建设的背景下，传统经济学专业和人才培养方面目前本身处于发展瓶颈期，再加上外部冲击，传统经济学专业已经显示出无法适应社会发展对人才的新需求，亟待进行改革创新。鉴于此，本文基于新文科背景，对经济类专业转型发展和人才培养进行分析，提出经济类专业在新文科建设下转型发展的思路，以及经济类人才培养模型的改革路径。

一、“新文科”的时代背景、内涵和特征

“新文科”建设中交叉学科、交叉专业是主要内容，主要是通过与科技和产业革命交叉融合而形成的。2017 年，最早提出“新文科”理念的是美国俄亥俄州的希拉姆学院（Hiram College），新文科是基于学科重组、文理交叉的方式实现跨学科的融合，从而将新技术融入文科类专业的课程体系之中。具体而言，我国“新文科”建设的时代背景体现在以下几个方面：一是新的信息技术和新一轮产业革命对新型文科人才的需求变化，对传统人文社科专业及人才培养产生冲击。新信息技术改变了人类的价值理念、生产组织形式、生活方式，是人类历史上一次全方位的变革，社会经济发展与进步需要大量新型文科人才，新文科建设为高校人才培养指明了方向。二是经济全球化不断深入发展，国际政治经济环境的巨大变化，对人文社会科学发展发出新的挑战。三是我国进入新时代，对人文社会科学有了新的要求。党的十九大报告指出，中国特色社会主义进入新时代将面临新的挑战，新文科建设将为社会培养高素质的人文社会科学人才。四是新文科是高等教育新的发展趋势的现实需要。2017 年 1 月发布的《统筹推进世界一流大学和一流学科建设实施办法（暂行）》明确提出“积极建设具有中国特色、中国风格、中国气派的哲学社会科学体系”，指出我国高校在文科建设上存在的一系列不足，新文科建设是我国高等教育在当前所面临的新趋势与新挑战。

什么是“新文科”？自其被提出以来，学界并没有一个明确的界定。一般认为，新文科以传统文科为基础，但同时又超越了传统文科，它融合了文科以

外的其他学科要素，并结合了新技术、新经济、新业态，形成多重要素在内的包容性学科体系。新文科内涵包括：一是对传统文科的创新发展，人才培养目标的新发展；二是人才培养模式的新突破，主要是实现专业之间的交叉融合，打破传统文科的专业限制，重塑了文科人才培养的理念、目标、课程体系等基本架构。相对于传统文科而言，“新文科”从满足国家建设需求、社会需求、时代发展需求来重新定位文科的内涵及人才培养目标，明确了文科未来建设的取向。那么，“新文科”建设“新”在何处，我们可以从以下几个方面来理解：①建设目标改被动适应为主动引领，体现在主动服务国家重大发展战略建设、主动引领行业发展、主动引领社会未来发展、主动引领我国高等教育质量提升上。②在学科管理上，由学科专业目录导向转向现实需求导向，坚持以人为本的人才培养理念，实现人文社会科学与新技术的跨学科融合。③教育方式、培养模式和学习方式的变化，改变传统文科单一专业培养模式，实现多学科、模块化、产学研一体化的人才培养模式。④通过构建学术共同体来实现学科的开放和交叉融合，通过跨学科研究和培养的方式重构文科专业知识的统一性和体系性，培养跨学科的复合型新文科人才。可见，“新文科”是对新时代的发展理念、实践理性、价值取向、时代精神、技术手段的回应，是传统文科的转型、变革、自新。

“新文科”建设的要义在于引领学科方向，回应社会关切，坚持问题导向，打破学科壁垒，以解决新时代提出的新问题为目标。在“新文科”建设中，我们的重点任务包括：一是新专业和新方向的建设。一方面是交叉融合新专业的建设，以培养创新型人才为目标来探索建设新专业或新方向；另一方面，通过对现有专业在培养目标、培养模式、课程体系、教学方式等方面进行改革创新，实现转型升级，并提升人才培养质量和专业发展潜力。二是人才培养模式的新探索，打破传统人文社科的人才培养模式，探索学术型人才培养的本研贯通、校政校企联合培养、跨校跨院联合培养等模式。三是新课程的建设，主要包括开发新课程、编写新教材、运用新手段、开放新思维。四是构建新理论，在传统人文社科基础理论上，构建符合社会发展需求的，能够根据现实情况解决现实问题的理论体系和框架。

二、“新文科”建设对经济类专业发展和人才培养的新要求

经济全球化、信息技术革命和新工业革命等对高校人文社会科学的人才培养带来巨大挑战，如何应对人才培养面临的挑战，是高等教育“新文科”建设的重要任务。经济学作为人文社会科学的重要学科，在中国社会主义进入新

时代的大背景下，在“新文科”建设中应该培养什么样的人才，是我国高校经济学科专业建设面临的重大理论和现实问题。当前，人工智能对经济运行和社会发展产生深刻影响，传统的经济学思维框架和知识谱系难以解释人工智能所带来的社会经济发展变化。人工智能是多学科交叉融合的产物，单纯的经济学专业人才已经无法适应人工智能时代发展的需求，它需要具有跨学科知识体系的复合型经济学专业人才，这便对经济学人才培养提出了新的要求，即具备一定的人工智能知识、拓展掌握知识的深度和广度和具有不断学习的能力。新时代下“新文科”建设中的经济学学科建设主要任务体现在两个方面：一是构建新时代中国特色社会主义经济理论。中国经济学一直处于“引进”“消化”“吸收”的阶段，重要的原创性理论非常有限，我国与西方国家政治经济体制差异，导致了西方经济理论不能解释中国经济现象，无法揭示中国经济发展规律，经济学专业在“新文科”建设中需要进行经济理论的创新，主要任务是构建中国特色社会主义市场经济理论。二是创新数字经济理论。进入21世纪以来，数字技术的不断创新发展催生了数字经济的发展，数字经济时代对经济学产生重要影响，基于工业经济的传统经济学理论已经不能适应社会发展的需要，数字经济的理论创新亟待开展，这也是“新文科”建设中经济学一个“新”的体现。

中国特色社会主义进入新时代，新发展目标对经济学专业人才培养提出新要求，经济学专业的发展和人才培养目标应该与“新文科”建设相契合，把新技术融入经济学专业建设和人才培养体系中，成为经济学专业创新发展的方向和人才培养的目标。当前，经济学专业发展和人才培养面临诸多挑战，主要有以下几个方面：一是信息技术快速发展面临的挑战。人工智能、大数据、云计算、物联网等信息技术的快速发展给经济学专业发展以及人才培养带来前所未有的压力，随着信息经济、共享经济、平台经济等新经济和新业态成为社会发展趋势，传统学科界限逐渐被打破，跨学科的人才培养模型将成为未来经济学专业发展和人才培养的主要模式。二是跨学科专业发展面临的调整。技术创新促进了产业内部及不同产业间的交叉融合，是新的商业模式和产业模式的主要驱动力，这个过程不仅需要精通本专业知识的技术性人才加入，还需要具有跨学科、跨领域思维和能力的人才参与其中。三是高校学科质量发展面临的挑战。习近平总书记在哲学社会科学工作座谈会的重要讲话中指出，我国的哲学社会科学需要坚持以人民为中心的研究导向，在指导思想、学科体系、学术体系、话语体系等领域重点建设中国特色哲学社会科学。如何提高经济专业人才培养质量，成为“新文科”建设中经济学专业发展和人才培养的重要目标。

当前，全国各高校经济学专业建设和人才培养在一定程度上滞后于社会发展和国家战略需要，根据习近平总书记对高等教育的战略要求和国家现代化对经济类专业人才的现实需求，笔者认为我国高校经济学专业人才培养存在不均衡发展的问题。具体而言，国内高校经济学专业人才培养大多存在三个“不均衡”问题：一是思想素养与专业能力培养的“不均衡”；二是国际视野与本土思维培育的“不均衡”；三是理论教育与创新实践教育的“不均衡”。由于经济学专业人才培养存在不均衡，人才培养存在如下问题：没有明确的人才培养价值导向，没有深厚的专业文化底蕴，没有树立中国特色社会主义“四个自信”的价值观念，没有养成“家国天下、经世济民”的情怀担当，没有养成解决中国复杂现实问题的能力，没有形成满足社会需求的专业素养。因此，经济学专业转型发展和人才培养模式变革是经济学科在“新文科”建设过程中的核心目标和重要任务，需要进行系统谋划和实施。

三、“新文科”背景下经济类专业创新发展与人才培养改革创新的思考

“新文科”建设是一个系统工程，要以习近平新时代中国特色社会主义思想为指导，全面贯彻落实党的教育方针，遵循“中国特色、教育规律、时代特征、学校特点”这一基本逻辑，立足于时代发展和全球视野，打造以学生为中心的教育，让学生学会反思，具备跨学科思维，成为引领经济社会发展的时代新人。在“新文科”背景下，经济学专业建设和人才培养应该遵循如下基本思路：一是遵循中国特色，即立德树人、为党育人、为国育才；二是遵循教育规律，即“以本为本”“四个回归”“四新建设”；三是遵循时代特征，即数字经济时代、识变应变、科技赋能；四是遵循办学目标，即办学特色、社会需求、创新发展。“新文科”建设基本思路需要设定相应的融合路径，具体如下：一是价值融合路径，坚持“立德树人”的根本理念，“立德树人”是新时代中国特色社会主义高等院校的立身之本，也是社会主义核心价值观的直接体现。二是技术融合路径，将数字技术融入人才培养全过程，在遵循教育发展规律的前提下，优化学科建设的总体目标，通过调整人才培养方案，将大数据、人工智能、云计算、物联网等与信息技术相关的知识融入专业课程体系，培养学生跨学科的逻辑思维能力。三是专业融合路径，即大力培养跨专业的复合型人才。四是产教融合路径，即打造创新创业教育平台。

“新文科”背景下经济学专业的“新”主要涉及两个方面，即经济学专业创新发展和经济学人才培养模式创新。首先，在经济学专业建设创新上，主要是要构筑创新的经济学专业知识体系。一方面，我国经济学专业知识体系包含

了马克思主义政治经济学和西方经济学，这种鲜明的混合性特征要求我们在中国社会主义市场经济体制变革过程中进行知识体系的创新，构建以社会主义市场经济为基础的经济学专业知识体系。另一方面，在“新文科”建设中经济学需要实现学科的交叉融合，主要包括经济学研究与理工科的交叉、经济学研究与人文社会科学的交叉。

其次，“新文科”背景下经济学专业人才培养模式的创新。在经济学人才培养理念上，高校应该建立“以学生为中心”和“中国特色”的人才培养理念。“以学生为中心”的教育理念要求学校着重培养学生综合运用知识的能力、分析和处理问题的能力、学术研究和实践应用相结合的能力、沟通与人际交往的能力、自主学习和终身学习的能力。“中国特色”的人才培养理念就是要重视学生人文素养的提升，高校应当以中国传统优秀文化为基础，培养具有家国情怀和职业素养的经济学人才，同时经济学人才培养应服务于我国战略发展需要。“新文科”背景下经济学专业人才培养目标的实现需要人才培养模式的创新和变革，具体措施如下：一是人才培养目标的重新定位，将“立德树人”和复合型人才作为人才培养的基本目标，经济学类专业应该为国家培养具有道德情操、人文情怀、家国情怀的道德素质过硬的人才，同时也应该培养具有国际视野、具有分析问题和解决问题能力、具有理论联系实际和学以致用能力等的复合型人才。二是及时更新、优化经济学的培养方案与课程设置。经济学专业课程体系设置需要根据时代特点和历史发展趋势，在准确把握社会现实需要并与现实经济密切互动基础上，进行科学设定。在课程设置中，重点关注在新兴学科和交叉学科课程，如数据科学、机器学习、数字经济学、人文经济学、国际政治经济学、新发展经济学、政策经济学等。三是优化学科生态，创设多主体联动的动态专业设置、调整与淘汰机制。优化学科生态，就是在一些应用性较强、针对性较明确的经济类专业中，根据岗位实际需求共同规划与设计人才培养的定位、模式、内容以及评价标准，使毕业生在学习与工作岗位之间得以“无缝对接”。四是重视交叉学科与跨学科的知识方法。“新文科”经济学人才培养需要重视交叉学科与跨学科的知识方法，不仅需要培养学生的经济思维能力，还需要培养其用学术解决问题的能力，如掌握大数据分析技术，包括数据科学与机器学习。五是改革文科评价制度，构建价值多元、方法灵活的评价体系。“新文科”背景下经济学专业建设和人才培养目标是多元和动态变化的，为了更好地促进经济学专业发展和优化人才培养方案，应该建立多元化的评价体系。

参考文献

[1] 洪永淼. “新文科”和经济学科建设［J］. 新文科教育研究，2021（1）：63-64.

[2] 段禹，崔延强. 新文科建设的理论内涵与实践路向［J］. 云南师范大学学报（哲学社会科学版），2020（2）：150.

[3] 周毅，李卓卓. 新文科建设的理路与设计［J］. 中国大学教育，2019（6）：53-54.

[4] 安丰存，王铭玉. 新文科建设的本质、地位及体系［J］. 学术交流，2019（11）：6.

[5] 刘曙光. 新文科与思维方式、学术创新［J］. 上海交通大学学报（哲学社会科学版），2020（4）：18.

[6] 樊丽明. “新文科”：时代需求与建设重点［J］. 中国大学教育，2020（5）：7-8.

[7] 任保平. 人工智能时代经济学专业人才培养体系改革的思考［J］. 中国大学教育，2019（9）：36-37.

[8] 刘兵，刘培琪. 基于新文科视角的新财经人才培养理念探析［J］. 河北经贸大学学报（综合版），2021（9）：18-19.

[9] 吕素香，倪国华. 经济类专业新文科建设的探索与实践［J］. 北京教育，2021（5）：49-50.

[10] 邹新月，张军，宴宗新. 财经类高校新文科建设“四融合路径”探讨［J］. 创新与创业教育，2021（2）：4-5.

[11] 乔榛，吴艳玲. 新文科建设背景下的经济学专业创新发展研究［J］. 黑龙江教育，2021（5）：38.

[12] 赵炬明，高筱卉. 关于实施“以学生为中心”的本科教学改革的思考［J］. 中国高教研究，2017（8）：36-40.

新文科实验室建设探索
——以行为经济金融实验室建设实践为例①

张剑　黄洪桥　黄凤
（四川农业大学经济学院）

摘要：打破学科专业壁垒，推动跨学科专业融合是“双一流”建设和新文科建设的最新要求。建设创新、开放的新文科实验室是实现该目标的有效抓手，有助于探索新文科与新技术的有机融合。眼动、脑活动测量仪等认知神经科学相关的实验设备的快速发展助推了神经科学、心理学和经济学、金融学的快速融合，为开展行为经济金融研究提供了有效基础工具。建设行为经济金融实验室将有效推进教、学、研各领域的全面发展及成果转化，是推动新文科实验室建设的有益探索，能为建设高水平文科教育提供实验室力量和智慧。本文从建设新文科实验室的必要性出发，介绍了四川农业大学经济实验中心建设行为经济金融实验室的经验和做法，能够为相关高校开展新文科实验室建设提供参考和借鉴。

关键词：新文科实验室；行为经济金融实验室；建设方案；管理框架；科研规划

一、引言

自2017年“双一流”建设项目全面启动以来，推进一流大学和一流学科建设已成为各大高校在今后一段时期内的工作重点。2020年新文科建设工作会议对新文科建设做出了新的部署和安排，明确指出打破学科专业壁垒、推动融合发展是新文科建设的必然选择。教育部社会科学司也在2020年工作要点中提出要“重点支持建设一批文科实验室，促进研究方法创新和学科交叉融合，引领学术发展”。由此可知，“引入新技术”和“推动学科交叉融合”将是新文科建设和文科实验室建设的重点。作为同时融合神经科学、心理学、经

① 本文系四川农业大学人才培养质量和教学改革研究项目“基于信息化技术的经济类实验教学创新与实践”（项目编号：X202144）的研究成果。

济学、金融学的行为经济金融学正是学科交叉融合的一大典范，建设行为经济金融实验室正当其时。

四川农业大学经济实验中心隶属于四川农业大学经济学院，主要为学院各层级学生提供实验教学和学科竞赛环境，并为全院教师提供科研数据服务与技术支撑。实验中心现拥有经济与国贸实验室、金融与投资虚拟仿真实验室和沙盘模拟实验室三所专业实验室，占地面积近 1 000 平方米；拥有功能齐备的教学设施设备，资产总值约 530 余万元；采购的数据库和软件系统包括 CSMAR 数据库、国研网数据库、wind 资讯数据库、网上支付与结算教学实验系统、金融产品模拟交易软件、Stata、SPSS、EViews 计量统计分析软件、Model Risk 高级风险建模软件、经济学实验仿真系统、商业银行模拟经营沙盘等，软件价值近 400 万元。

为适应经济、金融学科发展的新需要，抓好新文科实验室建设机遇期，开辟学科前沿研究新“战场”，全面打造实验课程的“高阶性、创新性、挑战度”。经济实验中心在学校、学院的关心和指导下，交叉融合神经生物学、心理学、经济学、金融学等学科，以脑活动测量仪、眼动仪等设备为研究工具，自 2019 年起着手建设行为经济金融实验室，现将取得的建设成果及经验予以分享。

二、建设新文科实验室的必要性

由于起步较晚，文科实验室的建设与理工科实验室差距明显，普遍存在着观念陈旧、建设投入不足、管理体系不够完善、开放性不够等问题。而新文科建设正好为新文科实验室的提档升级提供了良好契机。新文科实验室建设不能重走传统文科实验室的重复建设、盲目建设的老路，而应该成为架设学科理论与学科实践的中介与桥梁，应当定位于学科交叉的孵化载体、人文社科前沿问题的研究站，以及创新型人才培养的摇篮。建设行为经济金融实验室可以作为新文科实验室建设的有效突破口，在学科专业建设、科学研究、人才培养和院校间合作交流等方面发挥积极作用。

（一）一流学科专业建设需要

新文科实验室建设需要紧跟学科专业发展需求，推动跨专业交叉融合。行为经济金融学诞生于 21 世纪初，是一门将神经科学、心理学与经济学、金融学相结合而形成的一门新兴的交叉学科。该学科在行为经济学的基础上，继续挑战传统经济学的“理性经济人”假设，从神经学层面分析人的现实行为。这个领域主要的研究工作是利用神经影像学的设备如功能核磁共振（fMRI）、事件相关电位（ERP）、穿颅磁刺激（TMS）、脑磁图（MEG）以及诸如心理测量、荷尔蒙测定等多种手段来研究博弈、风险、价值、动机、情绪、道德、病态行为等诸多与经济学理论密切相关的理论分支，试图在理解了人脑活动的真实方式的基础上，重建经济学对经济行为的解释。由此可见，行为经济金融学是经济金融类学科发展前沿，而开展行为经济金融研究离不开神经影像学设备的支持。建设行为经济金融实验室正是从一流学科专业建设需要出发，通过提供专业的实验设备和实验场地支持相关学科专业发展。

（二）科学研究需要

新文科实验室建设需要利用当代技术的先进成果为解决重要、前沿的科研问题提供最适合的技术支撑。眼动、脑活动测量仪器技术水平的持续提高拓宽了经济、管理等人文社会学科的研究空间，极大地丰富了科研人员的工具和手段。在传统的研究方式下，研究者们只能通过观察某些输入变量（决策任务的特征、决策者的特征等）与决策结果的关系，来推测其背后隐含的决策过程。而在新型研究设备的支持下，研究者不仅可以通过光学视频反射成像来记录人眼球视觉信息的加工过程，也可以通过直接观察脑电波探究在认知过程中大脑的神经电生理的变化过程。正是由于研究工具和研究手段的进步，全球每年均有相当数量的 SCI/SSCI 等高质量文章发表相关研究成果。如果想在科研成果方面实现跨越式的发展，就必须紧紧跟随国际前沿热点研究，发表具有原创性的研究成果。建设行为经济金融实验室正是从紧跟学术研究前沿需要出发，通过提供专业的实验设备和实验场地支持教师开展具有创新性的科研活动。

（三）人才培养需要

新文科实验室建设需要实现实验教育从知识验证模式转变为知识创新模式，构建其有学科专业特色的新文科实验教学体系。实验教学活动是人才培养的重要组成部分，相对于理论教学更具直观性、实践性、综合性与创造性。搭建一个设备先进、场地开放的专业实验室不仅可以让实验教学得以有效开展，也给学生充分发挥想象力和创造力提供了场所与空间，这对于培养学生的专业实践能力与开拓创新能力至关重要。建设行为经济金融实验室正是从完善人才培养体系需要出发，通过提供专业的实验设备和实验场地支持培养掌握行为实验、神经实验等前沿研究方法的优秀人才，探索学术型人才的本研贯通培养模式。

（四）跨平台交叉发展的需要

新文科实验室建设需要秉承开放包容的态度，加强与校内外其他各学科实验室的合作，以便深入开展跨学科、跨部门的研究交流。由于行为经济金融学科本身有着显著的跨学科特性，不同院校间的交流合作是推动该学科发展的重要基础。目前，国内诸多知名高校均成立有研究认知神经和行为科学的研究性实验室，例如浙江大学神经管理实验室、北京大学神经经济学实验室、华南师范大学经济行为科学重点实验室等。也有越来越多的高校正在逐步加入其中。建设行为经济金融实验室正好能够顺应时代发展需要，加强与相关院系交流合作，逐步提升学院在该领域的影响力。

三、建设新文科实验室的探索与实践

相较于传统文科实验室，新文科实验室的专业性、创新性和开放性决定了实验室的建设必然具有投资金额大、建设周期长、管理要求高等特点。因此，不能将建设新文科实验室简单理解为购买相关设备、布置实验场地和配备实验管理人员，而是需要在充分调研的基础上，设计科学的建设方案，搭建健全的管理框架，制订可行的科研计划，使其发挥应有的作用。下面将以我校行为经济金融实验室的建设经验为例，对新文科实验室的建设要点进行介绍。

（一）建设方案

开展实验室建设之前，需要明确实验室的基本定位。从实验室性质角度看，行为经济金融实验室属于研究型创新实验室；从面向的服务对象看，行为经济金融实验室主要面向教师和有科研兴趣的学生开展与认知科学相关的行为科学研究。上述定位决定了行为经济金融实验室需要实验设备技术先进而非数量众多，对实验场地的大小要求不高，但对实验环境的要求严格。

目前，与认知神经科学相关的实验设备主要分为三大类：信号记录、刺激呈现及干预和行为观察，每个分类下还有不同的子系列（见表1）。不同学科可以根据研究需要采用不同的实验设备，在经济、金融类学科中，脑电系统和眼动仪的运用更为广泛。

表1　与认知神经科学相关的实验设备

产品类别	设备名称	主要功能
信号记录	脑电系统	通过记录脑电波探究不同认知条件下的大脑活动特点
	眼动仪	通过追踪被试者眼球运动及视觉信息获取认知加工信息
	生理记录仪	通过记录多种生理信号探测被试者情感或认知状态

表1(续)

产品类别	设备名称	主要功能
刺激呈现及干预	电刺激	通过外界电流刺激大脑皮层引起的神经调控作用
	虚拟现实系统	通过形成沉浸度高的虚拟环境实现与虚拟空间的实时交互
行为观察	行为观察系统	通过多角度视频记录行为过程实现行为的数据化分析
	面部微表情分析	通过采集分析人脸微表情图像数据研究人的情绪变化

脑电设备是记录脑电图（EEG）和处理脑电数据的设备。记录脑电和处理脑电数据的设备是建立在事件相关电位（event-related potential，ERP）分析技术基础上的。这种技术在20世纪50年代就已出现，但直至20世纪90年代计算机技术高度成熟以后，这类设备经过不断改进才得以广泛应用。一套完整的脑电系统通常包括脑电放大器、脑电帽、数据采集软件、数据分析软件、刺激呈现软件、刺激呈现和分析专用电脑、被试专用显示器、导电膏、磨砂膏等软硬件及耗材。影响性能的主要技术指标包括通道数、采样率、输入阻抗、共模抑制比、系统灵敏度等。

人类的信息加工在很大程度上依赖于视觉，眼动的各种模式与人的心理变化密切相关，对于眼球运动的研究被认为是视觉信息加工研究中最有效的手段。眼动追踪系统正是通过追踪被试者眼球运动及视觉信息获取认知加工信息的，且具有无创性、客观性、实效性等特点。一套完整的眼动追踪系统通常由眼动仪主机、采集分析软件、被试专用显示器、专用分析电脑、眼动仪支架等软硬件构成。重要的技术指标包括采样率、准确度、精确度、头动范围、操作距离、追踪方式等。无论是脑电系统还是眼动追踪系统，其采购价格均较为昂贵。在实际采购时，应根据需要在价格和性能间做好平衡，不宜盲目追求高性能。

实验室在选址上应选择相对安静且无电磁干扰的房间，且附近需要有清洗用的水池，方便被试者清洗导电膏和磨砂膏。在实验环境设计方面也需要注意如下三个问题：一是要做好隔音措施，避免外界噪音影响被试者实验；二是在被试者所在的实验场地应尽量避免安装其他使用交流电的仪器设备，保障电信号不受干扰；三是避免实验室内湿度过高，以防实验仪器设备受潮或漏电。

（二）管理框架

“重建设，轻管理”是当下实验室建设与管理中普遍存在的现象，缺乏有效的管理运营将极大地影响实验室发挥其应有的功效。完善行为经济金融实验室的运行管理体系可以从制度建设、人员培训以及安全管理等角度展开，如图1所示。

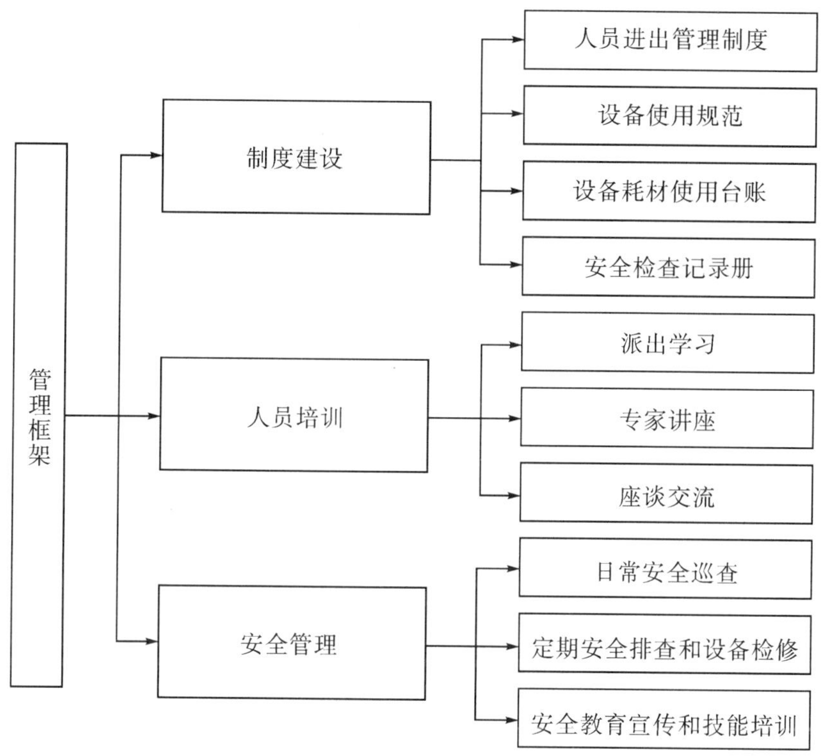

图1　行为经济金融实验室管理框架

行为经济金融实验室需要构建的管理制度包括以“预约+审批”为基础的人员进出管理制度、保障设备正常运行的设备使用规范、记录设备和耗材使用情况的运行台账、记录实验室安全检查结果的登记册等。这些制度规范是开展实验室日常管理维护的基础，是实验室健康运行的有效制度保障。管理人员需要确保相关制度有效落实，实现实验室管理的标准化、规范化和制度化。在有条件的情况下，可以增强实验室日常管理工作中的信息化、智能化水平，让实验室管理工作更加高效便捷。

由于行为经济金融实验室主要以专业化的实验设备为主，做好实验室管理人员和实验人员的使用培训十分重要。尤其是作为设备管理维护者的实验室管理人员，必须熟练掌握设备的使用方法，在需要时能够给予实验人员正确有效的技术指导。开展业务培训的方式可以多样化，既可以选派实验室管理人员到其他更成熟的实验室进行交流学习，也可以邀请业内专家、设备厂商和行业精英举办讲座，还可以组织实验人员互相交流经验。为增强实验室的开放程度，支持和鼓励更多的学生参与到相关实验及科研活动中，可以组建一支以学生为主体的实验助理团队，协助实验室管理人员完成设备维护、实验准备、实验流程监督和实验数据管理等工作。

保障实验室安全和设备安全是实验室运行管理的底线，是绝不可疏忽大意的重要环节。由于仪器设备价格高，维修难度大，这对新文科实验室设备管理维护工作提出了更大的挑战。除了要求实验人员按照使用规范正确操作仪器外，实验室管理人员或学生助理必须每天对实验室进行安全巡查，确保实验设备运转正常，实验室干净整洁，以及在无实验时断水断电。为防患于未然，应在安全领导小组的指导下开展周期性的安全隐患排查工作。部分实验设备可能存在因使用时间过长导致精度下降的问题，需要对实验设备定期进行系统性检查和参数校正工作。安全教育宣传和安全技能培训也必不可少，必须让每个实验室管理人员和实验人员均具备应有的安全防范意识和危情处理能力，对可能存在的意外情况做好处置预案。

（三）科研规划

为跨科学实验研究提供必要的设备和场地是建设行为经济金融实验室的重要目的，相关科研成果产出也是实验室高效运转的有力证明。事先制定切实可行的科研规划将有利于后续科学实验活动的开展，也有助于充分发挥设行为经济金融实验室支持跨学科研究的功能。

明确科研方向是制定科研规划的重要前提。由于实验设备主要用于认知科学研究，因此，在科研方向上，可以围绕“个体行为决策与偏好”这一主题，通过互动式的行为博弈与标准的决策量表，开展行为经济学实验，测度个体的时间偏好、风险偏好、竞争偏好、社会偏好等经济行为偏好；通过脑成像与脑刺激设备，开展行为经济金融学实验，科学地分析人们在做出相应经济行为决策时的脑功能机理与神经基础，并给出个体行为决策与大脑各区域功能直接的因果关系。还可以充分发挥行为实验、神经实验在验证微观行为决策与偏好的方法上的优势，为金融学、投资学、产业经济学等学科研究个体行为提供实证研究工具和思路，进一步拓展与其他相关学科的跨学科研究。

组建科研团队是科研规划顺利实施的基本保障。一个优秀的科研团队需要由科研带头人、科研骨干、辅助与管理人员共同组成，其中科研带头人的研究视野和科研实力对于团队的发展至关重要。如果暂时难以搭建完整科研团队，可以通过人才引进或与其他知名机构合作的方式进行人才培养和团队建设。

发掘有特色的科研课题是科研规划的主要内容。科学研究是一个逐步积累的过程，在初期可以选择相对宽广的研究范围进行大胆尝试，不应拘泥于常规，也不应急于产出成果。随着对相关问题认识的深入，挑选有特色的课题开展深入研究将会水到渠成。在挑选研究课题时，需要综合考虑自身科研优势、社会效应和研究潜力等因素。目前，国内神经经济管理学研究主要集中于风险控制、情绪和心理效应研究等方面，且数量相对较少，这为发掘有特色的研究课题提供了极好的发展潜力和空间。

四、结语

推动新文科实验室建设是各大高校开展“双一流”建设和新文科建设的重要内容，能够有力地支持一流学科专业发展、科学研究、人才培养以及跨院系的交流合作。本文结合四川农业大学经济实验中心在搭建和管理行为经济金融实验室实际建设经验和做法，从建设方案、管理框架和科研规划等方面阐述了新文科实验建设方面的若干要点，这对西部乃至全国高校开展新文科实验室建设都有一定的启发和借鉴作用。

参考文献

［1］樊丽明．“新文科”：时代需求与建设重点［J］．中国大学教学，2020，（5）：4-8.

［2］董海军，凌伊．新文科建设背景下实验教学的创新与发展［J］．实验室研究与探索，2021，40（3）：216-220.

［3］王震宇，薛妍燕，邓理．跨越边界的思考：新文科视角下的社会科学实验室探索［J］．中国高教研究，2020（12）：61-68.

［4］权培培，段禹，崔延强．文科之“新”与文科之“道”：关于新文科建设的思考［J］．重庆大学学报（社会科学版），2021，27（1）：280-290.

［5］刘虎，王勤，冯建刚．“新文科”背景下高校重塑文科实验教学体系的思考与探索［J］．实验技术与管理，2020，37（9）：270-273.

［6］王娜，张应辉．高水平本科教育背景下新文科实验室建设路径探索［J］．实验技术与管理，2020，37（1）：32-35.

［7］凌辉，张媛．一流学科建设需要一流实验室作为支撑［J］．实验技术与管理，2014，31（3）：217-219.

［8］张海峰．“双一流”背景下的一流实验室建设研究［J］．实验技术与管理，2017，34（12）：6-10.

[9] 李风芹，张祥丽. 新常态下高校文科实验室管理创新探讨 [J]. 中国高校科技，2016 (3)：18-20.

[10] 向东. 前瞻性开放式金融实验室的建设实践 [J]. 实验科学与技术，2010，8 (4)：161-164.

[11] 黄炳辉. 教学与科研融合视角下的实验室内涵建设探析 [J]. 实验技术与管理，2012，29 (9)：15-17，21.

[12] 魏伟，莫赞，柳建华，等. 国内神经经济管理学的发展分析：基于文献计量和知识图谱 [J]. 科技管理研究，2019，39 (18)：266-274.

[13] 邓小湘，杨静，陈熊鹰，等. 脑电实验室建设与管理的探索 [J]. 现代仪器，2010，16 (6)：51-52，56.

[14] 何晓阳，朱利泉，朱亚萍，等. 创新实验室管理模式和运行机制 [J]. 实验室研究与探索，2006 (1)：113-115.

[15] 朱苏飞. 一般地方高校科研规划编制与科研定位 [J]. 科技管理研究，2006 (9)：139-140.

新文科背景下农业高校审计学专业复合型人才培养体系构建研究[①]

唐曼萍　王文姣　傅新红　蓝红星

（四川农业大学管理学院）

摘要：新文科背景下复合型人才培养已经成为农业高校教育教学改革的重要方向，农业高校审计学专业应充分结合新文科和新农科建设的要求探索审计学专业复合型人才的培养。本文在系统梳理审计学专业复合型人才培养的相关研究的基础上，剖析了涉农领域审计复合型人才供需现状及原因，并结合四川农业大学审计学专业复合型人才培养实践，从人才培养目标、课程教学体系、"农审融合"实践基地建设、"双师型"人才队伍培养、复合型人才培养保障制度等方面探索构建了农业特色审计学专业复合型人才培养体系，以期为农业高校复合型审计人才培养提供参考。

关键词：新文科；农业高校；审计学；复合型人才

一、引言

为推进建设我国特色社会主义哲学社会科学学科体系、专业体系、话语体系和人才体系，全面支撑中国教育强国、文化强国的建设，积极服务于中华民族伟大复兴战略全局，教育部启动新文科建设。2018 年 12 月 20 日，教育部经济与管理类教指委副主任委员会议暨工商管理类学科教指委首次全会围绕"新时代新文科新经管"，对创新文科建设和优秀拔尖经管人才做出了重大战略部署。2021 年，教育部公布《教育部办公厅关于推荐新文科研究与改革实践项目的通知》《新文科研究与改革实践项目指南》，全面推进新文科建设。

新文科建设重点指出要加强学科交叉融合，培养复合型人才。近年来，随着科技的发展，社会对人才的需求呈现出专业化和综合化的特点，培养一专多能的复合型人才是大势所趋。学科交叉融合已成为高校学科发展的一项重要着力点，是不同领域的教育和科研人员打破单一学术壁垒，对特定主题进行综合

① 本文系四川省科技厅软科学研究计划项目（项目编号：2021JDR0097）的研究成果。

研究，以利于解决难题、催生新的成果和培养创新人才，实现科学研究与人才培养创新发展的必然趋势。

审计作为促进国家现代化治理体系与治理能力建设的重要内容，是党和国家监管体系的重要组成部分，对国家监督治理效能提升发挥着重要作用。2020年1月，习近平总书记对审计工作做出重要指示，要求审计机关要在推动党中央政令执行、助力打好三大攻坚战、维护财经秩序、保障和改善民生、防范化解金融风险、推进党风廉政建设等方面发挥重要作用。审计学作为一门重要的交叉学科，审计学专业人才培养要符合国家重大战略和全国治理大局，要适应新文科建设的变革需求，要满足国家复合型人才的需要。审计学专业复合型人才培养是历史发展的必然，也是社会现实的需求。

二、文献综述

（一）复合型人才的概念及特点

随着社会产业结构的不断调整和职业流动性的不断增强，学科的相互交叉渗透不断向综合化、整体化方向发展，这使得过分强调专业化的人才培养模式受到质疑与挑战。社会发展和个人发展的专业化需求逐渐转变为基础踏实、专业口径宽厚、适应性强的复合化需求，复合型人才在市场上占据了优势地位，复合型人才培养模式也成为高校人才培养模式改革的首选。

所谓复合型人才，是指具有宽阔的专业知识和广泛的文化修养，具有多种能力和发展潜能，以及和谐发展的个性和创造性的人才。其不仅在专业技能方面经验突出，还能熟练掌握相关专业技能，俗称“一专多能的人才”。按照职业岗位市场发展需求逻辑、知识的生产模式与个人全面发展需求逻辑的三方面逻辑分析，复合型人才可划分为知识复合、能力复合、思维复合三类（张庆君，2020）。同理，审计复合型人才是既具有坚实的审计理论知识体系，又有丰富的审计实务处理经验和能力，同时还掌握多个专业知识的专业人才。比较常见的审计复合型人才有：计算机审计和财务审计复合型、绩效审计和数据处理审计复合型及审计实务和审计理论研究复合型等（徐鹤田，2014）。审计复合型人才是融合社会学、政治学、逻辑学、经济学、管理学、法学、IT、资源、环境、工程项目等交叉学科知识的综合性高质量人才（李晓慧，2017）。审计复合型人才通常具有以下两个方面的特征：一是审计能力的综合性。审计复合型人才一般具备扎实的会计、审计专业理论基础及丰富的多学科知识和熟练的专业技能，综合能力强，知识交融程度高，能在审计实务中灵活运用专业知识解决复杂问题。二是审计思维的创新性。审计复合型人才可以通过多学科知识和综合能力超越和升华原来的知识水平，即能用一种全新的思维模式发现和思考所遇到的问题，并提出新的解决办法。

（二）审计学专业复合型人才培养的相关研究

复合型审计人才的培养是学者们研究的热门话题。从社会需求角度出发，刘世林（2006）提出审计事业发展的方向转变是使高校审计人才培养模式多元化。徐鹤田（2014）从审计机关和审计人员两个视角，提出创新审计人才培养机制。随着大数据时代的来临，新兴业务不断涌现，给审计发展的内外部环境发生了新的变化，对审计人才的质量要求开始趋于复合化（仲杨梅 等，2017）。基于"一带一路"的研究，解元元等（2018）认为，要重视强化国际视野的师资力量、构建国际化教学实践基地、推动复合型审计人才培养，同时，基于跨文化沟通表达能力的研究，审计人才不仅要熟悉国际审计规则，还要从跨文化交际角度出发，熟练应用英语表达，不断提高翻译能力（刘娟，2018）。结合产教融合的复合型审计人才培养的研究，周方舒和施平（2019）提出产教融合深化人才培养模式推进策略。姚美娟等（2019）认为结合产学深度融合、协同育人，可以解决审计复合型人才培养存在的实践短板、就业层次不高、教学经费不足等问题。王静（2019）通过对审计专业校企合作人才培养途径的研究，创新了审计复合型培养路径。在政府审计方面，赵瑞梅（2020）提出农村审计复合型人才的培养要求。贾凯和李心浩（2021）基于数字经济研究背景，对复合型审计人才培养需求、培养问题进行探析，提出高校复合型审计人才培养的实现路径。在如今的新文科建设的背景下，唐衍军（2021）提出要对对新文科审计人才进行"四跨"融合培养，构建了新时代背景下审计人才培养目标的"金刚石"模型。

（三）文献述评

在以往的对复合型审计人才培养的相关研究中，绝大部分研究对象是本科层次人才培养模式，专门针对新文科背景下的审计学专业复合型人才培养的研究较为少见，有关农业院校审计人才培养的研究更是少见。同时，现有对复合型审计人才的研究大多倾向于社会审计，更多的是面向注册会计师方面。另外，随着审计全覆盖的全面深入推进，国家审计、社会审计和内部审计等不同领域对特色审计人才的需求量越来越大。今后，针对各个领域的特色审计人才培养模式研究也将会受到学界关注。从研究热点看，审计人才培养则可以围绕人才培养模式、大数据、应用型人才、审计课程、教学改革和教学方法等热点主题进行研究。

三、涉农领域审计复合型人才供需现状及原因分析

（一）基于人才需求方的角度

新的科技革命和我国对农业发展的新要求，都引领“三农”领域发生深刻变革。涉农高校建设的核心要面向“新农业、新乡村、新农民”，顺应农村“三产融合”新趋势，深入推动农工、农理、农医、农文多维融合。在推动我国由农业大国向农业强国迈进的关键征程中，习近平总书记审时度势，向全国涉农高校发出“以立德树人为根本，以强农兴农为己任”的伟大号召，这给涉农高校全面推进农文融合建设、矢志培育卓越复合型审计人才提出了新使命与新要求。

随着国家乡村振兴战略的持续深入实施，国家财政资金正逐年加大对三农领域的倾斜，惠及亿万农民和相关涉农企业及组织。为确保资金高质高效合规使用，涉农领域审计需求持续快速增长，而现有审计人才特别是具备交叉复合背景的审计人才比较缺乏，远不足以满足该需求。从国家审计来看，《“十四五”国家审计发展规划》指出，党的十八大以来，我国累计审计 50 多万个单位，挽回财政资金损失 22 000 多亿元，推动建立健全规章制度 3.7 万多项，移送重大问题线索 3.9 万多件，为维护国家经济安全、促进农业现代化发展做出了巨大贡献。从社会审计来看，截至 2020 年 9 月的统计数据显示，我国注册会计师执业和非执业人数达 28.5 万人。“十四五”时期会计改革与发展指标为预计到 2025 年注会行业从业人员要达 40 万人。从内部审计来看，多数企业或组织对内部审计的需求保持稳定或持续增长，但是大部分企事业单位未建立或内部审计机构建立不完善，内部审计从业人员只有极少数是专门的内审人才。

（二）基于人才供给方的角度

目前我国高校对审计学专业人才的培养模式已形成一定的区域特色，开设审计学专业的农业高校在涉农领域审计人才培养方面有着天然优势。在课程设置方面，农业院校有着得天独厚的农学专业领域资源和教学体系，实施穿插课程教学，开设农业特色审计课程。在课程实践方面，农业院校拥有现成完善的涉农审计实践体系、丰富的教学案例及多元化的课程实践平台。在实习基地方面，农业院校可直接与合作的地方政府、涉农企业、涉农组织等对接，相较于其他高校有效提高了实习效率，节约了时间成本。但同时，农业院校审计学专业复合型人才培养仍有不足。

1. 人才培养目标局限

注册会计师审计作为大部分农业高校审计人才的培养方向，培养方案趋

同、单一，政府审计和内部审计等高层次审计人才培养相对薄弱，农业审计等特色审计不受重视。农业高校对农业审计方面的重视程度尚显不足，没有将农业审计作为主干课、核心课来讲授，信息化的内容较少，与审计实务脱节严重。

2. 审计课程设置欠合理

农业高校审计课程设置大多以传统的财务会计、财务管理课程为主，一般安排在大二学期。而政府审计、内部审计、农业审计等复合型、特色性较强的专业课程通常安排在大三学期，其间学生普遍忙于找工作和考研，学习质量难以保障。

3. 审计实训质量缺乏保障

审计作为理论性、实践性都很强的学科，需要高校建立完善的实践教学体系，但由于资金和技术的限制，诸多农业高校在审计虚拟仿真实验室、审计综合实训平台上建设不足。

4. 审计专业师资力量薄弱

目前，具有审计专业背景的高校老师稀缺，农业高校审计教师中具有审计专业背景的更是凤毛麟角，中青年教师占比较大。大多数教师从学校到学校，实务教学经验不足，在实际教学过程中，以理论教学为主，案例教学较少，与实务知识融合不足。

四、农业特色审计学专业复合型人才培养体系

（一）确立专业教学理念与人才培养目标

当前农业高校学生“学农”不“爱农”、“学农”不“务农”的问题较为突出，学生毕业后服务涉农行业、到农业一线建功立业的意愿不强。增强学生以强农兴农为己任的使命感是农业高校新文科建设必须破解的难题。南京农业大学将通识教育作为课程思政的重要载体，通过构建和完善农科通识教育课程体系，增强学生“三农”情怀（刘营军，2020）；山西农业大学则以校院合署改革为契机，以“研究应用型”破题推动新农科建设（廖允成，2021）；章雅璇和王文信（2020）提出涉农高校应在坚持办学目标的基础上，统筹考虑人才需求与供给，提高大学生专业认同感；张拥军（2021）认为农业高校应结合农学特点，抓住价值引领，突出人文教育，构建具有鲜明农林高校特色的课程思政工作体系等。可见课程思政是破解农业高校新文科建设难题的“关键一招”，有利于农业高校审计人才思想品德的培养，更好地落实立德树人根本任务。农业高校要更加重视培育学生爱农、知农、为农的“三农”情怀，增

强学生服务“三农”和建设农业农村现代化的使命感和责任感，鼓励学生“学以致用”服务涉农行业，为国家供给更多为农业现代化服务的审计人才。

坚持问题导向，抓住“学农爱农，强农兴农”这一重点。要针对在农业高校学习审计“前途渺茫”“涉农审计太苦太累”等学生的现实思想困惑，对症下药，把强农兴农使命教育、学农爱农情怀教育作为课程思政建设的重点任务。重点向学生讲清楚农民脱贫致富是全面建成小康社会的主要任务；讲清楚“三农”问题是关系国计民生的根本性问题，也是党和国家工作的重中之重；讲清楚中国农业现代化以及中国农业未来的发展趋势和美好前景，培养学生对农业、农村、农民的深厚感情，激发学生为我国农业发展做出审计方面的贡献。突出学科特点，抓住生态文明这个特色。农业高校要引导学生把生态文明建设融入审计学科当中，树牢“绿水青山就是金山银山”的理念，要让学生了解我国生态环境现状和国家对生态环境治理方面的审计政策，增强学生学习审计的国家使命感和增强保护生态环境的责任感，把学生培养成美丽中国建设的引领者和先行者。

（二）完善学科建设体系与课程教学模式

新文科背景下，传统审计思维的转变势在必行，作为审计人才的培养基地，涉农高校在“三农”教育基础上，融合大数据审计思维，建立农业特色鲜明的复合型审计人才课程体系，强化复合型审计人才培养模式。首先，细化农业特色审计学科，分为社会审计、政府审计、内部审计三大审计学习方向，有机融合农业特色，开设涉农领域相关课程及实践，真正走进农村，实地调研，创建农-审结合课程体系。其次，创新课程设置，着力培养学生战略思维、辩证思维、开放思维和创新思维。农业特色审计学专业课程主要以国家审计和社会审计为主导，以厚基础、宽口径、重实践、强能力为目标，以宏微观、会计、审计、财务、法律和计算机等方面的理论和知识为基础，创新开设农业管理学、营销学、农业经济学、农业审计、涉农审计案例分析、涉农企业内部审计等特色涉农课程，培养学生的人文精神、职业道德、科学素养、诚信品格、团队意识和国际视野，提升学生的审计、会计实务处理能力和沟通协调能力，使其能在企事业单位、政府部门等从事与审计、会计有关的实务操作、教学、科研、管理和咨询等方面工作。最后，创新教学方法。运用互联网技术，将传统课堂授课与线上授课相结合，利用中国大学 MOOC（慕课）、智慧树、学习通等学习平台，创建“大班教学—小班研讨—小组研学—个人自学”教学模式，推动互动式、研讨式、探究式、协作式等现代教育方法的应用。同时，建立产学研用合作新机制，加强校企合作，建立高校、用人单位、学生为主体的“三方”评价体系，促使三方密切协作，高效互动，共同发展。

（三）打造“农审融合”的专业培养实践基地

农业高校要切实结合自身办学优势，高效运用学校资源，积极响应国家“新三农”政策，走在乡村振兴的第一线，打造“农审融合”的专业培养实践基地。

1. 强化“校政联盟”政府审计实践基地建设

创建政府部门与农业高校合作平台，建立合作项目，创建强有力的“校政联盟”政府审计实践基地。一是与政府审计机关、政府相关部门搭建复合型涉农审计人才培养实践基地，定期邀请政府审计机关、政府相关部门领导走进校园，为学生宣讲涉农项目和相关案例，厚植学生“三农”情怀及涉农审计方法；二是依托政府部门实施的涉农项目，组织涉农高校审计专业师生进农村、入园区、下基地，深入田间地头、深入农村农户开展涉农项目审计实践，在实践中强化审计知识应用，在实践中强化学生能力素质提升，在实践中推动审计学专业复合型人才培养，在实践中推动“校政联盟”“农审融合”。

2. 强化涉农企业与组织内部审计实践基地建设

农业产业化龙头企业、农业专业合作社、家庭农场等涉农企业与组织是农业生产的主力军，是国家涉农政策倾斜支持的重点对象，更是涉农审计实施的重点主体。农业高校审计学专业应主动出击，加强对外联系，与涉农企业与组织积极构建内部审计实践平台，形成“校企联盟”的审计实践基地，一方面为涉农企业与组织提供专业化的内部审计指导和内部审计实践，另一方面在涉农企业与组织的内部审计实践中为审计学专业学生提供涉农企业审计实习岗位，提升审计专业学生实践能力。

3. 强化会计师事务所涉农审计项目社会审计实践基地建设

近年来，注册会计师行业竞争日趋激烈，事务所营业收入增长乏力，多数事务所已在布局向政府审计转型发展，将行业的增长点瞄准了涉农项目审计。经过课题组对四川省会计师事务所的调查发现：约有52%的事务所承接了涉农项目审计，有11%的注册会计师拥有涉农项目审计经历。农业高校审计专业应积极联系省注册会计师协会，加强与有涉农项目审计业务的会计师事务所建立合作，强化“校所联盟”涉农审计项目社会审计实践基地建设。一方面，由农业高校审计学专业派出专业的教师参与会计师事务所审计方案编制、绩效审计指标设计和指标权重设置及审计工作底稿复核等工作，为事务所提供专业的涉农审计指导；另一方面，由农业高校审计学专业安排优秀学生进入审计项目组，通过一个个鲜活的审计项目案例培养学生的涉农审计情怀、涉农审计工作方法、涉农审计专业技巧。

(四) 建立“双师型”教师队伍培养机制

复合型审计人才的培养过程中，至关重要的是复合型审计师资队伍的建设。教师的专业知识、综合素质的高低决定着审计专业建设的质量，影响着审计专业课程的教学水平和教学效果。培养复合型审计人才，要构建一支素质优良、结构合理、专兼结合和校企互通的“双师型”教师队伍。

1. 构建课程教学研究平台

大力引进熟悉审计、会计、法律理论教学及实践教学的复合型带头人，提高教师队伍的应用技术研究能力。鼓励教师在专业带头人的指导下积极参与复合型课程体系设计和开发，把“产”和“教”有机融合在一起，培养青年教师在教学中的实践运用能力。

2. 校企共建实训基地平台

校企合作共建师资培养实训基地，邀请国内外实务经验丰富、学历高的高层次人才给高校师生和企业员工授课，介绍先进的审计理念、审计实务等。邀请会计师事务所实务经验丰富的人才、管理高层做客高校，开设专家讲座，学习农业审计的先进知识，培养农业特色的教师团队。

3. 应用性技术研究平台

在校企合作模式下，学校和企业结合产业发展和市场需求，联合申报科研课题，实行科研项目制合作，让教师有机会深入企业实践，得到第一手资料和数据，从事应用性技术的研究工作。但要注意避免“重科研、轻教学和实践”，需要完善“双师型”教师队伍的评价与激励机制。

(五) 落实复合型人才培养保障制度

1. 政策资源支持制度

作为农业高校，响应国家新农科、新文科建设号召，充分利用国家对“三农”建设的资源扶持政策，加强“三农”教育，培养学生知农爱农、强农兴农精神；协同农业行业资源，创新农业特色课程设置，创建多元化校企合作模式，开设“农审融合”的实践培训基地，打造产学教育平台，最大化地提高审计学生知识运用能力、专业能力、实践工作能力。

2. 教学评价考核制度

建立完善的教学评价考核制度，是提高复合型人才培养质量的有力保障。构建以“个人能力—专业能力—发展能力”的“金字塔”能力模块，突出学生“能力导向”，强调“学以致用”，突出“实践主题”，强化“校企合作”，建立分级评价机制，在完成学科学分要求的基础上，培养学生的“发展能力”，开设创新创业服务平台，激发学生的创新创业动机，鼓励学生参与社会实践，增强其团队协作能力。建立以学分制为主体、个性导向和创新创业指导为平台的考核体系，优化“农审融合”专业设置，鼓励学生积极参与，实行奖励机制。

3. 培养质量反馈制度

在建立健全教学评价体系的基础上，建立培养质量反馈网络系统，确保考核制度有效提升复合型人才培养水平，发现问题并不断改善。从教学效果的反馈、学生的反馈、用人单位的评价反馈三个总体方面出发，在实际工作中，坚持教学质量评价实现学生自评、学生评价、教师评价、领导评价、同行评价相结合，校内评价与校外评价相结合，在校生评价与毕业生评价相结合，教师个体教学质量评价与学校集体教学质量评价相结合，构建全员参与，相互关联的教学质量网络反馈系统。

五、总结

综上所述，为了满足国家对于复合型审计人才的培养需求，本文分析了新文科背景下农业高校审计学专业复合型人才培养的问题。针对问题，结合实际，制定了农业特色审计学专业复合型人才培养体系，从市场需求出发，提出了强化问题导向、深化教学改革、打造“农审融合”实践教学基地、建立“双师制”教学队伍、落实教学保障体系的高素质复合型审计人才培养途径，期望能够对农业高校复合型审计人才培养质量的提高提供有效的参考和建议。

参考文献

[1] 张庆君. 高校复合型人才培养变革：逻辑、实践与反思［J］. 现代教育管理，2020（4）：47-53.

[2] 李晓慧. 国家审计变革与审计学科建设［J］. 审计研究，2017（4）：9-18.

[3] 贾凯，李心浩. 数字经济背景下高校复合型审计人才培养探索［J］. 营销界，2021（21）：183-185.

[4] 刘娟. 国际化背景下审计人才的外语培训［J］. 广西师范学院学报（哲学社会科学版），2018，39（2）：148-150.

[5] 刘世林. 论我国审计人才需求和高校审计人才培养模式［J］. 审计与经济研究，2006（5）：36-41.

[6] 唐衍军，蒋尧明. 论“四跨”融合下新时代新文科审计人才培养［J］. 财会月刊，2021（6）：105-108.

［7］王静. 校企合作背景下审计学专业应用型人才培养模式研究［J］. 经济研究导刊，2019（26）：101-103.

［8］解元元. 陈明坤"一带一路"倡议下国际化审计人才培养问题研究［J］. 中共福建省委党校学报，2018（2）：101-106.

［9］徐鹤田. 复合型审计人才培养策略的思考［J］. 中国内部审计，2014（6）：78-81.

［10］姚美娟，施平，叶邦银. 产教融合视角下审计专业人才培养研究：以南京审计大学瑞华精英班为例［J］. 中国注册会计师，2019（3）：82-84.

［11］赵瑞梅. 我国农村审计定位与审计人才的培养［J］. 农业经济，2020（11）：64-66.

［12］仲杨梅，沈磊. 需求环境变革下的高校审计人才培养研究［J］. 财会通讯，2017（28）：42-46.

［13］周方舒，施平. 高校审计学专业产教融合人才培养模式探索［J］. 财务与会计，2019（24）：68-70.

［14］刘营军. 农科特色通识教育课程思政的内容与路径［J］. 中国高等教育，2020（8）：15-17.

［15］廖允成. 探索新农科建设与发展路径［J］. 中国高等教育，2021（5）：13-15.

［16］章雅璇，王文信. 基于新农科建设的农林经济管理专业改革探究［J］. 中国高等教育，2020（24）：51-52.

［17］张拥军. 新农科视野下农林高校课程思政建设路径思考［J］. 中国高等教育，2021（Z2）：35-37.

新文科建设下的地方农林高校复合型农村金融人才培养路径研究[①]

刘艳　吴平　蒋远胜
（四川农业大学经济学院）

摘要：在“新文科建设”背景下，依托地方农林高校学科优势培养高素质复合型农村金融人才是全面推进乡村振兴战略面临的重要机遇与挑战。针对农村金融人才培养存在的专业培养目标定位不清晰、人才培养体系同质化严重、人才培养模式单一、师资队伍建设不足等诸多问题，四川农业大学经济学院结合新时代农林院校学生的学情特征，构建了强化价值引领、重塑培养目标、更新培养方案、夯实课程体系、加强协同育人、创新培养模式、坚持“引培并举”、强化师资建设的新型农村金融人才培养路径。

关键词：新文科建设；复合型；农村金融人才；路径

2018 年 5 月，在教育部举办的产学合作协同育人项目对接会上，高教司负责人提出，要全面推进“新工科、新农科、新医科、新文科”等新型学科的建设，形成有中国特色的以及世界水平的覆盖全部学科门类的一流本科专业。教育部和科技部等 13 个部门，于 2019 年正式联合启动“六卓越一拔尖”计划 2.0，全面推进新工科、新农科、新医科、新文科建设，实现高等教育内涵式发展。2020 年 11 月 3 日，全国有关高校和专家齐聚山东，共同发布“新文科建设宣言”。同时，《中共中央关于制定国民经济和社会发展第十四个五年规划和二〇三五年远景目标的建议》明确指出：“坚持把解决好‘三农’问题作为全党工作重中之重，走中国特色社会主义乡村振兴道路，全面实施乡村振兴战略。”在“新文科建设”背景下，如何依托农林高校学科优势培养高素质复合型农村金融人才是新时代面临的重要机遇与挑战，对全面推行乡村振兴具有重要意义。

① 本文系首批新文科研究与改革实践项目“基于现代信息技术的金融学专业改造提升路径研究”（项目编号：2021050074）的阶段性研究成果。

一、新文科建设对农村金融人才培养提出的新要求

（一）新文科建设的内涵

2017年美国希拉姆学院（Hiram College）提出“新文科”的概念，是源于该学院发现人才培养与社会需求出现不匹配问题，提出全面修订培养方案，进行“文理交叉”的学科改造。“新文科建设宣言”明确指出，新文科建设不会完全摒弃传统文科，也不是传统学科之间的简单叠加，要进一步打破学科专业壁垒，新文科建设要立足新时代，回应新需求，以学科导向为本，需求导向为纲，重在转变传统的思维范式。

（二）新文科建设提出农村金融人才培养的新要求

1. 人才培养目标要更新

伴随着以人工智能、云计算、区块链等为代表的新技术的兴起，金融业正面临巨大变革，市场对金融人才的需求也发生着新的变化。这些变化必将触发农村金融人才培养目标发生变化。人才培养要适应乡村振兴重大发展战略需要和农村金融体系新格局，瞄准农村金融市场人才需求，培养跨学科、跨专业且具有国际化视野的高质量复合型人才。同时，还要充分利用区域优势，结合地方农林高校自身的办学定位与办学条件重塑培养目标。

2. 人才培养体系要更新

人才培养体系的核心在于课程体系的构建，包括开设专业课程、编写专业教材、建立实训平台、设置考评标准等。本科培养人才应该遵循“厚基础、宽口径”的原则制订培养方案，以思政课程为引领、课程思政为渗透、核心课程为基础、特色课程为突破、相关课程为支撑的通识课程体系，实现人才培养通识知识、互联思维、创新意识和实践能力的全方位提升。

3. 人才培养模式要更新

金融业呈现出数字化、网络化、智能化、创新化的新特征。农村金融体系的变革对农村金融人才的职业素养、知识要求、综合能力等方面提出新要求。与城市金融环境显著不同，对于农村金融人才而言，基础是掌握金融理论知识和业务技能，关键是熟悉农业农村经济金融环境。因此，必须以行业需求为导向，探索多元化的农村金融人才培养模式。

4. 师资队伍结构要更新

农村金融高质量复合型人才不仅要具备本专业知识，还要具备其他专业技术知识、农学知识和法律知识，更需要在产品设计、客户交互、技术架构、场景建设等领域有丰富的实践经验。这就对专业师资能力与水平提出了前所未有

的新挑战。新文科建设对师资队伍建设的要求就在于跨学科师资队伍的支撑和校内外师资力量的整合，包括专任课程教师、业界实务精英、教学实践导师等。

二、农林高校复合型农村金融人才培养存在的问题

（一）专业培养目标定位不清晰

随着互联网金融在农村的落地生根，农村金融体系也在面临着巨大的变革。但是，很多农林高校金融专业并未随金融行业的演化发展而与时俱进，表现为对农村金融方向定位模糊、人才培养目标定位过于宽泛，发展方向、就业前景等环节设置缺乏前瞻性。

（二）人才培养体系同质化严重

金融机构越来越重视数据化、线上化、自动化的运营，亟须熟练互联网数据挖掘与分析、擅长金融风险管理的农村金融人才。但现在农林高校的人才培养体系存在调整不及时和趋同化的现象，特别是在课程体系构建上容易出现雷同。农林高校人才培养体系的问题具体表现在：人才培养方案滞后，教材使用、教学方式、评价标准等方面仍然忽略互联网思维方式的培养，涉及农业、计算机、法律、社会学等交叉领域的课程设置偏少。

（三）人才培养模式单一

由于资源平台受限，高校人才培养模式主要通过理论课、实验课、实习实践配套开设。由于缺乏政府、企业、行业等多元化社会主体的资源整合，封闭单一的培养模式容易造成所培养的农村金融人才知识面比较狭窄，知识结构比较单一，对农村金融从业环境的了解不深入等，无法满足金融人才在“三农”社会经济实体中的要求。

（四）师资队伍建设不足

农林高校金融专业的师资基本都来自金融学科理论研究和实践发展领域。多数教师经历从高校学习到高校任教，缺乏农村金融领域的从业经验，导致教师自身实践经验不足，教学容易重理论、轻实践。同时，金融学专业师资队伍由于缺乏计算机、农学等跨学科教师以及业界实务精英的教学交流与科研融合，在较大程度上限制了农村金融的教育质量和水平。

三、新文科建设下农林高校复合型农村金融人才的培养路径

四川农业大学经济学院结合新时代学生的学情特征，应对新文科建设提出的新要求，构建了以下培养路径：

（一）强化价值引领，重塑培养目标

1. 加强情怀教育，把牢社会主义核心价值观

现实中，农村地区不仅难以吸引大批优秀农村金融人才，而且出现了严重的通过考证而脱离农村的金融人才流失现象。因此，要吸引并留住优秀农村金融人才，必须牢牢把握新文科教育的价值导向性。四川农业大学经济学院一直坚持“立德树人”原则，通过积极建设一批课程思政和专业思政课程，注重培养“对农业有激情，对农村有感情，对农民有热情”的具有三农情怀的学生。

2. 明确培养目标，突出需求导向的专业特色

新文科提倡高校紧跟经济社会发展需求，注重辐射区域的特殊性，结合自身的办学条件和办学定位，发展出优势文科与特色文科。四川农业大学地处成渝地区双城经济圈，凭借自身的区位优势和学科优势，将农村金融人才培养与普惠金融、乡村振兴等方面深度融合。第一，通过开设农村金融学、农业经济学、农业保险等课程，定期与不定期地安排学生到涉农金融机构实习和就业，突出服务农村金融的特色。第二，构建与金融学会、协会等的联合培养机制，实现资金、资源、信息融通。

（二）更新培养方案，夯实课程体系

1. 构建以复合能力培养为核心的课程体系

四川农业大学经济学院遵循“宽口径、厚基础”的原则，反复修订金融学专业本科人才培养方案。在符合教育部金融学类专业教学指导委员会出台的《金融学类专业教学质量国家标准》的前提下，本专业培养方案修订思路实行一定的突破和创新，形成以“通识教育为铺垫，专业教育为基础，实践教学为提升，拓展教育为补充”的课程体系。

2. 编写适合复合型人才培养方案的专业教材

教材是课程建设的核心元素和人才培养方案的实施之本。四川农业大学经济学院教师结合地方农村经济金融发展需求，与金融机构密切合作，积极编写出版《农村金融》《金融科技》《农业保险》等突出地方高校教学特色的复合型人才培养适用教材，启发学生透过教材案例事件的深层次原理去理解行业逻辑。

3. 确立“学生中心地位”的教学评价机制

教师需要从传统的“以教师为中心，课堂讲授为主体”的教育思想转变为坚持“以学生为中心、自主学习为主体”的教育理念，致力于促进学生的学习动力和挖掘学生的内在潜力，并针对学生建立从注重结果性考核转变为过

程性考核的多元化评价机制。四川农业大学经济学院教师积极改革教学方式和考核方法，探索以学生为中心的启发式、互动式等教学方式，通过精品在线课程、线上线下混合式课程、虚拟仿真实验课程等模式促进学生自主学习。

（三）加强协同育人，创新培养模式

1. 构建“产教合作”的协同育人模式

四川农业大学经济学院提出了“需求导向、产教融合、中外联培、农林特色”的教改思路，借鉴发达国家金融人才培养经验，建立健全校企教学资源共享机制，成功构建“产教合作”的培养模式，探索和实践“校银、校校、校会和校企”四种合作培养方式，实现了农村金融人才培养模式由“封闭单一、注重理论”向“开放多元、重视实践”的转变（见图1）。

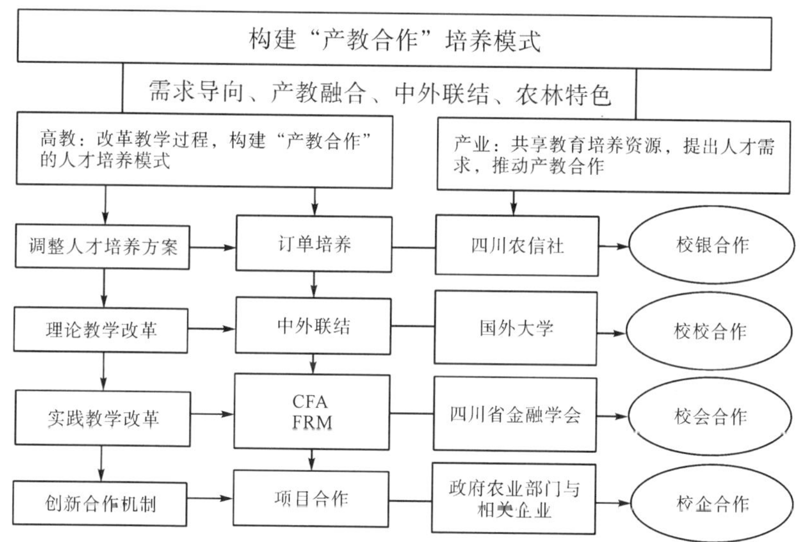

图1　“产教合作”人才培养模式

2. 开创“主辅修制”的交叉培养模式

为了应对金融科技加速推动传统农村金融的变革，四川农业大学经济学院主动适应成渝地区农村经济金融发展需要，依托学校资源优势，利用专业优势，采用学科交叉培养方式，拟开创金融学-计算机科学与技术主辅修制的人才培养模式。该模式通过学生不同专业之间的交叉辅修，让金融与信息技术产生“化学反应”，实现“新文科”与“新工科”的深度融合。

（四）坚持“引培并举”，强化师资建设

1. 构建多元化师资供应渠道，优化师资结构

一方面，四川农业大学引进人才时，通过一些优厚待遇来吸引国内外农村

金融学术领域的拔尖人才，注重对领军师资的引进，提高师资队伍的整体水平；另一方面，四川农业大学经济学院借助“天府引智”和“讲席教授计划”，柔性引进国内外知名专家学者作为兼职教授。学院出台系列奖励政策，鼓励教师走出校园积极参与各项科学研究，并要求教师将高水平研究成果带进教材、课堂以及毕业论文中，切实做到以研促教。

2. 关注教师成长生态环境，提升业务水平

四川农业大学遵循教师成长发展规律，从教师专业发展的内在特性和要求上为教师营造“静心从教、精心从教、热心从教”的良好学术氛围环境。学校通过健全教师考核评价体系和激励竞争机制，有序引导教师在“考评中晋升，竞争中成长”。四川农业大学经济学院充分发挥党建和学术“双带头人”作用，通过“传帮带”制度提升青年教师的教学水平。每年有计划、有目的地委派教师去往国内外著名农林高校进修学习，拓展教师视野。

参考文献

[1] 钟焜茂．“新文科”建设下的地方院校外语专业发展路径［J］．龙岩学院学报，2020（3）：112-116.

[2] 权培培，段禹，崔延强．文科之“新”与文科之“道”：关于新文科建设的思考［J］．重庆大学学报（社会科学版），2021（1）：280-290.

[3] 安成日，于海峰．略论新文科背景下政治学专业人才培养及专业发展新思路［J］．黑龙江教育（高教研究与评估），2020（11）：24-27.

[4] 陈昊，汤火箭．通识为基多元融合跨学科培养复合型财经人才［J］．中国大学教学，2017（11）：31-33.

[5] 江依．基于学科立体交叉的金融学专业复合型人才培养模式研究［J］．经济研究导刊，2020（9）：158-159.

[6] 詹小颖，姚高华．乡村振兴战略背景下复合型农村金融人才培养路径研究［J］．金融理论与教学，2020（2）：31-34.

[7] 游颖，苏启立．普惠金融趋势下高校农村金融人才培养问题研究［J］．商情，2019（34）：219.

[8] 宋吉凯，范东岳，冯建民．稷下学宫：高校新文科内涵式建设的历史审视［J］．宁波工程学院学报，2020（3）：61-65.

乡村振兴背景下农林高校新文科人才胜任力提升研究[①]

杨仕元　任大廷

（四川农业大学人文学院）

摘要： 农林高校“新文科”人才对乡村人才振兴、文化振兴和组织振兴极为重要。研究从胜任力提升视角出发，以四川农业大学人文学院四个专业为基础，构建了四个专业的专业胜任力模型和通用胜任力模型，并在此基础上创建了“新文科”人才培养的“三二三”体系，构建并长期实践“五位一体”学生胜任力持续提升模式，探索出一条农林高校学生强农报国“三阶段”路径，在实践中取得了良好的人才培养效果。

关键词： 胜任力；农林高校；新文科；培养体系

乡村振兴战略是党的十九大提出的重大战略，是今后较长时期“三农”工作的总抓手，要实现乡村振兴，人才振兴是关键。但随着城镇化进程加快、市场经济的推进和美丽乡村的建设，乡村人才特别是农业农村经济管理人才、法律人才、新闻传播人才、乡村艺术设计人才等“新文科”人才严重不足。文科教育在世界教育史上具有悠久的历史和重要的地位，一直是世界各国教育体制中的核心内容之一，文科占学科门类的三分之二，占专业种类和在校学生数的半壁江山，文科教育的振兴关乎高等教育的振兴。2020 年 11 月 3 日，教育部新文科建设工作组发布《新文科建设宣言》，对新文科建设做出全面部署。“新文科”是农林高校发展的重要增长点，其招生数量及规模约占学生总数的三分之一，“新文科”人才对乡村人才振兴、文化振兴和组织振兴极为重要，但其人才培养模式与社会需求还存在巨大差距。培育和提升农林高校文科人才胜任力，既是响应习近平总书记给全国涉农高校书记校长和专家代表的回

① 本文系新时代农林高校人力资源管理人才“三维协同”培养模式创新与实践，中澳大学教师考核体系比较研究（ADLY2021-005），研究生就业及职业发展问题研究（批准号：2021-NLZX-YB94），大学文化促进立德树人研究（CSZ21004），四川省教育厅、高校思想政治工作队伍培训研修中心（西南交通大学）思想政治教育研究课题（高校辅导员专项）（CJSFZ21-09）的研究成果。

信要求，也是新时代农林高校加强新文科建设和推动乡村振兴的重要任务。胜任力指工作中驱动个体产生优秀工作绩效的各种内外在特征（McClelland，1972），对个人和组织的成功极其重要，是促成个体和组织优秀绩效的关键因素。在新文科建设背景下，探索和构建农林高校“新文科”人才胜任力提升体系，对培育“懂农业、爱农村、爱农民”的新文科人才和促进农林高校新文科建设具有重要现实意义。

研究以习近平总书记 2016 年在哲学社会科学工作座谈会上的讲话精神为根本遵循，以《新文科建设宣言》为指引，以四川农业大学人文学院为样本，一是通过访谈资深从业人员、优秀教师和毕业生，使用《中华人民共和国职业分类大典》和美国 O*NET 体系，结合农林特色，获取新文科人才从业资格关键知识、能力和素质，构建了四个专业胜任力模型和一个通用胜任力模型，解决“重培养、轻需求，培养与需求易脱节问题”。二是建设了“323”新文科人才胜任力培养新体系。依据胜任力培养内在逻辑，坚持产教、技术和文农“三融合”，丰富新文科人才胜任力培养要求；构建专业课程和农林特色“两矩阵”，夯实了新文科人才胜任力培养基础；完善人才培养方案、创新第二课堂和健全评价体系“三支撑”，探索新文科人才胜任力培养途径，解决“重专业、轻融合，新文科优势不凸显问题”。三是构建并创新实践“五位一体”胜任力持续提升新模式。坚持立德树人，持续通过人文新青年、人文职业坊、人文科创坊、人文健康坊、人文讲堂“五位一体”活动，突出思想引领、职业能力、创新精神、身心素质、综合素养在人才培养中的重要地位，解决“重知识、轻素质，德智体美劳发展不全面问题”。四是探索了“三阶段”新文科人才强农报国新路径。通过“播”知农爱农种、“厚”事农兴农基、“走”强农报国路三阶段，培养服务乡村振兴新文科人才胜任力，解决“不知农、不爱农，农林高校特色不突出问题”。

一、新文科的含义及目标

习近平总书记 2016 年在哲学社会科学工作座谈会上的讲话和中共中央印发的《关于加快构建中国特色哲学社会科学的意见》为新文科建设提供了根本遵循。教育部高教司司长吴岩在 2018 年教育部产学合作协同育人项目对接会上首次提出，我国要全面推进新工科、新医科、新农科、新文科“四新”学科建设，形成覆盖全部学科门类的具有中国特色、世界水平的一流本科专业群，这是第一次在“四新”学科建设中正式提出“新文科”概念。2019 年 4 月，教育部等 13 个部门正式联合启动“六卓越一拔尖”计划 2.0，全面推进新工科、新医科、新农科、新文科建设，“新文科”建设在高等教育领域引发关注和热议，《中国大学教学》《探索与争鸣》在国内掀起了有关新文科建设的大讨论。2020 年 11 月 3 日，教育部新文科建设工作组发布《新文科建设宣言》，教育部高教司司长吴岩在会上做题为“积势蓄势谋势 识变应变求变全面推进新文科建设”的主题报告，强调“文科教育是培养自信心、自豪感、自主性，产生影响力、感召力、塑造力，形成国家民族文化自觉的主战场主阵地主渠道”。新文科教育的发展是提升综合国力、坚定文化自信、培养时代新人、建设高等教育强国以及文科教育融合发展的要求，新时代新使命要求文科教育必须加快创新发展。

王铭玉（2019）、安丰存（2019）对新文科做了如下定义：“新文科是相对传统文科而言的，是以全球新科技革命、新经济发展、中国特色社会主义进入新时代为背景，突破传统文科思维模式，以继承与创新、交叉与融合、协同与共享为主要发展建设途径，促进多学科交叉与深度融合，推动传统文科的更新升级，从学科导向转向以需求为导向，从专业分割转向交叉融合，从适应服务转向支撑引领。”新文科的主要特点则体现为满足社会需求的战略性、引领社会发展的创新性、密切关注现实的开放性、理论实践方法综合的系统性以及不同新文科专业的针对性。其总目标是构建世界水平、中国特色的新文科人才培养体系。一是强化价值引领，坚持立德树人，全面推进课程思政建设，推动习近平新时代中国特色社会主义思想进教材、进课堂、进头脑，培养担当民族复兴大任的新时代文科人才。二是促进专业优化，推动人工智能、大数据等现代信息技术与文科专业深入融合，实现文科与理工农医的深度交叉融合。三是夯实课程体系，将中国特色社会主义建设的最新理论成果和实践经验引入课堂、写入教材，开设跨学科跨专业新兴交叉课程、实践教学课程，培养学生的跨领域知识融通能力和实践能力。四是推动模式创新，聚焦应用型文科人才培养，聚焦国家战略，加大涉外人才培养规模，加强“双协同”，完善全链条育人机制。五是打造质量文化，坚持以学生为中心、坚持以产出为导向、坚持持续改进，构建中国特色的文科教育质量保障体系，建设文科特色质量文化，促进文科人才培养能力持续提升。由上可见，新文科建设五大目标，其核心和落脚点集中在新文科人才育人机制和能力培养，因此，培养和提升新文科人才的各类胜任能力，是新文科建设的核心要求。

二、胜任力理论

（一）胜任力和胜任力模型

胜任力一词的概念来源于英文单词“competency”，又译为“才干”“胜任素质”“胜任特质”“受雇用能力”等。这一概念是20世纪50年代初哈佛大学著名的心理学教授麦克利兰（David C. McClelland）提出的，是指员工从事某项工作需要具备的知识、技能和能力、素质及其相应的行为方式。这些行为应该是可指导的、可观察的、可衡量的，而且对个人和企业成功极其重要，是能够区分绩效优秀者和绩效一般者的关键要素，是促成优秀绩效的关键因素。麦克利兰将个人胜任力划分为外显（易测量）胜任力和内隐（不易测量）胜任力两个部分，外显胜任力通常是指个体具备的知识与技能，这部分能力可通过后天的培训学习获得和提升，内隐胜任力通常是指个体的自我认知、行为动机和价值取向等，通常是多种因素长期共同作用的结果且不容易改变和识别，但是对个人长期职业生涯发展起决定性的作用。个体特征一般分为三个层次：第一个层次是知识，指个体所拥有的特定领域的信息、发现信息的能力、能否用知识指导自己的行为。第二个层次是技能，指完成特定生理或心理任务的能力。第三个层次可归纳为素质，又主要包含自我概念、特质和动机三个方面，自我概念指个体的态度、价值观或自我形象；特质，指个体的生理特征和对情景或信息的一致性反应；动机/需要，指个体行为的内在动力。这三个层次组成一个完整的胜任力结构，其中，知识和技能是可见的、相对表面的人的外显特征，动机和特质是更隐藏的、位于人格结构的更深层，自我概念位于两者之间。表面的知识和技能是相对容易改变的，可以通过培训实现其发展；自我概念，如态度、价值观和自信也可通过培训实现改变，但这种培训较为困难；核心的动机和特质处于人格结构的最深处，对这些特质的培训与开发更加艰难。

胜任力模型（competency model）是指组织员工承担某一工作职责所要求的与高绩效相关的知识、能力和素质的集合，一个胜任力模型通常包含若干胜任力，是若干胜任力的组合，它能够区分绩效优秀者和绩效一般者。人文学院专业胜任力模型的建立包括如下步骤：一是定义绩效标准，确定毕业生绩效优秀者和一般者的标准；二是选取分析样本，在相关专业中找出绩效优秀的毕业生和绩效一般的毕业生；三是数据收集，访谈抽取的毕业生样本、资深教师和资深从业人员，掌握本专业带来高绩效的核心知识能力和素质；四是建立模型，对收集到的胜任力进行提炼，获取关键胜任力构建专业胜任力模型。

（二）胜任力导向的人才培养理念

由胜任力模型构建过程可知，胜任力导向的人才培养理念需要首先对接市场对专业人才的需求，在进行充分需求调研的基础上获取专业从业资格的关键知识、能力和素质，构建专业胜任力模型；然后再基于专业胜任力模型来设置专业培养方案、课程体系及评价体系，转变传统的专业培养方案设置理念，完善课程体系，转变传统课堂教学模式，根据课程要实现的胜任力目标分别选择课堂讲授、角色扮演、小组讨论、情景模拟等教学方式。胜任力理念明显区别于传统理念之处在于需求调研、目标导向和反向设计，能够与时俱进地培养社会所需人才（见图1）。

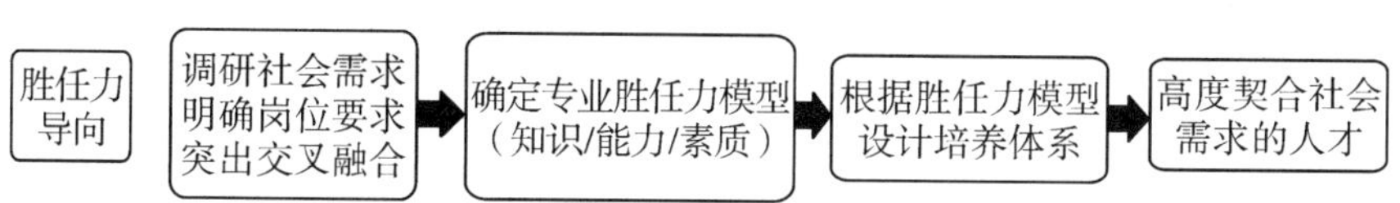

图1　胜任力导向人才培养理念

三、四川农业大学人文学院新文科人才胜任力提升体系

四川农业大学人文学院主要包括汉语言文学、英语、人力资源管理和行政管理四个专业，主要培养服务“三农”的新文科人才。研究立足于四川农业大学人文学院，以胜任力提升为中心，结合新时代农林高校新文科专业建设现状，围绕教育教学中存在的具体问题，为提升农林高校新文科学生胜任力构建了一套行之有效的体系。

（一）构建人文学院“4+1”胜任力模型

1. 构建方法及目的

专业胜任力主要包含知识、能力和素质三个内容。构建胜任力模型的数据主要源于以下三个方面：一是访谈资深专业岗位从业人员和资深教师、历届毕业学生，获取从业资格的关键知识技能和能力。共计深度访谈专业负责人、系主任、资深教授18人，调研从业人员113人次。二是通过智联招聘、BOSS直聘等主流招聘网站，对专业人员招聘文本采用NVIVO分析，获取岗位关键知识技能的有效信息。三是使用《中华人民共和国职业分类大典》，结合美国职业词典O*NET体系对各个职业知识、能力和素质的要求，深度思考农林高校人才培养目标与定位，构建了4个专业的学生胜任力模型。依据四个专业胜任力模型中展示的共性，构建四个专业通用胜任力模型。构建胜任力模型的根本目的是，依据胜任力模型对专业知识、能力和素质的要求，制订后续的培养方案、第二课堂及特色活动等。胜任力模型是从知识、能力和素质三个主要方面为专业人才培养指明方向和目标，构建胜任力模型是提升专业学生胜任力的基础。

2. 构建4个专业胜任力模型

胜任力模型包括知识、能力和素质3个维度。汉语言文学专业胜任力主要包括“能说会写善沟通”及中华优秀文化传播、乡村文化振兴能力；英语专业强调“听说读写译”；人力资源管理专业需要掌握六大职能模块及乡村人才振兴能力；行政管理需要掌握行政管理核心知识，并需要具备沟通组织、乡村基层治理能力等（见图 2）。

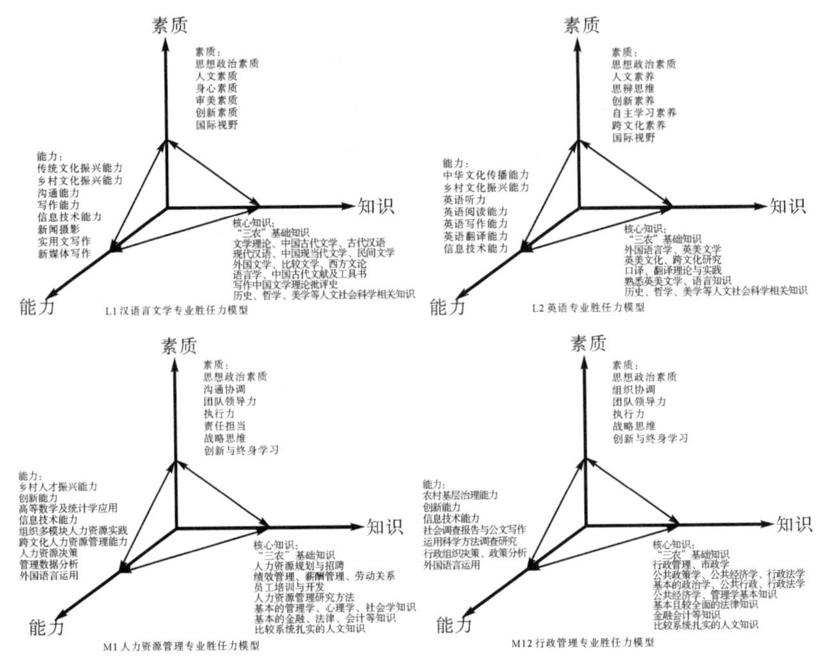

图 2　4 个专业胜任力模型

3. 构建 1 个新文科通用胜任力模型

在确定 4 个专业胜任力共性基础上，构建新文科通用胜任力模型。知识类包括专业知识和“三农”基础知识；能力类有信息技术、沟通协作、创新能力、事农兴农等；素质类有思想政治素质、人文素养、责任担当等（见图 3）。

（二）构建了“323”新文科人才胜任力培养新体系

遵循新文科人才胜任力培养要求，坚持产教融合、技术融合和文农融合“三融合”；夯实新文科人才胜任力培养基础，结合农林高校培养目标定位及特色，构建了专业课程和农林特色“两矩阵”；探索新文科人才胜任力培养途径，完善人才培养方案、创新第二课堂和健全评价体系“三支撑”。如图 3 所示，“323”新文科人才胜任力培养新体系体现了人才培养过程中“新文科”育人 3 个基本要求，2 个胜任力矩阵基础以及 3 大主要途径和方法的有机融合。

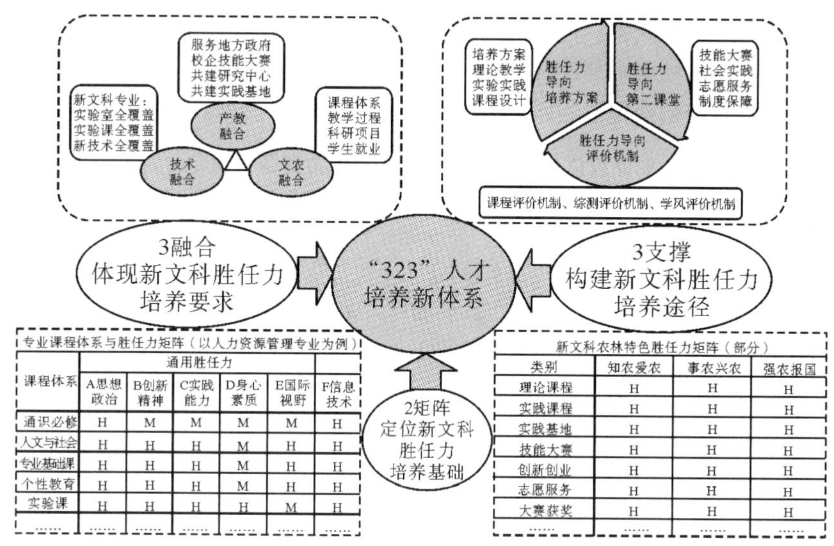

图 3　“323”新文科人才胜任力培养新体系

注：H、M、L 分别表示对胜任力的支撑为高、中、低，下同。

1. “3 融合”全方位体现新文科胜任力培养要求

（1）产教融合。一是校地育人。与资中县经信委等政府部门联合举办“血橙文化创意大赛”等活动，推动乡村人才振兴和文化振兴。二是校企育人。通过与新东方举办“新星讲师”技能大赛、与中建等大型国企共建研究中心等，对接社会需求，提升学生专业胜任力。三是实践育人。与高投集团等合建共建 50 多家实践实习基地，邀请企业方到校举办讲座 100 余次。

（2）技术融合。新文科专业实现实验课、实验室、新技术应用三个“全覆盖”。一是实验室全覆盖。建设语音实验室 19 个、人力资源技术实验室 1 个、行为实验室 2 个、行政智慧实验室 1 个、普通话测试中心 1 个；二是实验课全覆盖。开设英语翻译与辩论、员工招募与甄选、公文写作等实验课程 30 多门；三是新技术应用全覆盖。开设数字乡村概论、Python 技术、数据可视化等课程 10 多门。

（3）文农融合。学校高度重视文农融合。课程体系包括基础课程和农林特色课程模块；教学开设农耕文献与文学、乡村人力资源开发与管理、农业科技翻译等课程 20 余门，教师科研及大学生创新创业、科研兴趣计划等 80% 以上围绕“三农”进行研究；学生毕业后约 50% 进入三农领域就业创业。

2. “2 矩阵”精准定位新文科专业胜任力培养基础

（1）专业课程体系胜任力矩阵。4 个专业均明确毕业生必备胜任力并确定培养胜任力的课程体系，构建课程与胜任力对应的矩阵。如思政课主要培养思想政治素养；心理健康和体育类课培养身心素质；员工招募与甄选等核心专业课则高度支撑创新精神、实践能力等专业通用胜任力（见表1）。

表1　专业课程体系与胜任力矩阵（以人力资源管理专业为例）

课程体系	课程名称	通用胜任力（部分）					
		A 思想政治素养	B 创新精神	C 实践能力 C1 沟通能力 C2 写作能力 C3 软件操作	D 身心素质	E 国际视野	F 信息技术
通识必修	思政课	H	H	H	H	H	H
	英语类	H	M	M	M	H	H
	军训、体育类	H	M	M	H	L	H
心理健康与职业发展	大学生心理健康与职业发展类	H	M	M	H	L	L
自然科学	计算机信息不少于5门 MOOC 不少于10门	M	H	M	M	H	H
人文与社会	MOOC 不少于5门	H	H	H	M	H	H
美育与体育	MOOC 不少于5门	H	H	M	H	H	H
专业基础课（部分）	宏观、微观、计量经济学类	H	H	H	L	H	H
	管理学基础类	H	H	H	M	H	H
	研究方法类	H	H	H	L	H	H
	统计学与应用软件类	H	H	H	M	H	H
核心专业课（部分）	员工培训与开发	H	H	C1/C2：H	H	H	H
	员工招募与甄选	H	H	C1/C2：H	H	H	H
	绩效管理	H	H	C1/C2/C3：H	M	H	H
	劳动法与劳动关系	H	M	C1/C2：H	M	M	M

表1(续)

课程体系		课程名称	通用胜任力（部分）					
			A 思想政治素养	B 创新精神	C 实践能力 C1 沟通能力 C2 写作能力 C3 软件操作	D 身心素质	E 国际视野	F 信息技术
个性教育	乡村发展与人才振兴	农村社会发展	H	H	C1/C2/：H	M	H	M
		农村人力资源开发与管理	H	H	C1/C2/C3：H	M	H	H
		乡村治理理论与实践	H	H	C1/C2/C3：H	M	H	H
	现代人力资源管理	职业生涯管理	H	H	C1/C2/C3：H	M	H	H
		人力资源管理咨询	H	H	C1/C2/C3：H	M	H	H
		公司治理	H	H	C1/C2/C3：H	M	H	H
	学术创新	数据可视化	H	H	C1/C2/C3：H	M	H	H
		管理学研究方法	H	H	C1/C2/C3：H	M	H	H
实验课（部分）		应用软件实验	H	H	M	L	H	H
		员工招募与甄选	H	H	C1/C2/C3：H	H	H	H

（2）农林特色胜任力矩阵。通过开设农耕文献与文学、农村人力资源开发调研等理论和实践课程，服务中国藏茶村、天全县农村服务站等农业农村企事业单位，开展“润新乡”系列志愿服务活动，培养学生知农爱农、事农兴农和强农报国胜任力（见表2）。

表2　新文科农林特色胜任力矩阵（部分）

类别	名称	农林特色胜任力		
		知农爱农	事农兴农	强农报国
理论课程（部分）	数字乡村概论	H	H	H
	农耕文献与文学	H	H	H
	乡村人力资源开发与管理	H	H	H
实践课程（部分）	乡村振兴案例实训	H	H	H
	驻村观察与调研	H	H	H
	农村人力资源开发调研	H	H	H

表2(续)

类别	名称	农林特色胜任力		
		知农爱农	事农兴农	强农报国
实践基地（部分）	中国藏茶村	H	H	H
	雅安市天全县农村文化站	H	H	H
	雅安市草坝镇	H	H	H
技能大赛（部分）	礼敬中华，兴我农事经典诵读大赛	H	H	H
	西部文创秀	H	H	H
	非遗文化进校园	H	H	H
创新创业（部分）	四川省新型职业农民培育研究（国家级）	H	H	H
	中国夏布影像记录现状调研（国家级）	H	H	H
	四川省农村居民垃圾分类投放诱因（国家级）	H	H	H
志愿服务（部分）	党润新乡-乡村红色文化传播	H	H	H
	人润新乡-农村基层干部培训	H	H	H
	文润新乡-传统文化进乡村	H	H	H

3. “3支撑”全方位构建新文科胜任力培养途径

（1）培养方案。培养方案突出胜任力导向，人文学院4个专业构建完整胜任力模型和胜任力导向的培养方案，全校24个新文科专业均确定胜任力培养目标及胜任力矩阵。完善“两类型、三台阶、一实践”课程综合体系，即必修与选修两类型结合，通识教育、专业教育、个性化教育三台阶递进和以能力培养为重的实践体系。全校开设实践课程130余门，开设大量新文科信息技术类课程及MOOC。课程设计强调胜任力培养，每门课程确定胜任力目标，根据胜任力目标决定授课知识、能力和素质的不同授课方式。

（2）第二课堂。全校每年为新文科类专业举办各类专业技能大赛30余类，参赛人数1万余人次。组织社会实践实习，为新文科类专业搭建校实践实习基地300多个，社会实践参与率高达90%。积极参加志愿服务，师生获志愿服务标兵、雅安市“三八红旗手”，新文科各类志愿项目获奖50余项。加强制度保障，人文学院制定了《专业胜任力提升方案》，设立专业服务部，执行

"群星计划""领航计划"等为胜任力提升保驾护航。

（3）评价机制。教师课堂评价包括课终考核、实践操作、实验设计等10余种考核方式，过程考核比重可达50%~70%，形成了德行操守、创新创业、专业大赛、社会实践等多维评价的学校综合测评机制及班级、系室、学院、学校齐抓共管机制，每年进行学风评价的学风动态评价机制。

（三）构建"五位一体"胜任力提升新模式

人才培养坚持五育并举，结合农林高校特色，构建并长期实践"五位一体"胜任力提升新模式，见图4。

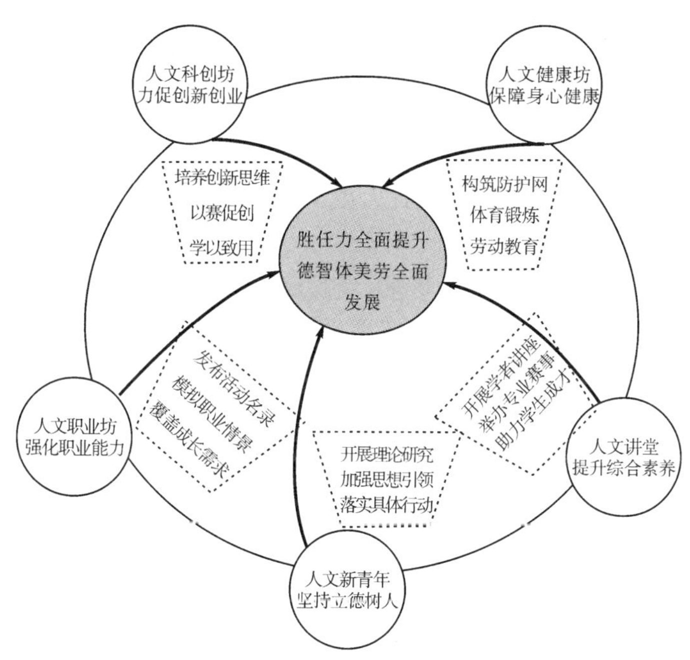

图4 "五位一体"胜任力提升新模式

（1）"人文新青年"坚持立德树人。教师通过团中央重大课题、省思政课题、书记创新立项、"双带头人"教师党支部和学生立项等载体带领学生开展理论研究。学校通过举办"新青年分享会"、"之江新语"演讲大赛、"川农大廉洁基因"征文等活动培育学生爱国情怀，加强思想引领。开展党润新乡、红色社会实践和志愿服务，引领学生认知和践行社会主义核心价值观，落实在具体行动上。

（2）"人文职业坊"强化职业能力。学校定期发布年度"职业规划及就业指导名录"，持续举办人文职业坊55期。从职业生涯规划、简历制作、面试指导、留学咨询到各类职业大赛、职场实习、企业开放日，全方位覆盖学生职业成长需求。采用无领导小组面试、职场彩妆、职业大咖面对面等模拟真实职业情境，新文科学生近五年平均就业率95%以上，高质量就业50%以上。

（3）“人文科创坊”力促创新创业。学校通过“人文科创坊”为师生举办各类创新创业讲座，指导本科生科研兴趣、创新创业立项，培养学生创新创业思维。学生通过参加创新创业训练、创青春、互联网+、挑战杯等赛事，以赛促创，学以致用。

（4）“人文健康坊”保障身心健康。从活动、运动、感动三维互动构筑平台，建立寝室信息员-心理委员、党员、班干部-班主任、辅导员-院领导四级联动机制，举办倾听烦恼、团体游戏、讲座讲坛、电影分享、知识科普“心的五次方”活动，铸牢心理屏障构筑“三四五”心理防护网。学校通过举办运动会、各类体育类比赛加强学生的体质锻炼，促进学生的身体健康。学校通过“寝室文化大赛”“班级文化设计大赛”及各类劳动志愿服务活动，开展劳动教育。

（5）“人文讲堂”提升综合素养。学校邀请全国诗词大会总冠军、国内外知名学者举办各类讲座。杨林舒多次获全国书法大赛大奖并举办个人书法展，杨铭南获全国跨文化交际大赛第一名，李沁娟等获全国人力资源管理大赛全国一等奖。

（四）探索“三阶段”新文科人才强农报国新路径

传承和创新“川农大精神”，探索出“播种—厚植—丰收”强农报国人才培养新路径（见图5）。

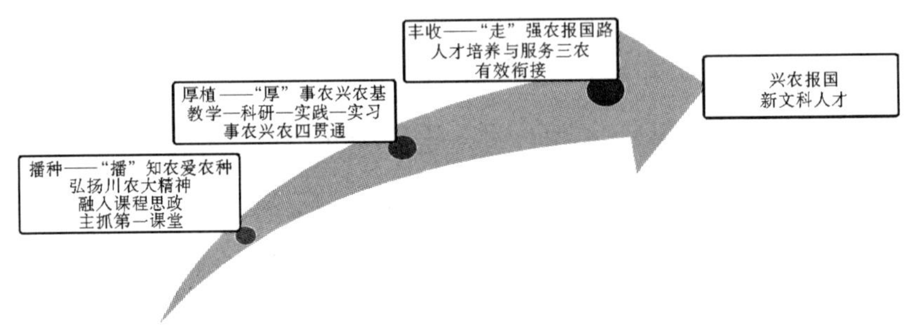

图5　“三阶段”新文科人才强农报国新路径

（1）播种：“播”知农爱农种。弘扬“川农大精神”，以“川农牛”、校园稻田、校史展览馆凸显农林特色，通过农林优秀朋辈引领播下“三农”种子。融入课程思政，依托课程内容和团中央重大、省级重点思政项目，将

"一懂两爱"融入育人全过程；主抓第一课堂，将三农情怀融入教学各环节，引导学生知农爱农。

（2）厚植："厚"事农兴农基。实现教学—科研—实践—实习"事农兴农四贯通"，开设三农课程，专攻三农研究，实践乡村振兴，实习涉农企业，新文科各专业开设乡村振兴课程模块，围绕乡村振兴开展国家级创新创业项目60多项，涉农创新创业和科研兴趣560余项，乡村社会实践和志愿活动上百次，培养强化学生事农兴农胜任力。

（3）丰收："走"强农报国路。保障人才培养与服务三农的有效衔接，与本地及周边乡村机构共建20多个就业创业实践中心，鼓励毕业生投身农村，用所学所长服务三农，参与一村一大、西部地区支教、乡村中小学教学等，为乡村振兴输出了一大批思想正、情怀深、能力强的新文科人才。

四、育人效果

本成果取得了良好的育人成效，明显提升了新文科人才胜任力。在人文学院新文科专业教育教学改革中取得了良好效果，并在全校新文科专业中逐步推广，以胜任力为导向的培养模式受到社会关注，产生了良好的示范推广效应。培养模式在学生综合素质提升、创新创业、各类获奖等方面取得了显著成效。

一是德智体美劳全面发展，人才培养成效显著。学校陆续涌现出中国最年轻女书法家、全国跨文化交际大赛第一名、全国人力资源管理大赛一等奖获奖者等一大批优秀人才。获"四川省新型职业农民培育研究"等大学生国家级创新立项60多项、创新创业立项共计560多项、科研究兴趣项目600多项。学生积极参加"三农"纵向和横向课题300余项，完成藏茶文化、脱贫攻坚、新型职业农民培育等课题调研700余次，参与学生人数达1万余名。发表与乡村振兴、农业文化、社区治理等"三农"问题紧密结合的论文共计300篇。二是知识能力素质夯实，就业升学质量持续提升。新文科类专业毕业生一次性就业90%以上，高质量就业率54.08%。服务"三农"的就业率达到近50%。学生大部分进入国有企事业单位、政府机构和世界500强企业。进入中国人民大学、浙江大学，康奈尔大学、明尼苏达大学等大学进一步深造的人数持续提升。三是岗位胜任力突出，优秀毕业生社会品牌效应彰显。涌现一批在国家部委和大型农业龙头企业担任重要岗位的优秀毕业生：有的进入国内外著名学府从事教学科研工作，有的成长为基层乡镇领导干部或科技农业创新骨干能手。毕业生严谨务实，表现突出，得到了用人单位的一致好评。

参考文献

[1] 王铭玉，张涛. 高校“新文科”建设：概念与行动 [N]. 中国社会科学报，2019-03-21 (4).

[2] 安丰存，王铭玉. 新文科建设的本质、地位及体系 [J]. 学术交流，2019 (11)：5-14，191.

[3] 李海良. 新文科发展之路：传承、融通与嬗变 [J]. 北京教育 (高教)，2021 (5)：37-41.

[4] 陈泽帆. 新文科背景下中华优秀传统文化融入高校育人工作的路径探索 [J]. 决策探索 (中)，2021 (3)：81-82.

[5] 全面推进新文科建设 [J]. 中国高等教育，2021 (1)：4.

[6] 袁凯，姜兆亮，刘传勇. 新时代 新需求 新文科：山东大学新文科建设探索与实践 [J]. 中国大学教学，2020 (7)：67-70，83.

[7] 唐衍军，蒋翠珍. 跨界融合：新时代新文科人才培养的新进路 [J]. 当代教育科学，2020 (2)：71-74.

新文科背景下艺术管理学学科建设浅论[①]

吴丹妮

（乐山师范学院西南边疆宗教与社会研究所）

摘要：新文科要求学科建设工作具有人文精神涵养和社会人格塑造的特点。在新文科背景下的艺术管理学学科，并非艺术学与管理学的简单交叉与融合，而是在固本培元、融合创新的基础上演绎而来的新学科。本文立足新文科背景，在紧扣艺术管理学学科之艺术学理论属性的前提下，对艺术管理学学科建设工作中的课程建设与教学模式转变以及相关制度建设工作予以探索性论述。

关键词：新文科；艺术管理学学科；建设

众所周知，按照研究对象和任务，文科可分为人文科学和社会科学。按照我国《普通高等学校本科专业目录（2012年）》的划分，哲学、文学、历史学、经济学、法学、教育学、管理学、艺术学八个学科门类都可纳入“文科”范畴。新时代，党中央号召繁荣发展哲学社会科学，强调要实施以育人育才为中心的哲学社会科学整体发展战略，构建集学生、学术、学科于一体的综合发展体系。这不仅为新时代繁荣发展哲学社会科学、推进新文科建设工作指明了方向，也为新文科背景下艺术管理学学科建设工作提供了工作思路。

一、新文科背景下对艺术管理学学科建设工作的再认识

“新文科”建设工作于2018年开始，教育部高教司在“四新”（新工科、新医科、新农科、新文科）建设中出现了明确的“新文科”表述。2019年5月“六卓越一拔尖”计划2.0正式启动后，新文科建设引起社会广泛关注。樊丽明指出中国建设“新文科”的核心要义是要立足新时代，回应新需求，促进文科融合化、中国化、国际化，引领人文社会科学的新发展，服务人的现代化新目标，即新文科建设工作要适应新时代新创新对新型文科人才培养工作的需要。

---

① 本文系2019年四川省旅游局遗产旅游研究基地项目“全域旅游视角下的市政公共设施建设提升与乐山遗产旅游文化发展研究”（项目编号：19YL-01）的阶段性研究成果。

同时，新文科在涵养人文精神、塑造社会人格等方面的作用得到强化和重视。由此可以看出，新文科背景下的艺术管理学学科，并非艺术学与管理学的简单交叉与融合，也并非被所谓的新产业、新业态快速发展及其人才需求现实倒逼而产生的新学科，而是在固本培元、融合创新的基础上演绎而来的新学科。

第一，新时代的艺术管理学学科建设工作要固本培元，重视中华优秀传统文化和审美意识教育。从表面上看，新文科是顺应新时代、新知识对新型人才培养的需求而产生的，但是，我们更要看到新时代、新知识的根基还在于中华优秀传统文化。因此，艺术管理学学科建设首先要加强中国传统哲学、美学、艺术学理论以及人类学理论知识的教育，从而使新时代艺术管理学学科培养出具有深厚的中华优秀传统文化和审美意识的人才。

第二，新时代的艺术管理学学科建设工作要注重艺术学与管理学的融合，充分利用大数据技术创新艺术管理学学科理论。

在新时代艺术管理学学科建设工作中，艺术学与管理学要深度融合。目前，在我国艺术管理学学科建设工作中，艺术管理学超越了传统的艺术基础理论的学理范畴，而以应用性为其显性特征。这种应用性是基于艺术学与管理学深度融合之后的应用性，而不是舍本逐末地一味强调实际操作与文创项目的训练。或者说，新文科背景下的艺术管理学学科建设工作及其培养的艺术管理人才不再单纯地遵从传统的“发现问题→分析问题→解决问题”的应用型思路，而是要以较高的人文素养的积极价值判断与社会公益为导向，善于利用大数据从已知的社会现象、社会问题中分析、总结、发展、创新出一套新的艺术管理学理论，并用之去影响、规范、指导艺术管理学学科继续朝着科学的道路走下去。

第三，新时代的艺术管理学学科建设工作要显著作用于国家和地方经济建设和文化事业创新发展。

大数据时代和“文化+”的文旅经济产业发展模式，不仅使得新时代艺术文化发展模式更加多样化、多元化，而且使得艺术文化与国民经济及社会发展之间的联系日益密不可分，使得国民日常生活趋向审美化与意境化。因此，新时代的艺术管理学学科建设工作必须立足于中国社会的发展现实，服务于国家和地方经济文化的创新发展，并为经济社会发展提供源源不断的艺术文化动力。

二、新文科背景下对艺术管理学学科建设工作中的课程建设与教学模式探索

目前教育部并没有出台艺术管理学学科课程建设标准。在现实中，虽然有“马工程”（马克思主义理论研究和建设工程）教材——《艺术学概论》（高等教育出版社）以及著作——《中国艺术学》（北京大学出版社）等系统化的成果为艺术管理学学科的课程建设工作提供支撑，但是在新文科背景下，艺术管理学学科的课程建设工作仍然迫在眉睫。

首先，教育部应该尽快出台艺术管理学学科课程建设标准。

从2011年艺术学转变为学科门类以来，艺术管理学就在艺术学理论这个一级学科下蓬勃发展，但各个院校基本都是结合自身的实际情况发展艺术管理学科，对于艺术管理学学科建设工作也使出了自己的看家本领，具体课程的开设也是五花八门。因此，在当前新文科建设背景下，要科学发展艺术管理学，其课程建设工作是当务之急，这既是明确艺术管理学学科建设工作属性与定位的理论需求，又是培养合格的艺术管理学人才的现实需要。

艺术管理学学科建设工作是大事，教育部等部门应采取措施，投入人力和物力，结合新时代新文科建设工作的大局势，尽快开展艺术管理学学科课程建设标准研讨制定及艺术管理学学科课程建设工程。同时，在艺术管理学学科的课程建设标准上，要充分综合考虑以下两点：第一，艺术管理学是艺术学与管理学的交叉融合与创新；第二，艺术管理学是一级学科艺术学理论下的一个基础学科。

其次，艺术管理学学科课程建设工作应围绕其艺术学理论的属性展开。

艺术管理学学科的艺术学理论属性，决定了在艺术管理学学科课程建设工作中，艺术管理学课程建设的基础和核心地位。在新时代新文科建设工作背景下，想要达成艺术管理学的人才培养目标，需要做到：既要了解我国艺术管理学的历史文化与学术理论，又要掌握新时代艺术活动基本规律，并需具有将所学艺术学理论及时应用于经济社会生活实际的能力，从而促进人的高素质发展。因此，艺术哲学、艺术学概论、中国艺术学、中国古典美学、艺术人类学、文化人类学等课程应该是艺术管理学学科课程建设工作中的核心和基础课程。

除了上面较为基础和核心的理论课程外，艺术管理学学科课程建设工作还必须注重对学生艺术专长的培养，即艺术管理学学科培养出来的人才必须是熟

悉或具体从事某一艺术门类的人才。因此，诸如舞蹈基本功、戏剧身段、影视编导、中国戏剧史、书法艺术管理学、建筑艺术管理学、舞蹈艺术管理学、声乐艺术管理学、影视与戏剧表演艺术管理学、绘画艺术管理学等课程建设工作也需要同步跟上。

学校还要根据时代发展和学科需求开设一些基础性课程，特别是专题性地总结我国各少数民族艺术文化理论的课程，如中国少数民族宗教文化概论、中国少数民族艺术概论等课程。同时，管理学原理、管理哲学、营销策划与管理等管理类、经济与营销类课程也是必须开设的课程。

此外，艺术管理学学科建设工作是集中体现新时代文化自信的重要工作，因此，一些事关社会文化管理、学术视野拓展和思维范式转变的课程，都属于围绕艺术学理论的学理属性而需要进行的课程建设工作，如民俗学、宗教社会学、社会调查理论与实践、艺术欣赏、艺术教育、语言学、会展经济、考古与文物、舞蹈人类学、音乐人类学、戏剧人类学、建筑人类学等课程。

最后，艺术管理学学科课程建设工作要与教学模式的转变相辅相成。

艺术管理学学科是交叉性、创新性相互融合的学科，在教学实践中，各学校普遍采取“复合性理论学习+实战性教学实训+创新性项目体验”的教学模式，这种教学模式要求有与之相配套的课程建设工作。复合性理论学习要求艺术管理学专业的学生通过核心课程——艺术学理论课程的学习，掌握艺术理论及艺术产品市场运营理论，了解时代经济社会发展趋势，不断提升个人的综合素养。复合性理论学习既要求学生掌握艺术学理论的基本知识，又要求学生掌握管理学、社会学以及人类学等专业知识理论。而这些都依赖于艺术管理学课程与教学工作的科学建立。实战性教学实训主要依赖于校内外的专业实训基地的建设和使用，培养的是学生理论与实践相结合的能力与素养；要求学生通过实地调研、参与艺术文创以及旅游经济建设咨询服务、参与文化经济建设融合发展研究项目，运用所学的专业知识，在实战训练中领会到艺术管理给区域经济社会发展带来的变化。实战性实训教学要求艺术管理学学科的课程建设工作与时俱进，紧跟时代经济社会文化发展脉搏。创新性项目体验主要是通过参与老师的艺术管理项目，在进行艺术创作与展览等实践中，体会艺术管理学学科的魅力与规律。这一环节对艺术管理学学科的课程建设工作提出了要充分与科学研究相互结合的总体要求，也是对艺术管理学在课程与教学工作中重视科研与创新精神的体现。

三、新文科背景下对艺术管理学学科建设工作中的相关制度建设探索

在我国，艺术管理学学科建设工作首先在艺术类院校开展。同时，考虑到艺术管理学之艺术理论的特点，艺术类院校通常会整合校内的艺术学与管理学办学资源来支撑艺术管理学学科的建设（如四川音乐学院组建“艺术学理论与管理学院”）。与综合性大学建设艺术管理学学科相比，艺术类院校虽然在管理学方面的资源要少一点，但是应该明确的是艺术管理学学科属性的问题，即艺术管理学学科属性还是以艺术学理论为主。因此，在新文科背景下，对艺术管理学学科的制度建设的思考之一就是学院层面的支撑问题。无论是组建类似四川音乐学院那样的“艺术学理论与管理学院”，还是如一些综合性大学在学校的艺术学院下增设艺术管理学专业或在校内跨院系组建艺术管理学专业，艺术管理学学科建设还是要从其艺术学理论属性的根本出发，避免过于强调交叉或管理应用，而弱化艺术管理学学科的艺术理论基础。

艺术管理学学科建设工作的重要依托之一就是教师资源。因此，艺术管理学学科建设的师资建设问题也需要尽快形成制度。新文科背景下，以融合创新为特色的艺术管理学学科建设工作，实际上对于教师资源建设工作提出了更高的标准和要求。因此，在开展艺术管理学学科课程建设的同时，教育部等部门要采取有效措施培育出一批适应新文科背景下艺术管理学学科建设工作亟须的教师资源队伍。高等院校尤其是艺术类院校是艺术管理学学科建设工作所需教师资源的最大来源，国家要采取集中培训、择优培育、立项支持、政策倾斜等有效措施，整合艺术类院校的优势教师资源，为艺术管理学学科的健康发展提供教师资源力量保障。同时，中国艺术学理论学会及艺术管理专业委员会也要采取会议研讨、专题培训等形式参与到艺术管理学学科建设工作的教师资源建设工作中去。

此外，艺术管理学学科建设工作的评价制度建设也是关键问题。评价标准就是引领，是明确的价值导向与实际的检验手段。艺术管理学学科建设的核心理念应该是“艺术理论引领，创新管理模式”，即艺术管理学学科建设工作的评价标准首先是其培养的人才是否具备扎实的艺术理论基础知识，是否遵循“一艺在身而言艺”的原则；其次是其培养的人才是否具备在艺术单位、文化部门、产业机构从事艺术管理运作与服务、产业项目策划与运营、文化艺术市场开拓与营销、观众培育与拓展、艺术审美教育与普及等方面开展实际工作的实践能力。

参考文献

[1] 樊丽明."新文科":时代需求与建设重点 [J]. 中国大学教学,2020 (5):5.

[2] 刘立云. 当代中国艺术管理学科体系的构建与创革:基于艺术类高校的探赜 [J]. 艺术教育,2021 (3):4.

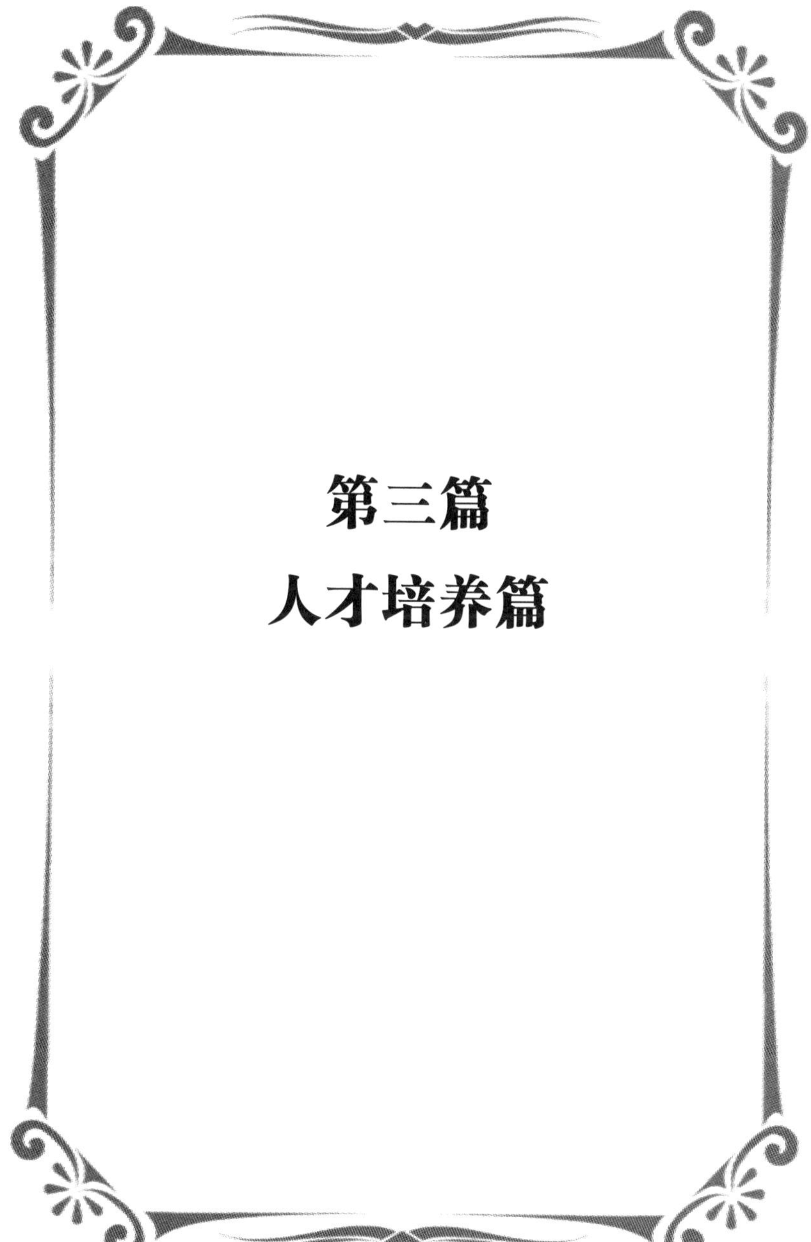

第三篇
人才培养篇

基于工文交叉、产教融合的旅游信息化复合应用型人才培养体系构建①

——以成都信息工程大学为例

黄萍　刘宇　何源　史亚莉　任峥　郭创乐

（成都信息工程大学管理学院）

摘要：旅游产业数字化、智能化、网络化的发展，对高校高质量培养旅游信息化复合应用型人才提出了迫切需求。本文以成都信息工程大学为例，立足旅游管理专业培养复合型、应用型、创新型的旅游信息化人才特色，以"工文交叉、复合培养、产教融合、协同育人"为思路，从复合培养模式、融合课程体系、实践教学体系、协同育人路径等方面，创建了旅游信息化复合应用型人才培养体系，有效解决了三个主要教学问题：一是解决了复合型人才跨学科交叉融合培养问题，提升高校快速响应文旅产业科技变革对人才结构需求变化的适应能力和培养实效；二是解决了应用型人才实践创新能力培养问题，提升高校深化产教融合的主动意识与整合跨界教育资源协同育人的开放合作能力；三是解决了新文科与新工科融合来推进专业综合改革问题，促进高校加大优势特色专业建设的投入力度和提高创新改革成效。

关键词：工文交叉；产教融合；旅游信息化；复合应用型人才；培养体系

在国家全面深入推进"互联网+"及做大做强数字经济战略背景下，在教育部"四新"（新工科、新医科、新农科、新文科）建设及文化和旅游部深化"互联网+旅游"的进程中，在成渝地区双城经济圈唱好"双城记"、念好"数字经"及四川大力建设文化强省、旅游强省的战略目标指引下，旅游信息化

① 本文系教育部高等教育司2021年第一批产学合作协同育人项目"新文科协同新工科的旅游信息化复合应用型专业人才培养体系建设"（项目编号：202101089001）；四川省2018—2020年高等教育人才培养质量和教学改革项目"基于新工科多学科交叉复合理念的旅游信息化人才培养实践"（项目编号：JG2018-514）；四川省首批新文科研究与改革实践项目"新文科与新工科协同下经管类专业人才政产学研协同育人机制创新与实践"；四川省2021—2023年高等教育人才培养质量和教学改革项目"三维融合、五位一体：地方高校旅游管理类专业复合应用型人才培养体系构建与实践"（JG2021-389）的阶段性研究成果。

复合应用型人才成为急需的紧缺人才。为了顺应旅游业加快科技变革及数字化、网络化、智能化转型趋势，推动新文科与新工科交叉融合、科教产教深度融合，创新旅游信息化复合应用型人才培养体系，成为新时期四川地方高校旅游管理专业人才培养改革的重要使命与时代重任。成都信息工程大学是中国气象局与四川省政府共建、四川省重点发展的省属普通高校，学校从 2004 年开始培养旅游管理本科专业人才。2008—2014 年，学校坚持以产业需求为导向，借鉴国际 CDIO 工程教育理念，率先创建了旅游信息化复合型人才的“π 型”实践培养模式。2015 年，学校紧紧围绕复合型人才培养融合度、增强专业知识学习挑战度、提升学生家长专业认同度，提高专业优势的目标，从复合培养模式、融合课程体系、实践教学体系、协同育人路径等方面，构建了旅游信息化复合应用型人才培养体系，并在实践中取得了明显成效，有力地支撑我校旅游管理专业在 2019 年率先成为首批国家级一流专业建设点。

一、旅游信息化复合应用型人才的内涵

旅游信息化，是“旅游+信息化”的复合概念，有狭义和广义两种含义。狭义的旅游信息化是指将吃、住、行、游、购、娱等旅游要素及其与乡村、城市等与旅游相关的信息，通过技术手段采集、编辑、处理转换成以文字、数字、图形、图像、声音、动画、符号等的一种信息转化过程。广义的旅游信息化，是指旅游各相关领域利用信息技术，通过数字化、智能化、网络化转型，对旅游实体资源、信息资源、生产要素资源等进行深层次的分配、组合、加工、传播和销售，以促进传统旅游业向现代旅游业转化，提高旅游业发展效率的过程。

随着旅游信息化的不断推进，传统旅游业在“互联网+”背景下，衍生出线上与线下融合的产业链、价值链、创新链，催生了一大批在线旅行服务商。旅游产业的“新经济”特征凸显，对提升旅游业的国民经济战略性支柱产业地位起到了重要促进作用。然而，旅游信息化迫切需要“旅游+信息化”复合应用型人才的支撑。“复合”是相对“单一”而言的，是指不同的两者或多者的渗透、延伸、替代等交叉融合的过程或结果。客观而言，复合型人才属于“一专多能”人才。“复合”不仅意味着知识的复合，更重要的是思维的复合、能力的复合、素养的复合。复合型人才的培养需要跨学科或跨专业的途径和形式，即需要两个或两个以上的学科交叉、整合的教学活动来促进多学科知识、认知图式和价值观在受教育者头脑中融合并内化，从而以达成知识、能力和素质的多学科、多专业、多领域的融合。“应用型人才”则是相对于“学术型人

才”“研究型人才”而言的，是以社会经济相关领域的真实场景的实际应用需求为导向，与工程实际和社会实际问题“短兵相接”，从而能够在社会生产、管理、服务的第一线解决实际问题。“应用型人才”是既具备专业理论基础，又具备专业技能素养，能运用客观规律和科学原理为社会直接创造财富、谋取利益的人才。可见，应用型人才培养的核心在于“用”，高校需要推动人才培养与产业发展紧密结合，深化科教产教融合、校地校企合作、多方协同育人。

综上所述，旅游信息化复合应用型人才的基本内涵，是指旅游产业在数字化、智能化、网络化等科技变革中所需求的“旅游+信息化”人才，是具备两个及以上学科或专业的思维复合型、知识复合型、能力复合型、素质复合型人才，是能熟练在“旅游+信息化”领域的生产、建设、管理和服务第一线解决实际问题的应用型人才，是高校通过实施跨学科交叉及科教产教融合等途径可以培养适应旅游产业变革的“旅游+信息化”复合型、应用型、创新型人才。

二、旅游信息化复合应用型人才培养体系构建思路

人才培养体系是教育教学高质量发展的关键，核心是人才培养模式，基础是课程体系，重点是实践教学，途径是内外结合的产学研协同育人。为了适应我国旅游业的科技转型升级，成都信息工程大学于2008—2014年借鉴国际CDIO工程教育理念探索创建了旅游信息化复合型人才的“π型”实践培养模式。在此基础上，2015年以来，学校立足旅游管理专业培养复合型、应用型、创新型的旅游信息化人才特色，以“工文交叉、复合培养、产教融合、协同育人”思路，从复合培养模式、融合课程体系、实践教学体系、协同育人路径等方面，探索创建了旅游信息化复合应用型人才培养体系。

（一）构建起“一平台、两融合”的“π型”人才培养模式

“一平台、两融合”的旅游信息化复合应用“π型”人才培养模式，旨在培养具有跨界整合能力、能够解决旅游信息化实际应用问题的新型文科人才，实现旅游管理专业学生“复合知识—创新能力—价值教育”全面培养的目标。其中，“一平台”是指“产学研联合培养平台”，“两融合”是指基于新文科与新工科交叉融合、产教与科教融合、理论与实践融合、校内导师与行业导师融合等思路，构建起实现“复合知识”培养的工文交叉融合课程群体系及实现“创新能力”培养的产教科教融合实践教学体系（见图1）。该模式的创新有利于打通高校学科交叉融合，整合校企真实应用环境，提升地方高校快速适应现代科技赋能文旅产业对旅游信息化复合应用型人才需求激增、要求更高的培养能力。

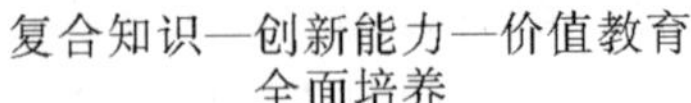

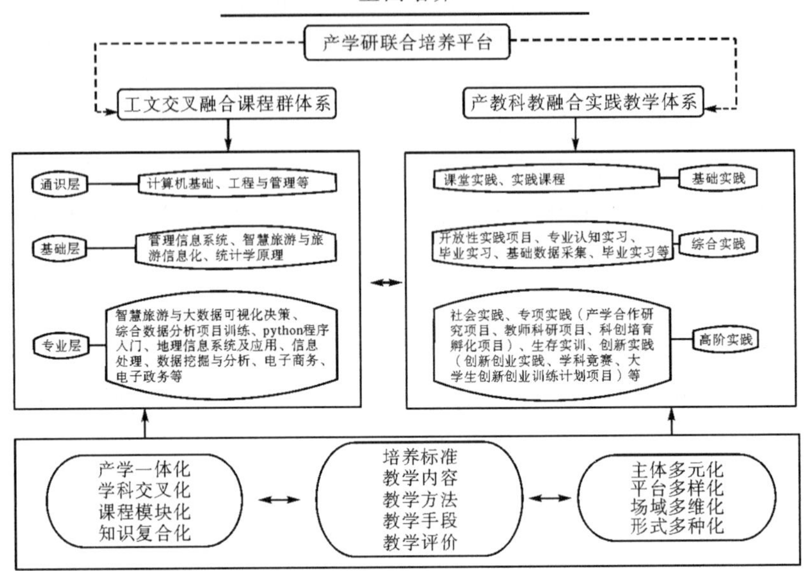

图 1　“一平台、两融合”的“π 型”旅游信息化复合应用型人才培养模式

（二）创建“1+N”的旅游信息化融合课程体系

推进新文科与新工科的融合协同，借鉴国际 CDIO“集成课程设置”思路，按照“产学一体化、学科交叉化、课程模块化、知识复合化”的原则，重点围绕智慧旅游、数字文旅产业化两大应用场景，构建起“1+N”的特色课程群模块。“1”即第一课堂列入人才培养方案课程体系中的旅游信息化模块课程群，由一组逻辑相关的必修课和选修课共同构成；“N”即第二课堂的多样化单元模块课程群，由各种非固定化、非逻辑性的课外活动及学习资源构成。相较于第一课堂的模块课程群，第二课堂的单元模块课程更加丰富，更具个性和特色，学生可结合学习任务自行选择和组合学习。“1+N”融合课程体系将第一课堂与第二课堂有机结合，有利于充分发挥第二课堂在调整单元课程资源、丰富教学内容、改革教学方法和手段方面的作用，提升高校快速响应培养具有工程能力的“互联网+”新文科复合应用型紧缺人才的能力。

（三）建立“三维三层、动态递进”的实践培养体系

为切实培养出能真正服务产业发展需要的具有“创新能力”的旅游信息化人才，我校坚持走产教科教融合道路，推进产学研联合开发实践课程，联合开展研究项目，建立联合培养基地、联合研究院、联合实验室等实践教学平

台，构建一套“主体多元化、平台多样化、场域多维化、形式多种化”的“三维三层、动态递进”的实践教学体系。“三维”是提供学生课堂实践、课外实践、拓展实践的三种路径维度。其中，拓展实践包括社会实践、专项实践、生存实训、创新实践等模块。“三层”是根据学生认知规律，按照基础实践—综合实践—高阶实践开展分层动态递进的实践教学。其中，高阶实践瞄准产业需求，通过创新创业实践、学科竞赛、大创项目、产学科研项目、教师科研项目等模块，来综合提升学生创新实践能力。

（四）推进“三全育人”理念下的“五联合”协同培养新路径

内外结合、产教融合，是新文科、新工科等“四新”建设的必由之路。产教融合的实质是产业和教育形成一体化互动关系，是地方高校的服务指向、资源取向及发展导向，为促进教育链、人才链与产业链、创新链的有机衔接起到重要作用，是校企合作的高级阶段。我校以“三全育人”理念为引领，联合政、产、学、研、用的力量，以打造共商、共建、共享的协同创新育人共同体为导向，建立起“资源共享、平台共建、方案共商、队伍共建、质量共抓”的“五联合”产学研协同培养新路径，推进政、产、学、研、用跨界整合。

三、旅游信息化复合应用型人才培养体系的实现途径

（一）瞄准产业需求，明确旅游信息化人才培养目标定位

旅游产业在数字化、智能化、网络化进程中，受互联网“连接一切、融合共享”的核心特征的影响，由旅游信息化衍生的新产业、新业态、新价值等也具有了融合特征。因此，我校应该依托信息技术学科特色和深厚的工科人才培养优势，立足新文科与新工科交叉融合的培养理念，将旅游信息化人才培养目标定位于：紧扣国家“互联网+”战略和四川奋力推动由数据资源大省向数据价值大省转变及加快建设旅游强省发展要求，培养具有旅游管理和旅游信息化知识体系，具备信息技术应用、旅游大数据分析与可视化展现、智慧旅游方案设计等能力的高素质应用型高级人才。此目标的实现方式是新文科与新工科的协同融合，这种协同融合不是简单地将文科工科化，更不是单纯地将大量工科课程“塞进”文科，而是面向未来旅游信息化、数字化进程的不断变革，培养既能解决实际应用问题的“工程师”，又能充分响应人类未来发展对人文元素的全方位诉求，将人文精神、人文关怀贯穿始终。这一目标还充分体现了我校紧扣国家和地方发展战略，以学生“复合知识、创新能力、价值塑造”的一体化培养为中心，通过推进跨学科多专业融合人才培养，提升学生解决复杂问题的能力，打造地方高校直接对接产业需求的人才培养特色与优势。

（二）推动学科交叉，建立工文交叉的融合课程体系

2014年，我校实施了跨学科交叉融合战略，按照已有学科类型组建了三大学科群：大气科学学科群、信息技术学科群、管理与经济学科群，并紧扣产业界对旅游信息化人才的知识依赖度、能力符合度、素质达成度的实际要求，按照培养标准、课程体系、教学内容、教学方法及手段、质量监控有机整合的培养系统，重点围绕智慧旅游、数字文旅产业化的产业发展趋势，通过扎实推进信息技术学科群和管理与经济学科群的跨学科培养，构建了“产学一体化、学科交叉化、课程模块化、知识复合化”的“1+N”融合课程教学体系（见图2）。

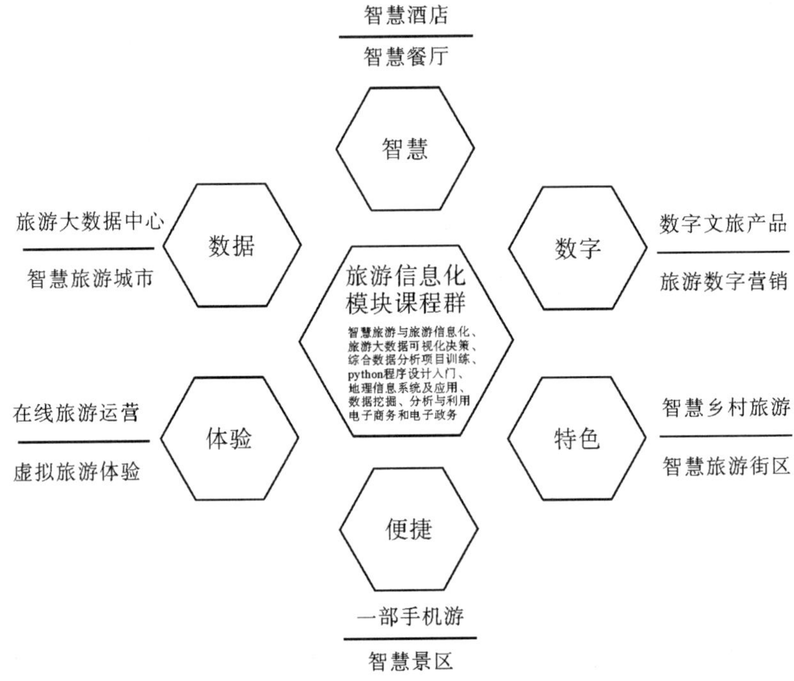

图2　“1+N”的旅游信息化融合课程体系

其中，第一课堂的旅游信息化模块课程群“1”包括了智慧旅游与旅游信息化、旅游大数据可视化决策、综合数据分析项目训练、python程序设计入门、地理信息系统及应用、数据挖掘与分析等专业必修课程和选修课程。第二课堂的单元模块课程群“N”则包括旅游大数据中心、一部手机游、智慧景区、智慧旅游城市、智慧乡村旅游、智慧旅游街区、智慧酒店、智慧餐厅、在线旅行运营、虚拟旅游体验、数字文旅产品、旅游数字营销、新媒体营销等拓

展资源。“1+N”融合课程体系，不仅能为学生提供有效完成培养方案中“1”模块课程群学习，而且能使学生依托第二课堂的丰富课程资源自主完成“N”单元模块课程学习，突破了传统人才培养方案的刚性限制，提升了高校适应产业需求变化对人才的个性化、柔性化、特色化培养能力。

（三）内外联合，多管齐下建立产教融合培养体系

2020年，我校“三全育人视域下新文科、新商科院系‘协同创新育人共同体’的构建”获得省级“三全育人”综合改革试点院（系）项目立项，这既是对我校在积极推动与政府、企业、研究机构、用人部门等开展多形式合作，整合跨界教育资源，集成优化创新实践培养环境，解决了高校应对新型人才培养的资源问题的充分肯定；又是进一步推动我校深化产教融合，促进校地校企合作，实施课堂实践—课外实践—拓展实践与基础实践—综合实践—高阶实践贯通的“三维三层、动态递进”实践教学体系的主要动能。目前，我校与20多家旅游信息化人才相关的机构和企业开展了合作，共同建立起文旅信息化复合型人才联合培养基地、产学研联用创新孵化平台、智慧旅游应用联合实验室、大学生双创培养基地、大数据应用中心等实践平台。2021年，我校“经济与管理实验教学中心”获批省级实验教学示范中心建设项目；同时，我校与成都中科大旗软件股份有限公司联合申报的“文旅产业信息化复合人才联合培养”项目，也获成都市首次鼓励校地校企合作培养产业发展人才专项补助立项，资助经费300万元。产教融合的深度推进，校地校企联合实践平台建设不断完善，“三维三层、动态递进”的实践教学体系更加丰富多元、特色也更加鲜明，让学生从贴近企业转变为融入企业，既有效整合了跨界优势教育资源，又将地方高校人才培养供给侧和产业需求侧紧密地联系在一起（见图3）。

（四）创新协同机制，推动政产学研用育人共同体的建设

围绕“资源共享、平台共建、方案共商、队伍共建、质量共抓”的“五联合”产学研协同育人路径的建设思路，我校着力从以下五个方面创新了产学研协同机制，打造了政产学研用育人共同体的和谐教育新生态（见图4）。

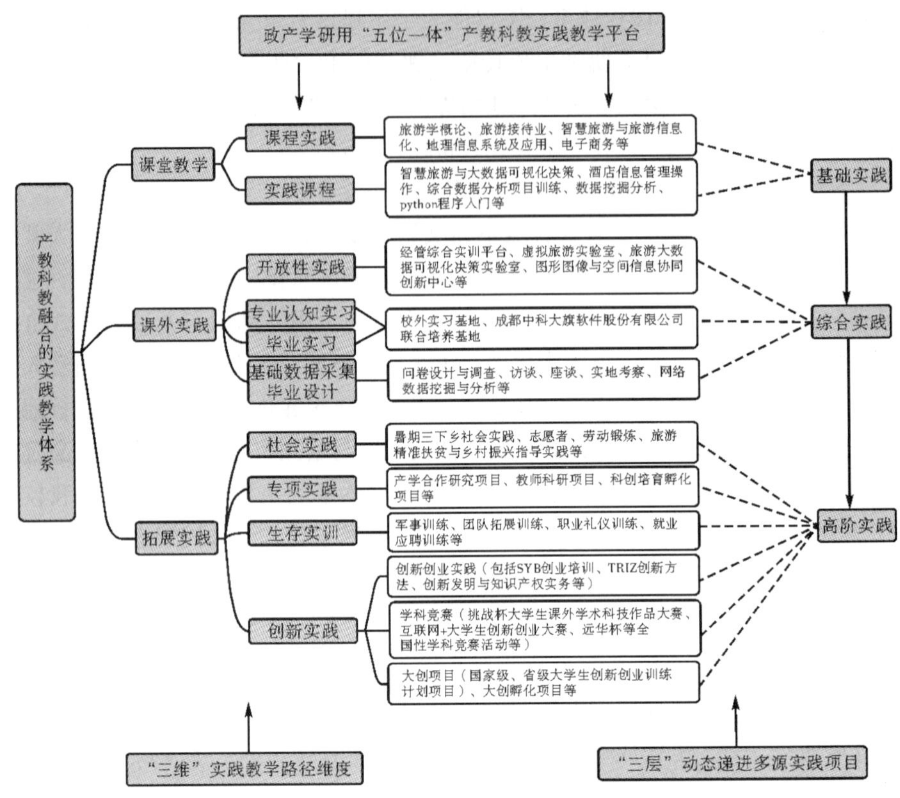

图 3　“三维三层、开放多元动态递进”的实践培养体系

一是整合协同资源。主要集成省级旅游主管部门批准我校的“国家西部旅游人才培训基地信息化专门人才培训示范单位”“旅游信息化研究基地”，以及我校与中国气象局公共气象服务中心、中国气象服务协会联合共建的“中国气象旅游发展研究院”，与成都中科大旗软件股份有限公司合作共享“四川省文化和旅游大数据工程技术研究中心”等科创资源，打造校地校企共享的互助合作协同育人优势资源。二是打造协同平台。一方面积极与校地校企建立合作关系，共建校外实践教学平台；另一方面依托我校的省级经管实验教学示范中心、成都中科大旗软件股份有限公司的“智游天府”及“互联网+智慧旅游综合管理服务示范”等平台，打破了校地校企隔阂，打造了内外结合、线上线下融合的“开放、合作、协同、创新、共享”的多元实践教学平台。三是共谋协同方案。主要聚焦产业需求，组建师生团队，以科教产教融合方式，共同为合作方提供协同创新服务，如联合完成“中国旅游发展报告”“我国大面积暴雨天气对旅游的影响研究”“基于大数据的旅游产业运行监测平

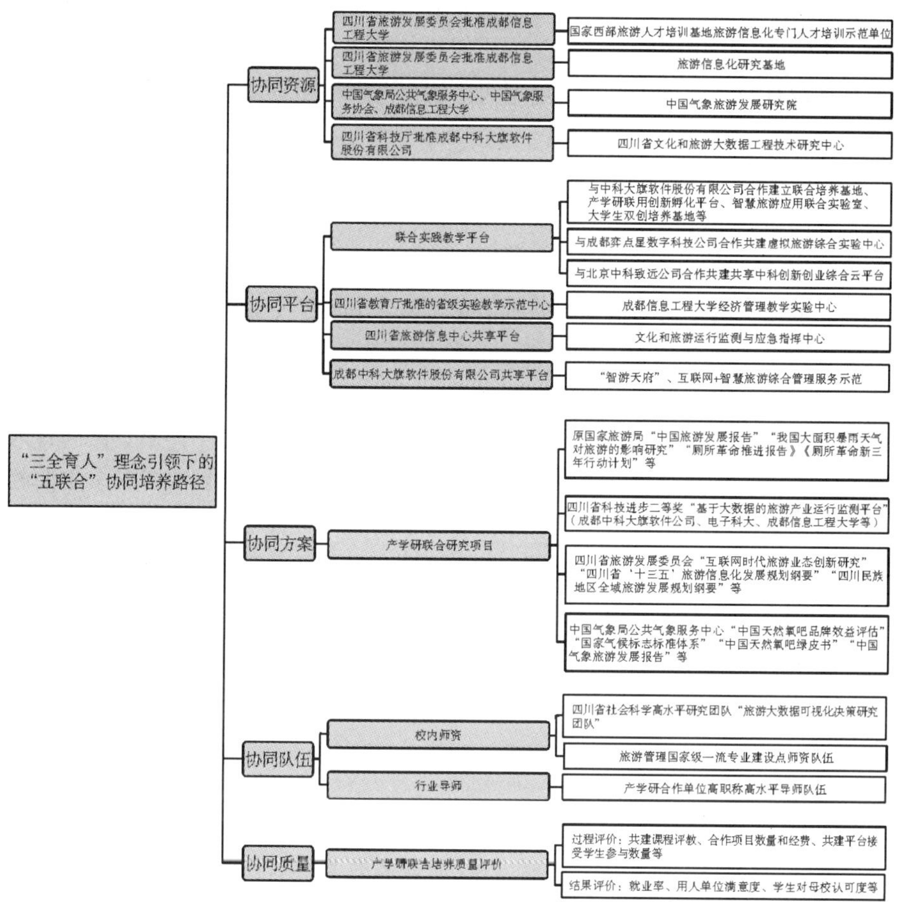

图 4　“五联合”产学研协同育人路径

台”“互联网时代旅游业态创新研究”“四川省民族地区全域旅游发展规划纲要”“四川省‘十三五’旅游信息化发展规划纲要”等相关重要研究项目，带领专业学生参与创新研究，提升学生科创能力。四是建设协同队伍。一方面依托我校 2015 年获批的四川省首批社会科学高水平研究团队“旅游大数据可视化决策研究团队”及 2019 年获批的旅游管理国家级一流专业建设点的优秀师资队伍；另一方面通过校地校企合作，建立了一支由校内导师与校外行业导师共同组成的实战经验丰富、科创水平高的双师双能型培养团队，共同为高质量培养旅游信息化复合应用型人才提供重要保证力量。五是提高协同质量。主要以培养过程和培养结果为重点，开展产学研联合培养质量评价。其中，过程评价侧重于校企合作共建课程评教、合作项目数量和经费、共建平台接受学生参与数量三个方面；结果评价侧重于就业率、用人单位满意度、学生对母校认可度三个方面。可以说，“五联合”协同培养路径对实现产学研各方合作共赢、提升高校对旅游信息化复合应用型人才的育人水平和质量起到了重要作用。

四、结语

我国正处于数字化转型驱动生产方式、生活方式和治理方式发生巨大变革的新时代，这迫切需要地方高校旅游管理专业瞄准产业转型需求，培养以数字化、智能化、网络化为基础的旅游信息化复合应用型专业人才。成都信息工程大学以学生“复合知识、创新能力、价值塑造”一体化培养为中心，以产业需求为导向，以学科交叉为重点，以产教融合为突破，以融合课程体系和实践教学体系为支撑，从复合培养模式、融合课程体系、实践教学体系、协同育人路径等方面，创建了旅游信息化复合应用型人才培养体系，解决了三个主要的教育教学问题：一是解决了复合型人才跨学科交叉融合培养问题，提高了高校快速响应产业科技变革对人才结构需求变化的适应能力和培养实效；二是解决了应用型人才实践创新能力培养问题，提升了高校深化产教融合的主动意识与整合跨界教育资源协同育人的开放合作能力；三是解决了新文科与新工科协同融合推进专业综合改革问题，促进了高校加强多学科、多专业的跨度整合及融合发展。

参考文献

[1] 李丽娟，杨文斌，肖明，等. 跨学科多专业融合的新工科人才培养模式探索与实践 [J]. 高等工程教育研究，2020 (1)：25-30.

[2] 张德江. 应用型人才培养的定位问题及模式探析 [J]. 中国高等教育，2011 (18)：26-28.

[3] 何源，黄萍，苏谦. 基于 CDIO 理念的旅游信息化人才培养实践 [J]. 四川劳动保障，2018 (1)：99-100.

[4] 汤正华，谢金楼. 应用型本科院校产教融合的探索与实践 [J]. 高等工程教育研究，2020 (5)：123-128.

[5] 桑霞，罗晶，许慧卿. 关于我国旅游高等教育改革与发展的探讨 [J]. 湖北科技学院学报，2019 (2)：33-37.

[6] 袁清，王雨洁，陈婵. 新工科与新文科："双脑"会聚共创未来 [J]. 高等工程教育研究，2019 (5)：23-29.

财经高校青年专任教师兼任班主任制度的实践与探索

——基于西南财经大学中国西部经济研究中心的实践

岳敏
（西南财经大学中国西部经济研究中心）

摘要：教育是国之大计、党之大计。本文以西南财经大学中国西部经济研究中心的兼任班主任制度推行的四年工作实践为基础，肯定了新制度在学生思想政治教育工作中的成绩和对教师自我成长的重要性，指出工作中存在职责边界交叉重叠、思想政治素养和履职尽责参差不齐、考核奖励机制不畅等问题，探讨了问题成因，并提出优化系统顶层设计、强化思想政治理论武装、改进激励约束机制等建议。本文希望为深入贯彻落实习近平总书记关于教育的重要论述和全国高校思想政治理论工作大会精神做出努力和尝试。

关键词：高等财经大学；青年专任教师；兼任班主任；制度改进

教育是国之大计、党之大计，是民族振兴、社会进步的重要基石，是功在当代、利在千秋的德政工程，对提高人民综合素质、促进人的全面发展、增强中华民族创新创造活力、实现中华民族伟大复兴具有决定性意义。党的十八大以来，以习近平同志为核心的党中央高度重视教育与人才培养工作，针对新形势新任务，对教育进行了一系列决策部署，系统推进教育改革，教育现代化换挡提速，教育事业的中国特色更加鲜明。2016 年 12 月，在全国高校思想政治工作会议上，习近平总书记强调："高校思想政治工作关系高校培养什么样的人、如何培养人以及为谁培养人这个根本问题。要坚持把立德树人作为中心环节，把思想政治工作贯穿教育教学全过程，实现全程育人、全方位育人，努力开创我国高等教育事业发展新局面。"习近平总书记强调，教师是人类灵魂的工程师，承担着神圣使命。传道者自己首先要明道、信道。高校教师要坚持教育者先受教育，努力成为先进思想文化的传播者、党执政的坚定支持者，更好担起学生健康成长指导者和引路人的责任。习近平总书记关于教育的重要论述，既指明了高校加强和改进思想政治工作方向，又在思想政治工作时间节点和空间方位上提出了明确要求。时间节点要求贯穿教育教学全过程，空间方位要求德智体美劳“五育并举”。

为贯彻落实全国高校思想政治工作会议精神，教育部就加强和改进高校思想政治工作做出一系列部署，西南财经大学党委高度重视加强和改进大学生思想政治教育工作，在吃透习近平总书记关于教育的重要论述和教育部党组文件精神基础上，深入调研，结合学校特色和实际，出台相关校内思想政治教育工作文件。2017 年，我校下发《青年专任教师兼任辅导员（班主任）管理办法》，并在全校施行。

一、中国西部经济研究中心基本情况

中国西部经济研究中心是西南财经大学响应国家“西部大开发”战略，充分发挥综合性财经学科优势，为地方经济建设服务而组建成立的教学科研单位。中心设有人口研究所、农村改革与发展研究所、农业硕士教育与发展研究所三个教学科研机构和一个省级社会科学研究基地，即中国粮食安全研究基地。中心现有专职教职工 35 人，其中科研和教学人员 27 人，博士生导师 7 人，教授（研究员）9 人，副教授（副研究员）13 人，讲师 5 人；还聘请多位知名专家学者为兼职博士生导师。中心现有在读研究生 260 余名，包括博士研究生和硕士研究生 2 个层次，共 3 个博士授权点，4 个科学硕士授权点和 1 个专业硕士授权点。

中国西部经济研究中心积极承担重大科研任务，广泛开展学术交流，为国家部委、四川省委、省政府和成都市委、市政府的经济决策提供咨询和调研服务，承担了一大批国家级和省部级课题以及地方政府和企事业单位委托的研究项目，取得了一批高质量的科研成果和有价值的研究咨询报告。

二、青年专任教师兼任辅导员（班主任）执行情况

2017 年 6 月，中国西部经济研究中心党总支传达学校下发青年专任教师兼任辅导员（班主任）管理规定，动员副高级及以下职称青年专任教师积极报名，遴选推荐 9 名青年教师参加学校组织的集中培训，经考核合格后，于当年 9 月正式上岗。中心按照学生类别、专业和年级分配任务，并按照学校规定明确青年专任教师班主任职责，要求他们：一要提升自身思想政治理论素养，通过集中学习和自学，自觉用习近平新时代中国特色社会主义思想武装头脑，指导工作实践；二要定期走进学生党建、团建和班级活动，加强政治引领，强

化校园安全和社会主义核心价值观教育，守好意识形态领域阵地；三要定期和不定期组织实践活动，不断贴近学生，了解学生所思所想、所盼所急，及时与辅导员和党总支沟通，协助党总支及时掌握学生思想动态，发现问题及时处置；四要加强对学生的学业、学术指导，及时帮扶学业困难学生，确保所带学生一个都不掉队；五要协助党总支处理与学生相关的其他工作。

四年来，学校党委和中心党总支高度重视此项工作，持续组织培训班进行集中教育，着力提升青年专任教师的思想政治理论素养；出台课时抵扣政策，减轻教学压力，鼓励青年专任教师积极担任班主任，深入班级和学生，引领和指导学生成长成才。特别是新冠肺炎疫情以来，这些教师积极承担疫情防控工作宣传教育、信息排查、现场流调、心理疏导等任务，为中心圆满完成疫情防控任务发挥了重要作用。

四年来，中心共有 15 名青年专任教师兼任班主任，实现新进青年专任教师全覆盖。通过兼任班主任实践，他们自身也获得了长足进步，这具体表现在：一是对习近平新时代中国特色社会主义思想学得更深、悟得更透，理想信念更加坚定；二是深入学生群体和个体，不断提高自身修养；三是贴近学生，了解学生所思所想，教学和指导更有针对性，对人才培养规律把握更到位，学得更加扎实；四是主动出击，关心和帮扶所带学生，引导学生健康成长，仁爱之心更加显现。

三、青年专任教师兼任辅导员（班主任）存在的问题

四年来，随着新制度不断推进，中心在工作中也出现了一些问题，具体表现如下：

一是与专职辅导员职责边界不清。兼职班主任职责与专职辅导员职责重叠，表现在二者都参与班团活动指导、困难学生帮扶、实践活动组织等。职责边界不清，可能造成部分工作出现无人负责的情况。

二是部分教师的思想政治工作业务能力不强。实践中，我们发现部分有基层党组织工作履历的教师在学生思想政治教育工作方面表现突出，但有个别青年教师缺乏思想政治教育工作的培养和训练，有心无力，影响工作效果。

三是教师之间履行职责存在不平衡现象。教师们的专业和个人成长履历各不相同，因此教师在履行班主任职责时存在不平衡现象。

四是任职年限要求与学生学制不匹配。按照现行制度规定，每一位青年专任教师承担一年兼职班主任，就可以完成考核要求，而中心学生的学制为二至四年，如果青年专任教师只兼任一年班主任，则会出现学生在校期间有二至四

位不同班主任的现象。因此，在新进教师少的情况下，也可能出现无兼任班主任的极端现象。

五是考核评价体系不够完善。按照现行制度规定，对兼任班主任考核评价整体分为三部分，学生占40%，中心占50%，教师自评占10%，三部分考核评价缺乏细化指标，考核中各个主体以主观评价为主，不够科学与规范，存在人情分、偶发性等问题，影响新制度的执行效力。

六是激励导向出现异化倾向。按照现行制度，兼任班主任每年可抵扣80个学时的教学任务。部分教师为了减轻教学压力，会申请续任班主任，这导致教师之间出现新的矛盾，激励导向有异化倾向。

四、问题成因分析与改进建议

（一）问题成因分析

青年专任教师兼任班主任是推进“三全育人”体系建设的重要举措，能够凸显“立德树人”的教师职业价值取向。对于工作实践中存在的以上问题，本文的归因如下：

一是主观原因分析。一方面，部分校内二级单位政治站位还不够高，认为青年专任教师应该更加关注聘期考核任务，对他们兼任班主任工作要求不够具体和严格；另一方面，部分青年专任教师认识还不到位，仅仅认为兼职班主任是晋升职务的前提条件，没有清楚地意识到能够提升自己的政治理论素养和教学水平，是研究中国问题、讲好中国故事的重要契机。

二是客观原因分析。首先，部分青年专任教师对于党史、新中国史、中国近代史和社会主义史等政治理论学习不够系统和深入，班主任业务工作能力参差不齐，思想政治教育工作理论和水平还需要提升；其次，中心在读学生在两个校区均有分布，层级、类别和专业分布不均衡等客观现实也导致兼任班主任工作要求不平衡；最后，中心学生全部为研究生，相对本科生来说，其世界观、价值观和人生观相对成形，他们对学习和生活更具有自主性，对班主任的需求不是太多。

（二）改进建议

根据习近平总书记关于教育的重要论述，结合教育部和学校加强和改进大学生思想政治教育工作，针对上述分析，本文就改进此项工作的建议如下：

一是系统思考，分类指导。一方面，学校应从“全员”“全过程”“全方位”三个维度进行顶层设计，进一步明确兼任班主任的工作职责，避免职能交叉重叠、资源浪费等情况，使工作更有目标性；另一方面，其目标主体是大学生，而高校一般有本科、硕士、博士三个层次，有多个学科属性，且各年级学生的目标任务也存在差异。因此，学校和二级单位有必要进行系统梳理，针对不同层次、不同学科、不同年级的学生管理和服务需要，总结和把握规律，加强对兼任班主任业务的分类指导，使其能想学生之所需，使工作更有针对性。

二是加强培育，学为人师。一方面，学校要进一步加强对青年教师的“四史”教育，使其既能为研究中国问题、讲好中国故事打好坚实基础，又能使学生提升其政治理论素养；另一方面，学校要继续在沟通技巧、心理疏导、信息技术应用等方面的培训上发力，切实提升兼任班主任的工作技巧，使其能更加贴近学生，对学生思想政治教育更有温度。

三是量化指标，科学考核。在进一步厘清兼任班主任职责的基础上，增加基于客观数据的考核指标，减少主观评价权重，实现科学量化考核，确保新制度的公平性和有效性。

四是激励优秀，防止异化。一方面，激励约束机制到位与否是衡量一项制度是否有效的重要标志。因此，学校应运用好兼职班主任的考核结论，对于考核优秀的青年教师应该在续聘班主任、年度评优和职务晋升中予以优先考虑。另一方面，学校应该取消抵扣课时政策，以岗位津贴形式予以替代，防止前述异化倾向。

参考文献

［1］《习近平总书记教育重要论述讲义》编写组. 习近平总书记教育论述讲义［M］. 北京：高等教育出版社，2020.

［2］人民网. 把思想政治工作贯穿教育教学全过程［R/OL］.(2021-11-19)［2022-03-02］. http: www.baijiahao.baidu.com/s? id = 1716803959295632790&wfr = spider & for = pc.

产教融合下高质量财务管理ACCA人才培养体系探索
——基于7Q能力导向[①]

王运陈　谢璇　夏晓兰　贾鸣问　陈刚　程亚　蓝红星　傅新红

（四川农业大学管理学院）

摘要：改革开放、经济全球化以及人工智能的不断发展，催生了全社会对于综合能力突出的高端财务管理人才的需求。本文通过引入7Q能力结构模型，基于四川农业大学实践，构建了基于7Q能力导向的高质量财务管理专业ACCA人才培养体系的框架，形成了一个目标、三大原则、三大路径、三大保障的“1333”高质量财务管理专业ACCA人才培养体系，即基于兼顾综合性与专业性课程、合理配置国际化与本土化课程以及引入前沿性与探索性课程的三大原则，通过全过程融入基础素质教学、分阶段推进专业知识教学与分层次强化能力拓展教学的三大路径，在制度保障、资源保障、质量保障的三大保障机制下构建高质量财务管理专业ACCA人才培养体系，实现培养财务管理专业复合型人才的目标。该人才培养体系的构建涵盖了构建目标、构建原则、实施路径、保障机制，具有完整性、系统性和可操作性，对国内高校培养高质量财务管理人才的体系设置具有一定的参考价值。

关键词：产教融合；财务管理；ACCA；人才培养；7Q能力

一、引言

当前，世界正处于大发展大变革大调整时期，而新的发展红利也将带来人才培养模式的革命。2021年9月，习近平总书记在中央人才工作会议上强调，要“培养高水平复合型人才”。培养高水平复合型人才既是我国高等教育立足于中华民族伟大复兴战略全局和世界百年未有之大变局的现实需求和未来趋势，也是产教融合背景下的发展要求。2021年3月，财政部发布的《关于开

① 本文系教育部产学合作协同育人项目（项目编号：202102212028、202102317014）研究成果。

展2021年度国际化高端会计人才选拔培养的通知》，启动2021年度国际化高端会计人才选拔培养工作，这是根据财政部在2018年5月制定的《国际化高端会计人才培养工程实施方案》的有关规定所做出的部署工作，旨在着力培养一批符合我国会计工作国际交流与合作需要的国际化高端会计人才，强调了国际化、高质量财务管理人才培养的重要性。随着经济全球化进程不断深化，人工智能和大数据与社会方方面面加速融合，加之愈加严格的经济监管和治理体系，财务管理专业人士正逐步摆脱传统“账房先生”形象，开始成为组织里的领导者，甚至重要的战略顾问。新的时代需要新型的财务管理精英。会计高等教育是以培养面向未来的高素质会计人才为标准的。为响应《教育部高等教育司2021年工作要点》的通知要求，加快新文科建设，培养“一精多会、一专多能”的高素质国际化人才，打造国际组织后备人才“蓄水池”，为我国参与全球治理提供人才支撑，高校有必要结合ACCA公布的人才需求报告中所提出的未来专业财会人士需要具备的七大职商（7Q），来改革财务管理人才的培养模式，以强化产教融合理念，适应新时代产业变革。

改革开放、全球经济一体化以及人工智能时代的背景，对我国财务管理高等教育提出了新的要求，同时也已经引起了学术界的关注。谢诗蕾认为信息技术的发展也正在改变社会对财会人才的职业能力需求，我国的财会高等教育也亟须为此进行相应的转型和变革。王开田认为会计教育必须紧跟社会经济发展的步伐，因此，综合能力培养愈发重要，并提出“三商”“五能”“七识”的高素质会计人才培养模式。李宁和刘娟基于大数据、经济一体化的时代背景，总结出会计工作在能力要求上的新趋势，并提出我国高校会计专业高素质人才培养的体系。王霞等则明确提出拥有较高质量生源和丰富师资配备的重点高校，应当引进ACCA先进的教学理念和方法，整合自有资源，培养“高素质”“复合型”“国际化”的“高级会计人才”。综上可见，传统的财会人才培养模式已不能匹配新时代经济社会的需求。

本文通过引入7Q能力结构模型，基于四川农业大学的实践，构建了基于7Q能力导向的高质量财务管理专业ACCA人才培养体系的框架，并详细阐述了该人才培养体系的构建目标、构建依据和思路、实施路径、保障机制，对国内高校深化高质量财务管理人才培养改革工作具有一定的借鉴意义。

二、高质量财务管理专业ACCA人才培养体系的构建目标

2021年12月，在“基础学科拔尖学生培养计划2.0”年度工作推进会上，教育部高等教育司司长吴岩作了题为“走好基础学科拔尖人才自主培养之路”

的主旨报告，提出要从“底气”“目标”“方案”三方面扎实推进基础学科拔尖学生培养工作。这是针对教育部等六部门在 2018 年 10 月联合发布的《关于实施基础学科拔尖学生培养计划 2.0 的意见》（下文中简称“意见”）的有关规定所展开的推进工作，强调了拔尖学生应具备志向远大、学术潜力大、综合能力强、心理素质好等综合素质。随着社会主义市场经济的发展，我国高端复合型财务管理人才存在严重短缺现象，而且传统财务管理人才的教学内容和课程培养体系已无法满足经济社会的发展，经济新常态不但对企业财务管理工作产生重要影响，同时还不断推动企业商业模式创新，倒逼企业财务管理工作转型，财务管理工作的转型对财务管理人才培养提出了新要求、新挑战。如何精准定位财务管理专业 ACCA 人才培养目标是本文的首要内容。为响应我国普通高等学校国际化教育的要求，顺应产教融合、校企合作的发展趋势，应对瞬息万变的市场环境，满足国际对高层次财务管理人才的迫切需要，四川农业大学管理学院将培养“具有 ACCA 资格、创新思维开放、实践能力突出、适应技术变革和创新应用场景的业财融合型财务管理人才”作为本人才培养体系的构建目标。

从财务管理专业 ACCA 人才培养目标分解来看，主要体现在三个方面。第一，从时代背景来看，汲取新时代力量，识别财务人才新需求，深化产教融合，创新专业培养目标。当前的时代是经济全球化的时代，也是知识素质大融合的新时代，高质量财务管理专业人才的需求加大，实践教学应与市场需求相结合。同时在“大、智、移、云、物”为特征的新经济背景下，探索如何塑造新时代复合型财会人才，在当前的社会环境下十分重要。第二，从发展需求来看，着眼人才需求和专业培养目标，改革教学内容和培养模式。目前大多数高校财务管理专业的课程体系安排和培养模式注重基础财会思维的培养，这种目标定位不利于国际化水平的培养，同时也忽视了财会人才的数据分析能力、信息与财务交叉思维的培养。第三，从育人观念来看，建立实践教育与专业教育衔接机制，实现人才培养的综合检验。国际化联合培养的新模式，可能会导致学生存在一定的功利导向，这会使得培养过程一定程度地偏离人才培养目标。基于以上对财务管理专业 ACCA 人才培养总体目标的三层分解，构建高质量财务管理专业 ACCA 人才能力培养体系需要一个科学合理的人才培养体系的构建依据。

2017 年，ACCA 公布的人才需求报告中提出未来专业财会人士需要具备七大职商（7Q）：专业能力和道德素养（TEQ）、智商（IQ）、创造力（CQ）、数字商（DQ）、情商（EQ）、远见（VQ）、经验（XQ）。这七项关键技能，是知识、技能、价值观的整合，是行为、习惯、个人素养的整合。而“高质量人才”应同时具备专业精、能力强、素质高的特征，是能够在特定领域或方面对社会发展做出创造性贡献的人才。我们认为7Q全面概括了高质量财务管理人才应具备的综合素质，反映了市场对财会人才的整体素质要求，因此将7Q作为人才培养体系的构建依据。

我们以7Q培养为核心导向，以“素质-知识-能力”的能力转化路径为指导，首先划分素质结构、知识结构、能力结构三方面能力，然后在7Q人才需求的指导下，对三方面能力进行分解，并匹配财务管理专业人才所需的具体能力的组合，构建高质量财务管理专业ACCA人才能力培养体系。7Q导向的人才能力结构模型如图1所示。

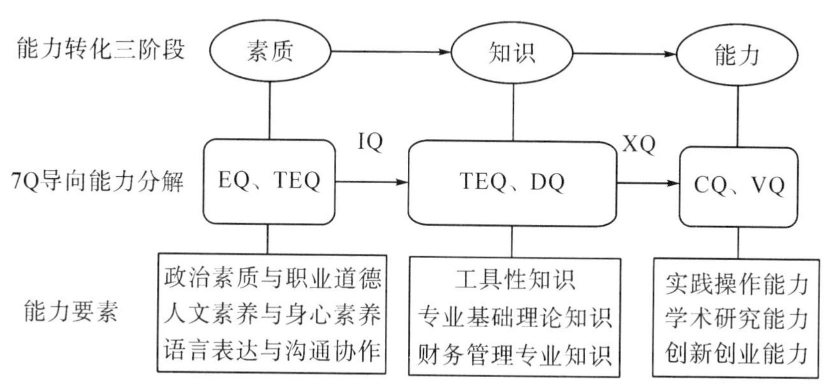

图1　7Q导向的人才能力结构模型

三、高质量财务管理专业ACCA人才培养体系的构建原则

本文立足四川农业大学财务管理专业ACCA人才的培养目标，围绕能力模型和教学内容计划，对人才培养课程体系进行改革重塑。在体系搭建的过程中始终坚持产教融合的理念，其中重点把握三项原则：兼顾综合性素质培养课程与财务管理专业性课程、合理配置国际化和本土化的专业性课程、适当引入前沿性新课程并动态调整。

（一）兼顾综合性素质培养课程与财务管理专业性课程

财务管理专业ACCA人才培养属于高等本科教育，在国家教育部高等教育战略指引下，应在突出国际化、智能化专业课程的同时，注重培养学生基础素质和综合能力，提高财会人才的综合性、专业性会和实用性。因此，课程体系设置包含全部公共课程和针对性的推荐选修课程，采用综合性课程的教学目的在于提升学生基础素质，培养学生创新创业能力以及研究能力，依据教学目标，设置思想道德修养与法律基础、毛泽东思想和中国特色社会主义理论体系概论、马克思主义基本原理概论、大学英语、体育理论等必修课程，同时设置创业管理、研究设计与论文写作等选修课程。

专业性课程设置上突出国际化和智能化，采用逐步递进的方式设置，分为工具性课程、专业基础课程和专业课程。其中，工具性课程包括计算机应用、数据库原理、数据分析导论、市场调查与预测、数学分析等，专业基础课程包括管理学原理、会计学原理、微观统计学、金融学、财务管理、公司法与商法等，专业课程包括财务会计、审计学、税务、中级财务管理、高级财务管理、项目评估等，力求培养学生扎实的专业功底，循序渐进地提升学生各方面的专业能力。

（二）合理配置国际化与本土化的专业性课程

在进行课程设置时，要注意把握国际化与本土化相协调的原则，不能一味追求国际化。教学课程是教学内容的载体，课程包括高等教育基础课程和 ACCA 课程，如何合理配置和融合是关键问题。我们尝试采用 ACCA 课程置换部分财务管理专业必修课、选修课和实践课，重构财务管理专业课程体系，在财务管理专业的培养方案中将 ACCA 考试课程全面嵌入，以实现财会教育本土化与国际化的有机结合；同时，在保持财务管理专业基础课程不变，保证学生夯实财务管理专业知识的基础上，让学生更好地接受国际化的教学内容。具体的课程置换方案如表 1 所示。

表 1　ACCA 课程与财务管理专业课程的置换

ACCA 课程	被置换课程	课程性质	学分
F1 Business and Technology（BT）	国际财务会计发展基础	必修课	2
F2 Management Accounting（MA）	创业管理 A	选修课	3
F3 Financial Accounting（FA）	财务会计（CPA）Ⅰ	必修课	3
F4 Corporate and Business Law（CL）	民商法通论	必修课	3
F5 Performance Management（PM）	大数据金融	选修课	3
F6 Taxation（TX）	税法（CPA）	必修课	3.5
F7 Financial Reporting（FR）	财务会计（CPA）Ⅱ	必修课	3
F8 Audit and Assurance（AA）	注册会计师审计Ⅰ	选修课	3

表1(续)

ACCA 课程	被置换课程	课程性质	学分
F9 Financial Management (FM)	财务管理（CPA）Ⅱ	必修课	3.5
P1+3 Strategic Business Leader (SBL)	公司战略与风险管理（CPA）	必修课	3.5
P2 Strategic Business Reporting (SBR)	金融科技学	选修课	3
P4 Advanced Financial Management (AFM)	政府审计	选修课	3
P5 Advanced Performance Management (APM)	财务管理发展前沿	必修课	3

（三）引入前沿性新课程并动态调整

2021 年 1 月，在国际专业会计师组织 ACCA 首席财务官（CFO）峰会上，ACCA 前任全球会长顾佳琳强调了信息技术与分析能力等专业技能的重要性。她表示，在当下，财会专业人士同时肩负着信息企业家的责任，引领企业变革，迈向数字未来。随着电算化、信息化、智能化技术的发展，财会工作不断向业务源头延伸，深度参与企业采购、生产和销售、投融资的全过程，工作重心转向上游管理，包括预测、决策、决算和控制、评价、分析的下游管控，工作流程由传统的“凭证→账簿→报表→档案”转变为“凭证→网络→云端”，信息技术的发展使得财务报告更加全面、准确、及时，对财会人才思维、逻辑和能力的训练比使其掌握财务会计技巧更为重要。高校需结合自身实际将智能财务的技术、理念融入会计人才培养目标中，然而，大多数高校还没有真正做到在会计学科教育中有效融合信息化课程。我们尝试将智能分析技术与财务会计学科知识相融合，将大数据、云计算、人工智能等技术、数据挖掘与分析计量技术融入财务会计，课程设置大数据审计、大数据风险管理、云会计与智能财务共享等智能财会模块。

智能财会作为新的会计领域，应遵循“兴趣培养→知识导入→综合运用”的步骤，使学生能够更快地接收、理解、消化和应用。我们将该模块的课程分为基础导论课、智能财务管理综合课和综合应用课三类，如图 2 所示。

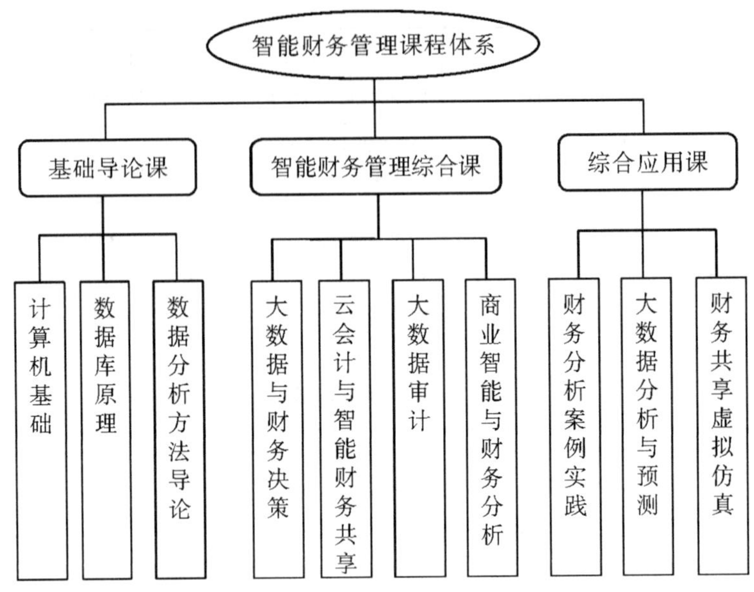

图 2　智能财务管理课程体系

四、高质量财务管理专业 ACCA 人才培养体系的实施路径

科学的教学内容是培养目标实现的首要条件。本文引入 7Q 财务管理人才能力素质模型，分解多元能力结构，构建从基本素质、专业知识到综合能力培养的产教融合内容体系，具体体现为基本素质教学全过程介入、专业知识教学分阶段推进、综合能力培养分层次强化，强调实践性并突出国际化、尝试智能化。

（一）全过程融入基础素质教学

2018 年，教育部联合各部门印发《意见》，指出要将基础学科发展提到一个重要位置，要提升大学生综合素养。其中包括加强大学生思想文化教育，学习并传承中华优秀传统文化；提高人文素养，加强古今中外人类文明精华的学习，培养正确的人生观和价值观。各大高校应结合专业课程职业性的特点，通过顶层设计，将思政元素、职业伦理、专业素养等内容融入人才培养专业建设，通过“党建+育人”的方式为社会培养高素质高质量复合型人才。财务管理人才由于所处位置的重要性，其道德素质、人文素质对组织的发展至关重要，同时，财务人员的工作从“埋头式”的机械劳动转向开放式的管理性工作，与其他部门的有效沟通和协同管理成为财务人员的必备素质。因此，在 ACCA 人才培养的全过程应融入基础素质教学，包括思想道德修养、财务管理职业道德、毛泽东思想和中国特色社会主义理论、哲学、中国近现代史、文学、人力资源管理、公共关系学、语言学、社交学等，如表 2 所示。此外，在 ACCA 人才培养的全过程辅以主题教育活动，搭配基础素质教学，强化素质教学效果。比如“学回信，守初心，担使命，庆华诞”的主题教育暨特色班会活动，能够在课堂素质教育之外，提供深入学习贯彻习近平新时代中国特色社会主义思想的新契机，有利于完善实践教育体系，强化价值引领，培养勇于担当民族复兴大任的新时代财会人。

表 2　基础素质教学能力与内容匹配

	能力要素	教学内容
素质结构	政治素质与职业道德	思想道德修养、法律基础、毛泽东思想和中国特色社会主义理论、马克思主义基本原理等
	人文素养与身心素养	哲学、中国近现代史、文学、体育理论与实训等
	语言表达与沟通合作	人力资源管理、公共关系学、语言学、社交学等

（二）分阶段推进专业知识教学

专业知识教学分工具性教学、专业基础理论知识教学、财务管理专业知识教学三阶段推进。工具性教学的目标在于夯实学生的英语和计算机基础，使其达到基本无障碍阅读外文文献的水平，并能够熟练运用计算机和数学方法进行分析运算，利用多种数据工具获取所需的数据网络资料和信息，掌握社会调查和市场调研方法；专业基础理论知识教学内容包括经济、管理、金融、国际贸易等基础理论以及财政、财务、会计、审计方面法律法规；专业知识教学内容包括财务会计、成本会计、管理会计等会计方向知识，投资理财、风险投资、公司财务、公司战略等财务方面知识，税法、税务筹划等税务方面知识，财务审计、国家审计等审计方面知识。专业教学内容突出国际化和智能化，全方位引入 ACCA 的教学体系，参考 ACCA 全英文教材，在教学过程中全英文授课或使用双语授课，同时添加智能财务管理知识，提升学生的国际化水准和信息分析能力，具体如表 3 所示。

表 3　专业知识教学能力与内容匹配

	能力要素	教学内容
知识结构	工具性知识	英语听、说、读、写，数学方法分析运算、计算机基础运用，数据库原理，网络信息搜集与分析，社会调研与市场调查方法，数据统计与分析方法等
	专业基础理论知识	经济、管理、金融、国际贸易等基础理论以及财政、财务、会计、审计方面法律法规
	财务管理专业知识	财务会计、成本会计、管理会计等会计方向知识，投资理财、风险投资、公司财务、财务战略等财务方面知识，税务筹划等税务知识、财务审计、国家审计等审计方面知识
		智能财务管理知识，包括大数据财务管理决策、大数据审计、智能财务分析、大数据分析与预测等

（三）分层次强化能力拓展教学

知识需要通过深刻解读、反复运用内化为思维方法以及熟练的技能，只有将各类知识融合，并对其进行系统的综合运用，才能迸发出决策力和创造力。本文以高质量人才培养为定位，以提升学生国际化和智能化为特色，在知识教学的基础上，采用多样化的教学方式强化能力拓展教学。根据多元能力培养宗旨，我们将能力拓展教学分为实践操作教学、创新创业教学、学术研究教学三个层次强化。其中，实践操作能力包括传统财务管理实操能力和智能财务管理实操能力，具体如表 4 所示。

表 4　能力拓展教学能力与内容匹配

	能力要素	教学内容
能力结构	实践操作能力	智能财务管理应用，包括大数据分析与预测、财务分析案例实践等
		传统财务管理实践技能，包括财务信息分析与决策、商业策划书编制、会计电算化、审计模拟操作、项目评估等
	创新创业能力	创新项目选择与实施、创业机会识别、商业模式开发、创业团队管理等
	学术研究能力	科学研究方法，研究设计与论文写作、专业理论前沿和发展动态等

五、高质量财务管理专业 ACCA 人才培养体系的保障机制

针对 7Q 能力导向下的高质量财务管理专业 ACCA 人才培养体系的构建原则和课程设计，四川农业大学还从制度保障、资源保障和质量保障三个主要方面，对该人才培养体系的保障机制进行构建，多措并举确保人才培养质量，将产教融合协同育人的理念真正落地。

（一）制度保障为顶层设计

制度保障机制是高质量财务管理专业 ACCA 人才培养体系改革推进的重要前提，制度设计的质量和可操作性决定了该项教学改革方案能否顺利实施。首先，校级层面要修订或重新制定财务管理专业的人才培养方案，并下发相关文件通知学院，对招生和课程设置等相关内容进行调整。其次，学院在收到校方下达的相关制度和通知后，根据制度精神，结合专业特点，组织财务管理专业的主要任课教师进一步制定适应人才培养的教学目标和教学大纲，同时设计配套的课程体系并加强实践教学。例如，融入 ACCA 的相关教学内容，调整原来的课程安排。最后，各个教研组应进一步根据上级文件精神和新的教学目标及教学大纲进行规范化和科学化设计，完善备课制度、考核方式、上课管理模式等，并给予完善的配套制度。如建立多元化的考核方式，综合考察学生的学习过程和学习结果等情况。

（二）资源保障为物质基础

资源保障机制是进行高质量财务管理专业 ACCA 人才培养体系改革的物质基础，如果缺乏改革所必需的内外部资源，该教学改革将无法推行下去。首先，课程建设是教学内容的载体，课程包括高等教育基础课程和 ACCA 职业资格证书课程，在课程设置上可以尝试采用 ACCA 课程置换部分财务管理专业必修课和选修课、全过程融入基础素质课、适当引入前沿性和探索性课程的方式重构课程体系。其次，ACCA 人才培养体系的一个重要资源是师资资源。对于高质量的师资建设，可以从三个方面突破：其一，从教师个体到团队建设的不同层次进行改革，聘请行业或企业专家加入教学团队，尝试建立双导师制队伍，在人力资源层面进行交流与互动，以促进双方知识共享、交流与创新，实现教育与产业同步的教学理念和方式，促进产教融合；其二，授课方式可顺应智能化教学的发展，利用学校云平台管理，与国际软件公司深度合作，打造尖端卓越智能化教学平台；其三，为提高教师的工作积极性、创造性，优化激励制度并设置突出贡献奖励，嘉奖积极参与课堂创新且做出重要贡献的教师。其四，实践基地建设保障是 ACCA 人才培养体系改革的特别举措。实现实践基地

建设保障，可以从两个方面入手：第一，以产教融合、校企合作为突破口，将学校的创新创业实践教学环节与企业创新实践相结合，建设高校智能财务平台，帮助学生进行财会工作实景体验、真实案例模拟、软件实操，拓宽实践宽度，实现理论与实践、产业标准与培养过程的高度统一；第二，探寻全新的产学研结合模式，让企业充分参与人才培养过程，加强实践深度，为学生创造自主学习环境与条件，与相关企业共同搭建以行业产业标准为依据、与市场所需能力素质相协调的实践体系。

（三）质量保障为关键环节

质量保障机制是进行高质量财务管理专业 ACCA 人才培养体系改革的关键环节，教学改革质量的好坏决定了人才培养的质量。首先，建立完善的教学质量评价体系，建立从“学校→学院→专业→课程”的完整评估体系，评估标准不仅要包括常规的课堂质量标准，还应将学生的职业发展层次考虑在内。其次，建立信息反馈动态调节机制，不仅关注教师方面的授课情况，同时也要密切关注学生方面的接收情况，充分贯彻以学生为中心的思想，通过学生对于教学内容的积极反馈及时调整教学方案，提高教学质量。最后，对于相关的实习课程，要充分吸收实习单位对本校学生的评价，针对学生的不足之处强化训练，达到培养实践创新能力突出的，能在各大型跨国公司、会计师事务所、证券金融行业或行政事业单位工作的复合型人才的目标。

六、结语

站在“两个一百年”奋斗目标的历史交汇点上，我们对优秀人才的需要比以往更为急迫。因此，培养新型财务管理人才是应对世界百年未有之大变局的必然选择，也是实现中华民族伟大复兴的必然要求。立足高质量财务管理 ACCA 人才培养目标，基于 7Q 能力导向的人才培养体系的构建，不仅可以提高财会人才的培养质量，还可以为后续的教育改革工作提供一定的价值参考。本文的研究创新之处主要体现在通过引入 7Q 能力结构模型，在制度保障、资源保障、质量保障三大保障下构建高质量财务管理专业 ACCA 人才培养体系，以实现培养财会专业复合型人才的目标。在产教融合的大趋势下，高质量财务管理专业 ACCA 人才培养体系对于推动人才培养模式的创新和复合型财会专业人才的栽培有着重要的意义，值得我们不断去探索、创新和完善。

参考文献

[1] 孙铮，李增泉．会计高等教育的改革趋势与路径［J］．会计研究，

2014 (11)：3-15.

[2] 谢诗蕾. 探索信息化时代会计人才培养的转型之路 [J]. 财会月刊，2020 (1)：81-85.

[3] 王开田. 高素质会计人才培养模式的探索和实践：以“三商、五能、七识”为视角 [J]. 会计之友，2018 (5)：2-6.

[4] 李宁，刘娟. 会计核心能力转型背景下的人才培养体系构建 [J]. 黑龙江高教研究，2018，36 (11)：153-156.

[5] 王霞，吴岚，黎富兵. ACCA 培养模式优化路径探析：ACCA 成建制班学历教育与职业教育的有机融合 [J]. 商业会计，2016 (21)：114-117.

[6] 邓金娥. 新常态下高职财务管理专业人才培养模式的创新与实践 [J]. 商业会计，2016 (17)：124-127.

[7] 兰飞，蒋园园. 财会专业国际化人才培养体系的构建 [J]. 财会月刊，2016 (15)：123-125.

[8] 张宝贤，唐建荣. “互联网+”下会计教学模式的变革与创新 [J]. 财会月刊，2017 (36)：80-85.

[9] 吴艾莉，王开田. “一带一路”战略与我国高等会计教育改革取向 [J]. 中国高等教育，2016 (22)：54-56.

[10] 周建平，许捷，吴小蕾. “大智移云”、产教融合背景下会计专业课程体系的重构分析 [J]. 商业会计，2020 (7)：115-118.

[11] 刘国城，董必荣. “互联网+”时代我国高校本科会计教育的困境与变革 [J]. 南京审计大学学报，2017，14 (1)：102-109.

[12] 程安林. 卓越会计人才培养模式研究 [J]. 财会月刊，2012 (33)：91-93.

[13] 胡丹，欧阳电平. 信息化时代应用技术型会计专业人才培养探究 [J]. 财会月刊，2015 (27)：127-129.

[14] 苑泽明，李田，孙钰鹏. 互联网新技术时代会计高等教育的改革路径：基于供需错配的分析视角 [J]. 会计研究，2018 (8)：80-86.

[15] 胡苗忠. 会计专业“三平台、一基地”实践教学体系的实施比较 [J]. 商业会计，2017 (17)：128-129.

“丝路电商”背景下中国与中东欧17国开展跨境电子商务深度合作的人才培养研究

张利　罗航

（西华大学经济学院）

摘要：自“丝路电商”被提出以来，中国加快了与沿线相关国家在电商领域的深度合作，特别是与中东欧17国的合作成效显著。但中国与中东欧17国在跨境电商领域的合作仍然面临诸多痛点，特别是跨境电商人才短缺严重制约了行业发展。本文在深度分析中国与中东欧跨境电商相关合作的基础上，着力对跨境电商人才培养等一系列问题进行剖析，同时对中国与中东欧跨境电商合作提出了建议。

关键词：丝路电商；中国与中东欧国家合作机制；跨境电商合作；人才培养

中国与中东欧国家合作自2012年4月正式启动以来，已走过了9个年头，双方在政治、经济、文化等各领域的合作取得了令人瞩目的成就；在“丝路电商”倡议下，中国与中东欧国家在电商方面的合作进一步提速，合作的领域更加广泛、合作的形式更加多样化、合作的成果也更加丰硕。2019年4月12日，中国-中东欧国家领导人在克罗地亚共同发布了《中国-中东欧国家合作杜布罗夫尼克纲要》，纲要明确指出：“与会各方支持中国和中东欧国家加强贸易往来，将通过电子商务平台进一步开展合作，鼓励中国和中东欧国家企业通过电子商务推动高质量产品贸易……提升中东欧国家优质商品能见度。”中国与中东欧国家在电子商务领域的合作进入了全新篇章。本文拟在分析中国与中东欧17国跨境电商合作现状的基础上，提出更加高效的、可持续的一揽子发展建议，同时对双方在跨境电商人才培养方面的工作进行重点论述。

一、中国与中东欧17国开展跨境电商合作的现状分析

（一）从人口数量分析

截至2021年，中国人口数量突破了14亿，克罗地亚等中东欧17国人口

超过 1 亿 2 400 万，无论是出口跨境还是进口跨境，双方都有巨大的跨境电商消费市场。研究中国与中东欧国家在电子商务领域如何更加高效合作与共赢有极强的现实意义。

（二）从交易数据分析

据网经社发布的《2019 年度中国跨境电商市场数据监测报告》相关数据，2019 年，在整个交易结构中，中国出口跨境交易规模占比为 76%，交易规模相对稳定，我国对“一带一路”沿线国家的出口比重进一步提升，但对中东欧 17 国的出口比重较小（人均不足俄罗斯的 1/3）、增速也相对缓慢；从进口占比看，进口比重虽有提升，但比例不大，重点进口国仍然集中在西欧、美国和亚洲地区，中东欧 17 国的总体进口跨境规模与人口规模严重不匹配。中国与中东欧 17 国在跨境电商领域的合作仍属于洼地，有极大的拓展空间。

（三）从基础条件分析

物流方面，2019 年，中欧班列数量继续增加，单程运输时长继续缩短，双向组织货源的能力得到进一步提升；中国-中东欧航班数量也有一定增幅，中国-中东欧航空物流吞吐能力持续增长；在中国-中东欧国家物流秘书处和中国-中东欧海事秘书处的努力推动下，开发连通亚欧市场新货运线路工作和多式联运工作也取得了阶段性成果。

产品准入方面，经过中国与中东欧 17 国的共同努力，在构建更加平衡的经济伙伴关系的前提下，进一步减少了中东欧国家产品进入中国的市场准入障碍，特别是在中东欧农产品和食品领域；中国和中东欧国家主管部门将就免费样品通关便利化的沟通和协调进一步取得实效；农产品跨境电子商务领域的合作按部就班推进，“16+1 农产品电子商务物流中心和展馆”建设在 17 国纷纷落地。

对话合作机制方面，中国-中东欧 17 国有稳定的对话机制，为双方开展跨境电商奠定了较好的发展基础，包括“16+1”交通部长会议、“16+1”文化合作部长论坛、“16+1”海关合作论坛、“16+1”海关检验检疫合作对话会、“16+1”物流合作研讨会、“16+1”物流合作秘书处联络员会议、“16+1”旅游合作高级别会议、“16+1”高级别智库研讨会、“16+1”中小企业合作论坛、“16+1”农业合作对接会、“16+1”农业经贸合作论坛、“16+1”高校联合会会议、“16+1”教育政策对话、“16+1”创新合作大会等。虽然中国-中东欧 17 国跨境电商的发展有一定基础条件，但与中国-欧美跨境电商相比仍存较大差距，相关领域的研究显得尤为必要。

二、中国与中东欧 17 国开展跨境电商合作的问题分析

经过多年的合作与发展，中国与中东欧 17 国在跨境电商领域取得了突出成绩，但仍然存在一系列问题亟待解决。

（一）顶层设计还需要夯实

在我国电子商务“十四五”发展规划中，明确提出了对跨境电商发展的基本要求，赋予了跨境电商对拉动出口、实现“双循环”的重要使命；欧盟也进一步厘清了电子商务与数字经济在未来几年的发展思路，电子商务与数字经济将成为欧盟未来几年发展的重点，而跨境电商是其中重要抓手之一。在此背景下，要实现中国与中东欧 17 国在跨境电商领域的大发展、大跨越，首先要从机制上进行突破，本着“相互尊重、互利互惠、协同发展”的精神，找到一个能促进大家共同发展和共同繁荣的跨境电商发展制度框架。制度框架应包括但不限于总体发展思路、供应链体系建设、跨境电子商务推广、跨境电子商务支付与结算、跨境物流建设、报通关、检验检疫、争端解决机制、人员交流与培训等内容。

（二）物流基础设施建设相对薄弱

中欧班列计划西、中、东 3 条通道，截至 2020 年，共开通中国到欧洲的 21 个国家共计 92 个城市的班列，便利了中欧集装箱货运。2020 年全年中欧班列共开行 12 406 列，同比增长 50%。2020 年 9 月，首趟中欧班列（渝新欧）跨境电商 B2B 出口专列开出；同年 11 月，全国首列多省跨区域合作的“跨境电商欧洲专列”在义乌西站发车。同时，物流体系智能化趋势加强，物联网、智能仓储、人工智能和大数据逐步得到开发和应用、“互联网+物流”得到深化、新型运输模式逐步探索；物流条件的不断改善和物流方案的完善创新使物流成本降低，物流时间缩短，物流服务体验不断提升。但是，物流基础设施仍然有巨大发展空间，中国与中东欧班列数量在整个中欧班列中的占比不高，所覆盖的城市数量偏少，运力仍显不足，无法满足中国与中东欧国家之间日益增长的跨境电商物流刚需；航空运力也相对有限，线路和航班数量均不能支撑航空包裹物流需求；海外仓的建设，相对欧美发达国家更为缓慢，严重影响了跨境电商的时效性和消费体验感。

（三）支付体系不健全，支付风险仍然存在

跨境电商支付类型包括信用卡支付、第三方支付、预付款和货到付款等，有线上和线下两种支付方式，无论在交易中采用何种方式，安全和信用仍然是双方最为关心的问题。首先，跨境支付涉及不同国家的多个参与者，不可控因

素更多，交易主体对彼此的金融状况和信用状况了解不充分；其次，由于跨境电商交易涉及的周期较长，结算时还存在汇率变动的风险；再次，审核的高成本和互联网的虚拟性使跨境支付监管变得更加困难，小额多笔支付交易的复杂性、业务人员的素质差异所造成的第三方支付机构的业务流程不规范也增加了监管的复杂性；最后，需要防范跨境支付中用户信息被泄露或窃取的风险。

（四）企业“走出去”和“请进来”步伐偏慢

企业是市场的主体，是支撑跨境电商发展的关键。从目前的情况看，国内头部电商企业走出去的步伐仍然偏慢，以阿里为代表的头部企业战略重心仍放在欧美发达市场和俄罗斯、巴西、印度等新兴市场，对中东欧市场的关注度不够、市场开发不足，中东欧国家的市场占比长期处于洼地；中腰部出口跨境电商企业在近年来加快了对中东欧市场的投入，但因为以上企业在资金、供应链、人才等领域实力相对不足，很难取得突破性成绩。从“请进来”方面看，中东欧 17 国跨境电商企业对中国的布局仍然处于起步阶段，整体呈现三个特点：第一，企业数量偏少；第二，产品类目和非常有竞争力的产品相对不足；第三，“四八新政”给相关企业在华布局带来了一定影响。因此，无论是“走出去”还是“请进来”，中国与中东欧 17 国都有巨大的发展空间，企业的交流和合作值得期待。

（五）人才缺口问题突出

“一带一路”倡议深刻地影响了我国跨境电商的发展环境，成为我国出口贸易新的驱动力，从而在跨境电商人才的数量和质量上对我们提出了更高的要求。据某智库统计，截至目前，我国跨境电商人才缺口超过 400 万人，缺口还在不断增大，超过六成的企业对人才的需求非常强烈。跨境电商复合型人才应当具备充分的法律知识、一定的语言能力和包括贸易流程、营销手段和电子商务在内的综合素养。我国当前的人才培养还处于一种相对传统的模式，一方面，在人才培养质量上与当前的需求脱节；另一方面，人才培养速度跟不上跨境电商的发展速度，难以填补这一人才缺口。

三、中国与中东欧 17 国开展跨境电商合作的建议及对策

（一）构建相互尊重、互利共赢的跨境电商多边合作机制

建议从战略层面进行谋划，通过中国-中东欧 17 国定期会晤机制，提出和磋商“中国与中东欧 17 国跨境电商合作发展纲要”，从发展思路、实施路径、企业交流、人才培养、争端解决机制、组织保障等多维度对各自国家的权利、义务进行固化，本着“相互尊重、互利共赢”的原则，对每个国家的相关资

源进行充分挖掘，实现各自优势产品的自由流动，惠及更多企业和消费者，实现中国与中东欧17国跨境电商的高速且可持续发展。

（二）进一步改善跨境电商物流基础设施

物流基础设施是跨境电商发展的重要保障，与跨境电商发展的质量高度正相关。对此可从三个层面对中国-中东欧17国跨境电商物流体系进行优化和改善。第一，进一步增加中国至中东欧国家中欧班列数量和所到城市数量，到2027年，实现中欧班列对中东欧所有国家和主要大城市的全覆盖，运力在现有基础上翻两番；第二，增加航空物流的运力，鼓励航空企业开通更多中东欧17国主要城市航空物流，航空运力每年增速不低于30%；第三，鼓励头部电商企业建设更多的海外仓，实现中东欧17国主要城市海外仓的全覆盖。

（三）健全支付体系，防范支付风险

要进一步加强金融机构之间的合作与沟通，建立长期的固定的对话机制，对合作中出现的支付新问题、新情况进行及时的研判及处理，在合作中寻求支付争议解决办法；加强相关信息的共享，包括企业信用信息和个人信用信息，通过信用大数据的共享，杜绝潜在的相关交易风险。

（四）加大“走出去”和“请进来”的力度

加大企业“走出去”的力度，鼓励国内跨境电商优秀企业扩大在中东欧17国的布局，让“中国造”惠及更多国外企业和国外消费者。通过中国与中东欧17国定期或不定期举办的峰会、论坛，邀请更多国内企业参与，让国内企业零距离对接相关国家和企业，以充分了解对方的文化、制度、企业及消费者的需求，更好地进行精准的战略布局；同时从国家层面，不断优化跨境电商营商环境，加大筑巢引凤的力度，让中东欧17国更多的电商企业在华布局，带来更多优质的当地产品。

（五）注重精耕细作，培养电商人才

人才是当今社会竞争力的核心，建设跨境电子商务人才培养机制是跨境电商发展的必要路径。跨境电子商务的具体实施需要相关人员掌握基本交易的流程，并能够根据国家的方针政策及时调整工作策略，同时能够与不同国家的人员进行贸易交流。因此，跨境电子商务专业人才不仅需要具备较强的专业知识和专业能力，还应具备较强的语言沟通能力、政策分析能力、问题处理能力等。高校作为人才培养的基地，应积极承担起相应的责任，具体可以增设相关专业，重点培养专业型人才，为跨境电子商务产业源源不断地输入相关人才。同时还可以对现有从事跨境电商工作的人员实行专业知识与专业技能的培训，使其在不断学习中提高工作能力，将专业知识与工作经验相结合，从而有效提高工作效率与工作准确度。

参考文献

［1］张英，马如宇. 中国与“一带一路”沿线国家“丝路电商”建设的路径选择［J］. 对外经贸实务，2019（12）：19-22.

［2］娜丽娅.“一带一路”背景下中国-中东欧国家合作研究［D］. 天津：天津大学，2019.

［3］孔田平. 中东欧国家数字经济的现状与前景［J］. 欧亚经济，2020（1）：1-20，125，127.

［4］李福英，杨芳，龙飞，等.“三源驱动　四阶递进”跨境电子商务创新创业人才培养模式探索［J］. 长沙大学学报，2021，35（6）：109-112.

“协同、贯通、赋能”
——地方高校新商科人才培养模式的研究与实践

邓健　杨小川　罗富民
（乐山师范学院经济管理学院）

摘要： 随着新经济的崛起和新商业的发展，社会急需适合时代发展需求的新商科人才。地方高校要培养出高质量的商科人才，就必须转变人才培养理念、优化和创新培养模式。为此，乐山师范学院经过多年的探索，建构并实践了“协同、贯通、赋能”的新商科人才培养模式，研究了新商科人才培养的问题。

关键词： 人才培养模式；新商科；地方高校

随着新经济的崛起，以知识、智慧和数据驱动为发展引擎的新商业蓬勃发展，“技术创新”驱动“商业创变”，“商业创变”需要“商科创新”。商科人才培养理念、培养模式的优化和创新，培养适合时代发展需求的“新商科”人才，已成为地方应用型高校的迫切使命。乐山师范学院主动适应地方产业、行业对商科人才培养的需要，经过多年的探索，建构并实践了“协同、贯通、赋能”的新商科人才培养模式，取得了较为满意的效果。

一、地方高校培养新商科人才的必要性

（一）高等教育高质量发展助推商科教育改革发展

党的十九届五中全会提出“以推动高质量发展为主题”，强调“建设高质量教育体系”。2018 年 9 月，习近平总书记在全国教育大会上指出，要提升教育服务经济社会发展能力，推进产学研协同创新，着重培养创新型、复合型、应用型人才。2020 年 9 月，习近平总书记在教育文化卫生体育领域专家代表座谈会上强调，高等教育要准确把握新发展格局对人才的新要求，深度融入社会发展进程，高质量培养各类人才。高校要围绕办学定位和市场需求，调整学科专业和人才培养类型，既能满足科技创新和产业升级对高端紧缺人才的需要，又能为经济社会主战场输送高质量创新人才和大量应用型人才，让各类人才在服务国家经济社会发展中各得其所，尽展其才。

（二）地方高校转型倒逼商科人才培养模式变革

2014年3月，教育部要求在2000年前后“升本”新建地方院校转型发展。2014年4月，178所高等学校共同发布《驻马店共识》，以产教融合发展为主题，探讨“部分地方本科高校转型发展”和“中国特色应用技术大学建设之路”。2015年1月全国教育工作会议部署，加快发展现代职业教育，推进地方本科院校转型发展。2015年10月，教育部、国家发展改革委、财政部联合发布《关于引导部分地方普通本科高校向应用型转变的指导意见》提出：“推动转型发展高校把办学思路真正转到服务地方经济社会发展上来，转到产教融合校企合作上来。”2018年6月，时任教育部部长陈宝生提出：“应用型高校要在应用型人才培养上办出特色，争创一流。”因此，地方高校重新审视自身定位与规划，改革商科人才培养模式，推进自身转型发展迫在眉睫。

（三）人才培养模式变革促使新商科教育体系重构

教育部高教司司长吴岩指出，高等教育创新发展要全面推进“新工科、新医科、新农科、新文科”建设。“新商科”是在“新文科”理念下开展经济管理类教育的新概念。近年来，以人工智能、云计算、区块链和大数据等为代表的新技术的广泛应用，驱动了新商业的迅猛发展，市场对学生能力培养的需求远大于知识积累，各种客观环境变化导致传统商科教育模式受到严重冲击，商科教育与发达国家相比，在创新性、实践能力等方面还存在较大的差距。过去伴随着工业经济时代所形成的传统商科的教学理念、人才标准、教学模式、课程体系、培养路径等已经不能适应社会经济发展的需要。2018年11月，新商科人才培养创新论坛发出《新商科无锡倡议》，呼吁解码对新时代商科人才的能力需求，重新设置商科人才培养目标，系统构建新商科教育教学体系，推行新时代政行企校协同创新商科人才培养模式。地方高校商科必须在原有商科发展的基础上为适应科技、社会、经济的变化而逐步变革，融合现有新技术，实现量变到质变的飞跃。

二、地方高校商科人才培养存在的主要问题

（一）对新商科人才培养认识不到位

新商科人才培养是地方应用型经管专业人才培养过程中的一个新问题。什么人才才是新商科人才？新商科人才培养标准如何界定？新商科人才怎么去培养？对这些问题，地方高校缺乏决策依据和参考，认识也较难到位。

（二）人才培养定位不准，不能适应社会新发展形势，存在与社会发展需求脱节的问题

地方高校在商科人才培养中对用人单位的了解不够，对商科人才需求把握不准，主要还是根据自身的认知和基于自身的资源来培养商科人才，培养出来的学生存在职业能力和素质较弱、职业化水平较低等问题，无法满足社会需求。

（三）地方高校应用型商科人才培养中，教育教学资源不足

一是由于经费限制，实验室资源不足；二是理论素养高、专业技术强的双师双能型教师数量不足；三是校内教学资源与企业行业教学资源的运用程度不足；四是现代信息技术教学资源不足。

（四）产教融合培养商科人才流于形式

新商科人才的应用型特征十分突出，地方高校在商科人才培养过程中虽然也在尝试采用产教融合方式培养人才，但没有做到深度融合，未能让产教各自的合作需求得到满足，比如地方高校对企业的索取较多，而回报企业的主要局限在提供商科毕业生方面，可是企业在获取毕业生方面有更多选择，这就出现合作的不平等现象，影响企业合作的积极性，导致产教融合培养商科人才流于形式。商科人才培养没有了行业企业的支持，地方高校也就培养不出高质量新商科人才。

三、地方高校新商科人才培养模式的构建

（一）确立“协同、贯通、赋能”新商科人才培养理念，用先进理念引领改革

学院精准对接各行业对“新商科”人才培养的需求，以新技能的点带动人才培养的面，围绕信息时代人才需求新特点，确立了“协同、贯通、赋能”的新商科人才培养理念（见图1）。

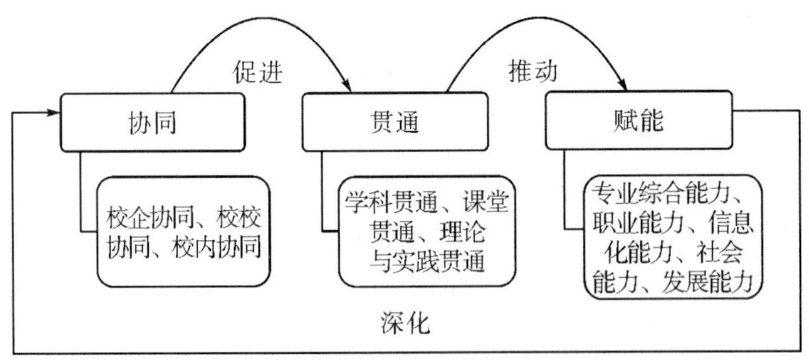

图1　“协同、贯通、赋能”的新商科人才培养理念

协同：校企、校校、校内共同搭建协同育人平台，共同建设教育教学资源，共同开展人才质量评价，共同培养新商科人才。

贯通：通过修订培养方案，进行课程重组，实现经济学与管理学科、理论教学和实践教学、第一课堂与第二课堂、专业教育与创新创业教育的有机贯通，提升人才培养质量。

赋能：构建新商科人才能力体系，充分发挥现代信息技术对课程的支持，通过产教融合、工学结合，强化学生职业能力和创新创业能力培养。通过科学的课程设计，达到“岗位—能力—方案”相结合，赋予学生适应行业企业需求的能力。毕业生持有 1 本学历证书和若干职业技能证书，有效提升学生的就业和职业竞争力。

（二）围绕“专业+职业能力”，确立新商科人才培养目标

1. 确立“专业+职业能力”的培养目标

如何处理理论与实践、基础性和职业性的关系，是应用型本科人才培养目标中不能回避的问题。乐山师范学院在处理这一关系时提出：基础性为发展属性，职业性为根本属性。乐山师范学院在各专业培养中，创造性地提出“专业+职业能力”，赋予学生突出的职业能力，打造核心竞争力；同时，根据社会需求和学校办学定位、人才培养目标定位以及学院自身优势，综合考虑，提出，营销专业+新媒体营销、国际贸易+跨境电商、人力资源+绩效管理、经济与金融+财富管理、会计+财务数字化、工程造价+基础设施建设工程造价的专业培养目标。

2. 细化培养目标，构建新商科人才培养能力体系

乐山师范学院进一步细化人才培养目标，明确新商科人才应具备的五大专业技能要素，分专业培养学生的各项专业技能，递进式、系统化地训练学生的职业能力（见图 2）；同时，根据能力体系，完善课程体系设置，从新版培养方案开始，学院课程体系由以前的“学科基础课+专业必修课+专业选修课”改为“专业基础课程+专业核心课程+职业课程”。

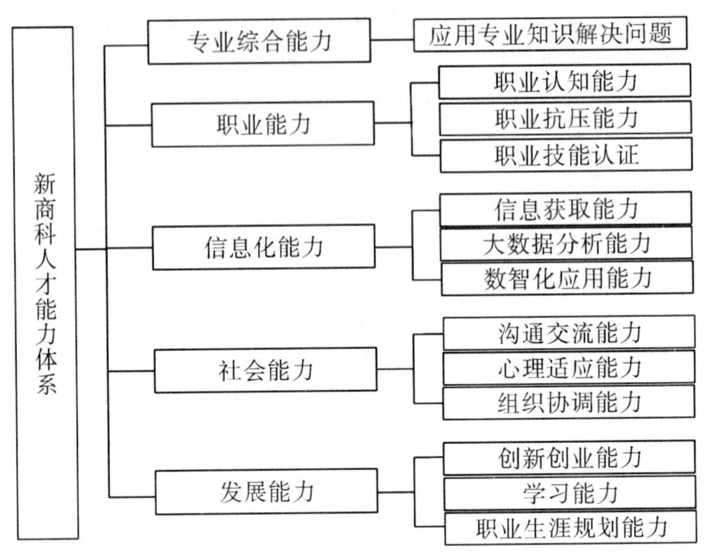

图 2　新商科人才能力体系

（三）实施“五贯通”，构建新商科人才培养模式

1. 贯通经济学科与管理学科，实现经济学与管理学课程的融合

打破传统商科中管理学、经济学的知识壁垒，遵循新商业文明的规律和学生的认知规律，探索教与学的新范式。设立跨专业基础课、同方向专业课等，拆除经济学与管理学专业之间的“墙”，实现人才培养“互联互通”，建立培养应用型复合型人才的模式。

2. 贯通专业课程，实施模块化教学

在培养方案中，归纳专业基本能力、匹配模块，设置课程。通过对岗位群的分析，对不同岗位专业能力经过分解、合并、解构、重构后，按内在逻辑关系归纳出相对独立的基本能力，然后将课程归结到不同模块。以专业为导向，以职业或行业所需的知识、技术或技能为中心，注重将理论知识与实践知识有机融合起来，强调内容的系统性和内在逻辑性。

3. 贯通实践教学，实现教学与实践零距离无缝连接

合理利用校内外教学资源，构建了传统“课程实验实训、专业见习、毕业设计、专业实习”与“校内顶岗实习、实践周集中实训”结合的“4+2”实践实训模式。实施了“1+2+1”三段式人才培养模式；形成了“一链（能力形成链）、两堂（第一、第二两个课堂）、三对接（培养理念、理论教学、实践教学与社会需求相对接）、N 节点（关键育人节点）”的培养机制。学院开设了多个教师工作室、专业技能竞赛工作室等，一个教师带几个徒弟，进行

纵深式、个性化、职业化培养，实现社会需求与高校人才培养的“无缝对接”。

4. 贯通理论课程与职业证书、实训课程与专业竞赛，实现“课赛证”一体化

学院立项教育部3项“1+X”试点项目，强化以学生为中心的职业认证教育，将职业证书考试大纲与专业教学大纲衔接，做到理论课程与职业证书融合。贯通实训课程与专业竞赛，以赛促训，以赛强技，在各学期根据学习内容和进度组织学生参与各类专业技能竞赛，将竞赛作为一种衡量专业技能、检验教学质量、提高教学水平、加强横向联系和比较的有效手段。制定《经济管理学院专业课程免修及学分冲抵方案》，学生获取专业资格证书或获得专业技能大赛奖项，其成绩可置换1~2门相对应的考试课程成绩，打破常规教学考核模式，以提高学生考证或者参加技能大赛的积极性。

5. 贯通专业教育与创新创业教育，实现专创融合

以创新创业思维、信息化能力、职业能力培养为重点，推进创新创业教育、职业能力教育与专业教育交叉融合，加强知识的适用性和实践能力的培养。开设创新思维训练、职业能力训练、大学生创新创业理论与实践、ERP沙盘等课程，组建学院创新创业孵化基地，充分利用两个课堂，实践周、各种专业竞赛以及教师工作室等，加强知识的适用性和实践能力的培养。以班导师为引导，通过组织学生参加挑战杯、大学生创新（创业）项目等系列创新实践活动，培养和塑造学生的创新精神、团队意识、创业能力。

（四）推进产教深度融合，实现新商科专业协同育人

1. 全方位校企协同

全方位校企协同如图3所示。

图3　全方位校企协同

（1）开办“衡信订单班”“京东订单班”“招商银行订单班”，推行校企协同创新人才培养模式。

（2）校企共同制定人才培养方案，引入行业标准，重构课程体系，增强行业能力。

（3）校企合作共同开发课程、共同培养人才。注重合作开发课程，根据不同专业的培养特点和市场人才需求，积极探索“课程嵌入”“定向培养”“分段教学”“工作室模式”等形式多样、机制灵活的合作教育模式，把职业技能训练有效融入项目化的课程教学中。吸收和引进企业的高管和专业人士进校讲学、兼课，校企合作授课。聘请了50名校外导师，尤其是优秀校友导师。实行双导师制度，聘请实践教师指导毕业论文。

（4）校企联合构建了“企业-学院-教研室-教师”四级教学质量监控体系，面向人才培养目标、培养过程和培养结果进行整体评价。教师负责课程达成度评价，教研室负责毕业要求达成度评价，学院负责人才培养质量评价，企业负责学生实践能力与岗位需求契合度评价。引入行业专家参与毕业论文评阅和答辩。

（5）共同建设实验室和实习基地。2015年，作为在川内首家与京东集团合作的学院，学院与京东集团共建2个实验室，“将企业搬进校园，将课堂融入企业”，各专业学生，分批、分年级全方位参与顶岗实习实训，2016年我院实训室在全国一百多所院校中，被京东评为“最强实训室”，学校被评为全国唯一的“最佳合作院校”。2020年，学校与京东集团签订了新一轮的校企合作协同育人基地共建协议，深入开展产教融合。与招商银行、沃尔玛等企业共建40余个校外实践基地。

2. 深入开展校校和校内协同

（1）校校协同。与省内外高水平大学进行结对建设，在更高水平学校的帮扶下得到较快发展。一是作为武汉大学经管学院对口援助的学院，每年邀请武大优秀教师到我院授课，选派优秀毕业生和教师到武大学习；二是与江苏大学管理学院签订了对口援助协议，获得该院支持，合作开展教学、科研活动；三是从武汉大学聘请名誉院长、从四川大学特聘高水平教授，作为我院教学、科研的领军人物；四是跨校组建教材开发团队，开发了一系列普通高校经管教材。

（2）校内协同。一是院内协同，经济与管理不同学科交叉，不同学科教师间协同，有利于扩大学生的学科基础范围，丰富教学内容。二是校内学科协同，与数理学院、人工智能学院等协同，用现代信息技术改造传统专业，共建新商科专业。三是校内单位协同，充分利用校内资源，实现资源共享和共建，与数理学院共建金融实验室；与计财处、审计处、基建处、师科公司共建校内实习基地，共同培养人才。

（五）构建应用型职业化的课程体系

学院课程体系由以前的“学科基础课+专业必修课+专业选修课”改为“专业基础课程+专业核心课程+职业课程”。

（1）专业基础课程：强调知识理论的基础性和一般应用，与行业生产的普遍要求对接，讲求适度和够用（调减理论学分）。

（2）专业核心课程：立足培养目标，关注企业复杂问题的解决，从实际应用案例中抽象、归纳出知识、能力、要求，以知识点逻辑关系梳理整合相关课程内容。

（3）职业课程：针对职业、企业岗位，学生直接参与真实项目，完全按照生产流程设置教学内容，主讲教师由企业专家组成，课堂以企业现场为主（先在实践周和实习中实施）。

（六）加强产教融合师资队伍建设，凝聚发展核心力量

学校大力推进师资转型工作。应用型高校的教师要学习教育理论，深入教学实践，努力成为双师型教师。聘任业界高管和业务骨干担任兼职教师，采用与院内教师“1+1”互补结对的办法，使其尽快达到高校任教的基本要求。明确青年教师定期企业培训制度，实施教师下企业、企业家进校园。聘用业界精英，反哺教学，充实实验实训队伍。优化实践周教学课程，将实践周教学课作为与校外专家共建课打造。

参考文献

［1］刘献君．应用型人才培养的观念与路径［J］．中国高教研究，2018（10）：6-10.

［2］王晓立．产教融合背景下应用型本科模块化教学研究［J］．办公自动化，2020，25（15）：37-38.

［3］冯蓉．“岗课赛证”深度融合的人才培养模式研究［J］．菏泽学院学报，2015（4）：111-115.

［4］翟文华．经济学与管理学的融合及其教育启示［J］．河南牧业经济学院学报，2017，30（2）：5.

人力资源管理“三创”型人才“S+E 双循环”培养模式探索[①]

刘长江　陈晨
（西华师范大学管理学院）

摘要：培养出具有创新、创意、创业能力的人力资源管理专业人才是时代对高校提出的新要求。本文在分析人力资源管理专业“三创”教育现状的前提下，根据校企联动培养人力资源“三创”型人才的理念，分析高校“三创”教育现存的不足。以学校人才培养目标和企业需求为依据，反向设计人力资源管理专业“三创”能力体系。该体系以培养学生创新、创意、创业能力为目标，在学校与企业良性互动循环的基础上，构建学校与学生互动内循环、企业与学生互动外循环，形成人力资源管理“三创”能力“S+E 双循环”培养模式；并从意识层面、制度层面、资金层面和组织层面提出保障措施，完善学生“三创”能力考核与改进方式，以及优化“S+E 双循环”培养模式，促进“S+E 双循环”模式持续发挥效用。

关键词：“S+E 双循环”模式；“三创”型人才；人力资源管理

一、前言

习近平总书记指出，创新是社会进步的灵魂，创业是推进经济社会发展、改善民生的重要途径。青年学生富有创造力和想象力，是创新创业的有生力量，希望广大青年学生在创新创业中展现才华，服务社会。李克强总理强调面对新形势，更大力度实施创新驱动发展战略，持续深入推进“双创”。人力资源管理专业作为应用型专业更应注重对学生创新、创意、创业能力的培养，加强有针对性的“三创”教育。人力资源管理“三创”教育着力培养学生的创新精神、创意与创业能力。创新是指革故鼎新，创意是指提出问题、辩证思考的能力，创业是指将创新与创意投入实际应用。然而人力资源管理对“三创”教育的整体认识和研究不够深入。本文以培养学生“三创”能力为目标，基

① 本文系西化师范大学教学改革与研究项目（项目编号：jgxmyb18092）的研究成果。

于企业需求、学校定位等构建人力资源管理专业“三创”能力体系，再根据能力体系构建学校与企业联动培养的“S+E 双循环”培养模式，希望为培养学生“三创”能力的教育模式提供参考。

二、人力资源管理专业三创教育现状

目前人力资源管理专业“三创”教育存在许多不足（见图 1），创意教育不足主要体现为教学方式和教学理念落后。创新教育不足主要体现为课程设置不合理，缺乏实践课程。创业教育不足主要体现为校企合作不紧密。

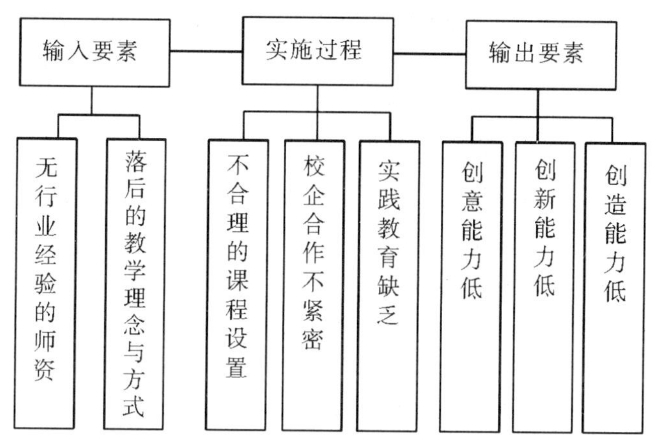

图 1　人力资源管理专业“三创”教育的不足

（一）创意教育不足：教学方式与教学理念落后

当前高校对人力资源管理专业教育未转变传统观念。人力资源管理专业教学仍以注入式教学为主，缺乏对学生创意能力的开发和培养。人力资源管理课堂遵循课上讲授理论，课后学习巩固理论，期末复习背诵理论的模式。传统的授课模式以教师为中心，以教材为基础，学生被动接受灌输式理论教育。这样一来，人力资源管理内容概念化，人力资源管理专业技能仅以文字呈现其定义，缺乏可操作性与趣味性。这种依靠教材理论教学的模式往往难以顺应时代发展的趋势，难以形成新的思维、观念和创意。

（二）创新教育不足：课程设置不合理，缺乏实践课程

学校人力资源管理专业课程中有关于创新能力培养的课程不足。人力资源管理专业的课程主要分为四类：通识课、专业基础课、专业核心课、专业选修课。通识课包括英语、计算机、大学体育等。专业基础课着重培养学生的专业基础素质。专业核心课是区别于其他专业的主要课程，是教学的重点。教师主

要按照已形成经典理论的核心内容进行教学，在专业创新方面，学生参与程度低。专业选修课具有学校的特色，是根据学校的优势学科、地理位置等为进一步提升学生专业能力与专业素质而开设的课程。学校普遍重视专业基础课和核心课，专业基础课与核心课围绕人力资源管理的六个模块进行教学，但课程缺乏系统性，结构也较为松散，体现不了人力资源管理的应用特征。各学校人力资源管理专业的专业选修课设置差异较大，涉及范围较广。拓展课程对本科阶段的学生而言内容过于宽泛，难以与自己的本专业相融合，难以利用其他专业进行创新。

创新来源于实践，但是学校人力资源管理课程以理论传授为主，实践课程相对较少。对于“90后”大学生而言，实践课是最具吸引力，最能帮助他们切实理解所学知识和发挥其作用的课程。然而目前高校对人力资源管理实践课仍然缺乏正确的认识。一些高校即使开设了实践课程，也存在实践课老师由理论课老师兼任，对实践课缺乏正确认识，缺乏与学生的互动，没有相应设备与场地等问题。在这些情况下，实践课难开展，即便开展效果也不佳，学生兴趣不浓。缺乏实践的纯理论学习无法激发学生的创新热情，也无法激发学生灵感。实习是人力资源管理专业本科生重要的实践环节。学校人力资源管理专业教育涉及的知识繁多，在知识的实际应用方面，对学生的教育不足，缺乏对学生创新、创造能力的培养。学校对实践的忽视也导致学生缺乏创新意识。

（三）创业教育不足：企业与高校合作不紧密

创业要求学生具有创业者精神、商业意识和敏锐的市场观察力等。而这些创业能力是大多数老师不具备的。高校选聘老师主要关注学历教育、科研成果、毕业院校和教学能力，对创新能力、创造能力关注很少。高学历的教师科研能力强、理论知识足，但缺乏创业经验，所以学校选择与企业合作对学生进行创业教育。但高校人力资源管理专业与企业的合作并不紧密，导致学生不能在实习和实践过程中提升自己的创业能力和增强创业意识。企业与高校合作不紧密主要体现在两个方面：一方面愿意与高校建立合作关系，成为高校人力资源管理专业学生实训基地的企业较少，因此实践教学资源短缺；另一方面企业目标与学校目标存在冲突，企业以最大效益为目标，而高校以学生获得实践锻炼和提升能力为目标。企业想要获得最大的效益必须以较低的成本获得较高的收益，这要求员工有较高的工作质量和工作效率。而学生在学校接受的人力资源管理相关教育并不能很好地满足企业的要求，企业不得不花大量的时间资源来培养实习生相关实践技能，增加了企业成本。学生不能在核心岗位上进行锻炼，使他们对待实习的态度也不积极。校企合作产生消极的马太效应。

三、人力资源管理“三创”型“S+E 双循环”培养模式实践

（一）人力资源管理三创能力体系设计

基于人力资源管理专业“三创”教育不足、企业需求和学校人才培养目标等现状，本文反向设计“三创”能力体系，如图 2 所示。“三创”能力体系包括通用能力、创新能力、创意能力和创业能力四个部分。通用能力是指生活和工作都需要的能力，“三创”能力的培养要以具备通用能力为基础。通用能力包括：适应能力、合作能力、沟通能力。创新能力包括：观察力、自主学习能力、扎实的专业理论基础知识、专业实践能力。创意能力包括：辩证思维能力、知识延伸能力、想象力、提出问题的能力。创业能力包括：创业者精神、商业意识、执行能力、决策能力。

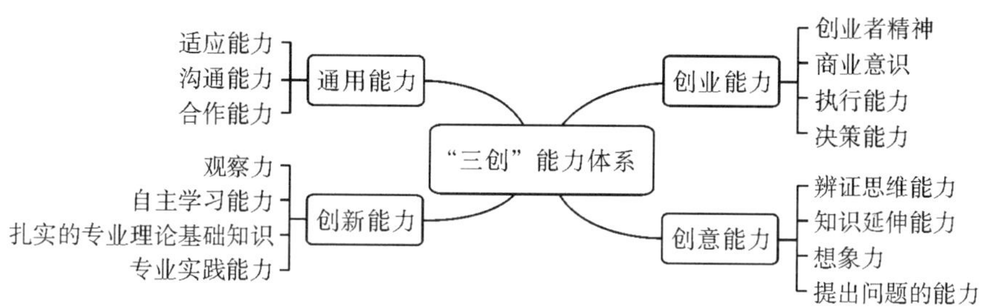

图 2　“三创”能力体系

（二）人力资源管理“三创”型“S+E 双循环”培养模式构建

本文根据“三创”能力体系，在遵循学校与企业联合培养的理念基础上，构建“S+E 双循环”培养模式，即在构建校企互动循环的基础上，打造人力资源管理“三创”型人才培养校内循环和企业培养外循环，如图 3 所示。

1. “S+E 双循环”模型设计

校企互动循环是指以培养学生“三创”能力为宗旨，学校与企业进行互动，实现相互促进。企业高管到学校兼职讲师，帮助学校打造培训基地，为无企业经验的教师提供培训，在企业帮助下，高校教学质量提升，教学视野拓宽，学生质量提高。学校优秀毕业生进企业工作，为企业新员工提供培训，宣传企业正面形象，从而促进企业发展。因此形成校企良性互动循环，为“三创”教育提供有力支持。

校内循环指学校通过向学生提供专业实训教育、“三创”课堂、素质教育和专业竞赛来提升学生创意、创业、创新能力。学生获得专业知识和“三创”

能力后为学校提供教学灵感和成为优秀毕业生。教学灵感促进学校教学发展，优秀毕业生为学校提高知名度，这两项双向反馈促进学校“三创”教育发展，形成校内“三创”教育良性循环。

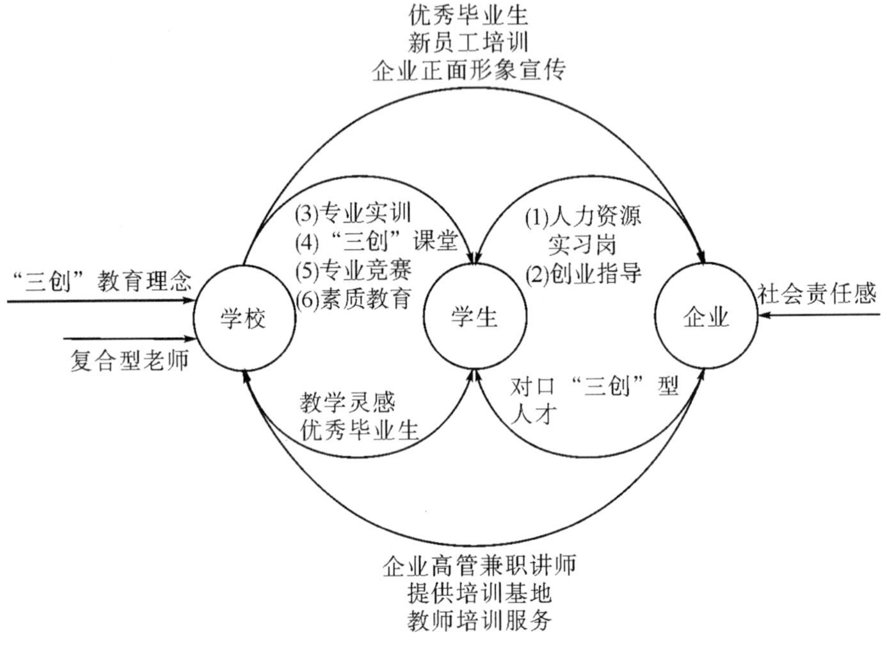

图 3　“S+E 双循环”模式

企业培养外循环是指企业为学生提供人力资源实习岗位和创业指导。学生通过在企业中进行人力资源管理实践和接受企业高管提供的创业指导来提高自身管理能力、工作能力、创新能力和创意能力。在知识和能力提升后，学生成为与企业需求对口的“三创”型人才，并进入企业工作。高素质人才促进企业发展，企业获得培养学生的红利后愿意进一步为学生提供实习岗位和创业指导，形成良性外循环。

如图 4 所示，专业实训包括校园招聘方案编写、岗位说明书编写、团队合作训练、员工满意度调查。学生通过具体操作，夯实了人力管理理论知识，锻炼了知识迁移能力。“三创”课堂包括“三创”通识课、头脑风暴活动、前沿教材引进、互动式课堂、情景模拟课堂、案例讨论课堂。“三创”通识课奠定“三创”教育基础，头脑风暴活动和互动式课堂锻炼学生提出问题的能力，前沿教材拓宽学生专业视野，情景模拟课堂锻炼学生专业实践能力。专业竞赛是指挑战杯、“互联网+”创业大赛、人力资源沙盘模拟大赛。学生通过参与创业大赛进一步加深对创业的认识。素质教育是指学生除专业知识外还要学习营销学、心理学和创新创业课程。如图 5 所示，人力资源岗位实习包括单一岗位实习、多岗位轮转实习。单一岗位实习旨在专注提升学生某个方面的能力，多岗位轮转实习旨在培养学生人力资源管理整体能力。创业指导包括创业经验分享、挑战杯和“互联网+”创业大赛指导。创业经验分享和创业大赛指导有助于培养学生的创业精神，使学生形成初步的创业思路。

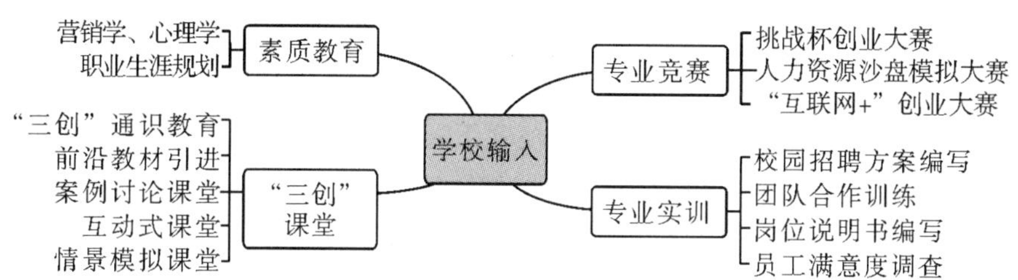

图 4　由学校提供的“三创”教育

图 5　由企业提供的“三创”教育

创新能力培养对应人力资源沙盘模拟大赛、人力资源岗位实习、前沿教材引进、情景模拟课堂、专业实训。创意能力培养对应案例“三创”通识课、头脑风暴活动、互动式课堂、案例讨论课堂。创业能力培养对应营销学学习、心理学学习、创业经验分享和创业大赛指导。

2. “S+E 双循环”培养模式实施

为切实保证“S+E 双循环”培养模式得到运用并顺利运行，本文从意识层面、制度层面、资金层面和组织层面提出保障措施。意识层面，教学队伍必须摒弃陈旧传统的人力资源管理专业教育观念，树立“三创”教育理念，同时强化企业社会责任感，为高等教育奉献企业的力量。制度层面，要保证“S+E 双循环”模型顺利运转，学校必须设立激励制度、强制制度，如对参加“互联网+”创业大赛的学生进行加学分奖励，对在大赛中获奖学生根据获奖情况的不同，设立不同额度的现金奖励制度；设立专门的“三创”学分，相应学分未修够的学生不予毕业，并将“三创”学分与学生保研、奖学金挂钩，以此激励学生；将老师指导学生进行“三创”活动的时间纳入工作量，在老师年终考核时加以体现；对获奖学生的指导老师予以表彰，并给适当的资金奖励。资金层面，学校应该设立专项资金支持“三创”基地建设，保障学科竞赛顺利进行；另外学校应为竞赛获奖学生、实践优秀学生设立奖励经费。组织层面，教学管理部门应率先进行教育管理创新改革，权力下放，转变职能定位，实现从管理部门到服务部门的转型；简化审批流程，减少行政干预，保障高校根据自身情况有效进行“三创”教育。① 学校为学生专门设立“三创”中心，并与就业中心、教务处等一起为学校“三创”教育的开展，学生“三创”能力的培养提供支持。

四、人力资源管理“三创”型培养模式优化

为确保在“S+E 双循环”培养模式下，人力资源管理专业学生的创新、创意、创造能力得到有效提升，本文设计了学生“三创”能力考核与改进方式，以及“S+E 双循环”培养模式的考核与改进方式。

（一）学生“三创”能力评价与持续改进

1. 评估数据收集与处理

学校对学生“三创”学习情况和“三创”能力进行考核。首先收集学生“三创”相关课程的学习情况，“三创”相关活动、相关竞赛参与情况和获奖情况；其次收集学校和企业对学生“三创”学习情况和“三创”能力的评价；最后收集学生自我评价。

在学生、教师与企业三者间进行活动与课程的重要程度调研，根据调研结果将各项活动与课程按照重要程度设置相应的权重，计算每个学生“三创”能力学习的完成程度。在企业和学校进行内部调研，让他们以文字的形式记录考核学生在专业实践、实习、理论学习、专业竞赛方面的表现，列出学生表现优秀的地方和不足之处。

2. 学生“三创”能力完成程度低的原因分析

首先将学生“三创”能力培养的参与情况细化到每一个活动或课程，将每一项参与程度低的课程或活动标记出来；其次询问教师与企业对学生学习状态的评价，并询问学生对自身学习状态的评价；最后根据教师、企业、学生自身对学生学习状态的评价及实际的能力培养参与情况总结出学生“三创”能力学习完成程度低的原因。

3. 学生“三创”能力持续改进

学校和企业在根据学生的优秀之处和不足之处给出相应建议，形成改进方

---

① 樊澜. 普通高校“三创教育”面临的问题及对策研究［J］. 中国劳动关系学院学报. 2016，30（1）：112-115.

案，将该改进方案与标记出的活动或课程形成流程图，作为学生“三创”能力提升的指引。根据流程图，学生在完成一个步骤的培养活动并达到要求后，方可进行下一步活动。

（二）“S+E 双循环”培养模式持续优化

学校、企业、学生对“S+E 双循环”培养模式进行评价，分析“S+E 双循环”培养模式的不合理之处。量化学校与企业“三创”能力培养活动或课程的参与情况，分析参与程度低的活动或课程。量化学生对“三创”能力培养活动或课程的接受情况，指出学生接受程度低的活动或课程。由专家团队根据学校、企业、学生的意见与客观实际情况对人力资源管理“S+E 双循环”培养模式进行优化，适当删减或增添“三创”能力培养相关活动。

参考文献

[1] 孔德议. 基于“三创”教育的高校人力资源管理课程改革探索 [J]. 产业与科技论坛，2015，14（4）：181-183.

[2] 陶会平. 高校人力资源管理专业体验式教学模式的探索与实践 [J]. 教育发展研究，2017（1）：102-104.

[3] 朱海林. 基于自由教育思想的应用型本科人才培养方案研究：以人力资源管理专业为例 [J]. 吉首大学学报（社会科学版），2016，37（2）：158-162.

[4] 樊澜. 普通高校“三创教育”面临的问题及对策研究 [J]. 中国劳动关系学院学报，2016，30（1）：112-115.

[5] 王碧英，杜欠欠. 人力资源管理专业大学毕业生的可雇佣性结构及其启示：基于高校和企业的双视角研究 [J]. 现代管理科学，2016（7）：118-120.

[6] 陈文兴. 跨界与融合：地方高校“三创合一”培养“三创”人才的理论逻辑与实践路径 [J]. 国家教育行政学院学报，2021（4）：34-40.

[7] 袁秋菊. 民办高校人力资源管理专业课程体系构建研究：基于“职业能力本位”的思考 [J]. 职教论坛，2015（20）：62-65.

[8] 王艳艳，赵曙明. 我国人力资源管理本科专业课程体系设置研究 [J]. 人力资源管理，2010（8）：37-39.

基于跨校联合、产教融合的应用型经管人才培养体系重构与实践研究

柳秋红
（攀枝花学院）

摘要： 面对当今世界百年未有之大变局，在新一轮科技革命和产业革命，以及国内经济高质量发展、世界经济格局重大调整的背景下，人才需求即将发生重大变革。本文在“以生为本”的教育前提下，基于对地方高校学生的学习行为实证研究结论，通过跨校联合和产教融合，从培养思路、教学范式、资源配置、教学管理等方面进行人才培养系列改革和创新；通过教育链、产业链、决策链有机串联重构应用型经管人才培养体系。

关键词： 跨校联合；产教融合；应用型经管人才；人才培养体系

一、地方高校应用型经管类人才培养思路

应用型经管人才是既具有较强经济与管理理论基础和专业素养，又能够理论联系实际，将知识应用于实际的人才。应用型经管人才的本质是学以致用：“用”的基础是掌握知识与能力，“用”的对象是社会实践，“用”的目的是满足社会需求，推动社会进步。地方高校面临教学资源建设总量有限，校际缺乏深度合作，优势特长不能互补，同时协同推进人才培养深度不够，合力不足，产教融合实效不彰等问题，导致应用型经管人才培养特色不显著，毕业生扎根基层、服务区域经济社会发展的职业能力与地方需求还有差距。针对地方高校应用型经管人才培养资源“同构化”、协同主体“松散化”、培养效果“同质化”等问题，本文认为，我们需要以“面向产业需求、强化专业基础教育、突出应用能力培养、凸显立体教学模式”为教育导向，基于跨校联合和产教融合，坚持德育为本、专业为基、能力为重、应用为先的理念，展开地方高校经管人才培养模式重构与实践。

二、基于“跨校联合”创新地方高校应用型经管人才育人路径

地方高校通过跨校联合，共同搭建校际发展联盟，构建校际合作共同体，

有效解决地方高校经管类专业教学资源供给在当前快速发展的经济背景下不能完全满足应用型人才培养需求的问题。

（一）建立健全跨校联合机制实现制度保障

跨校联合的高校遵循“现有优质资源共享→专业优质教育资源共建→资源共建成果共享”的共建共享模式，通过“错位共享、差异合作”，优质资源全过程共建及共建成果转化共享三大途径实现，构筑地区人才培养高地。从联合培养、协同创新、师资互聘、资源开放四个维度构建起包括学术交流机制、联席会议制度、三方合作机制等规范化、制度化的合作体系，为畅通信息沟通渠道，丰富共建共享形式、扩大协同育人生态圈范围提供机制保障，保证了校际合作有效性、可持续性。校际合作模式在尝试、探索、调整乃至重构的过程中逐渐成形并深入到应用型经管人才培养内核。

（二）整合优质教育资源，形成开放性校际合作育人路径

联合培养方面，我校经管学院与合作院校利用现有国家级一流专业和省级一流专业，通过跨校教指委专业互评、人才培养方案互动研讨、在线开放课程修读、跨校本科毕业论文联合指导等方式，为他校学生提供跨校跨专业学习的机会。协同创新方面，在学科前沿、产业行业、区域发展、文化传承四个方面建立了协同创新研究中心，通过平台建设及课题研究，在山地经济、资源型城市发展、攀西康养产业等方面取得了丰富的研究成果。师资互聘方面，跨校组成学科专业教学研究团队、校内导师与行业导师团队，共建《国际经济学》等规划教材和《攀西经济管理综合案例集》等案例集，共同打造出以项目投资管理学、创业学等为代表的省级一流本科课程群。资源开放方面，共享管理学、项目投资管理学等省级精品在线课程资源，共享“多场景面试行为与特质评估”等虚拟仿真实训资源，共享二十余个产教融合基地，实现实习实训基地资源交互。

二、基于“产教融合”搭建六位一体应用型人才培养生态圈

我校通过构建“校政企研用投”六位一体平台，成立校政企研用投协作委员会，多方参与学校专业建设与人才培养，共同建设行业研究机构与创新创业平台，实施监督与管理，共建共享。解决经管类专业产教融合手段单一，人才培养与产业需求错位，多方参与主体的动能不足，机制不完善，培养实效不明显的问题。

（一）建立协同育人机制

平衡政府、产业、高校、科研机构、用人单位、投资人六方诉求、利益、

远景和社会责任，在前期合作的基础上，深化主体间合作共赢机制，把学生学业成就和职业目标挂钩，把主体诉求与对学生的培养目标相对接，内部共享校际、院所的工作过程、研究成果和教学资源，外部以项目为载体，以参与教师、学生为基础，开展系列项目工作。利用六方主体在核心功能与优势资源上的协同与集成，成立协作委员会，明确委员会工作性质、原则及活动方式，建立多方主体合作机制、定期会商机制及协同育人管理机制，构建“政产学研用投”共建、共享、共创、共赢的人才培养生态圈。

（二）构建多方育人平台

“政产学研用投”多方参与学校专业建设与人才培养，共同建设行业研究机构与创新创业平台。与集团企业合作开设订单班、项目班，实现人才培养与行业企业需求“零距离”衔接；与本土企业在人才培养、企业培训上互设实习基地和人力资源培训基地；与本地政府和行业协会合作进行产业调研和经济规划，招募学生成为调研实习生等。

（三）优化人才培养资源

与政府部门、行业企业、科研机构等建立战略联盟，通过平台共建、课题共申、资源共用等形式，整合、优化教育资源。建立省级哲学社会科学、人文社会科学重点研究基地及省级重点实验室等，研究成果为地区产业发展给予强力支撑；依托政府支持设立创新创业中心，并在多家企业建立实习基地；采取“政府搭台、项目引导、企业参与、外引内培”的方式，与企事业单位建立人才双向互换机制，校政、校企联合培养“双师双能型”教师。

（四）拓宽社会投入渠道

与多方投资人合作，积极争取社会各界加大投资支持学校发展。基于省市级科技园区，引入社会资本助力学生创新创业项目入园孵化；与企业和金融机构等合作共建实验室；依托优秀校友慈善性捐赠形成校友奖助学金长效机制等。

三、基于“项目驱动型”教育理念优化人才培养过程

结合区域和创业发展需求，以产教融合为突破口，在培养过程中逐渐形成以项目驱动知识、能力、素质各教育环节的新理念。创新性打造了“三新”课程体系、“三化”实践体系和“三引导”的职业教育氛围。

（一）“三新”课程体系

1. 递进式课程新结构

将经管类人才培养目标中应用型、复合型、创新型的人才能力需求与具体

课程模块相对应，强化了理论性与应用性的结合、实用性与综合性的融合，建设了融专业基础课、实践创新课及特色模块课为一体的“递进式”课程体系，课程专业针对性及行业适配度更高。以学生学业成就为中心，引导学生设定学业目标，改善学习氛围和条件，调整其学习行为；在教学环节中不断更新、充实教学内容，跨校引进优质教育资源以提高教师教学水平，基于产教融合形成“课程教师+企业讲师+专业导师”的三师队伍，多方面保证了教育主线的顺畅有力。

2. 理实一体课程新内容

深度引入企业、行业、政府共同开发课程内容，在课程内容的设置上融学科课程系统性、职业需求及学生发展需求于一体，打造了专业知识与操作技能融合更紧密的理实一体课程新内容。建立“实践+理论”“实践+技能竞赛”“实践+应用研究”“实践+创新创业”的项目驱动式实践应用体系。“实践+理论”，突出理论学习按实践技能层次进行“递进式”教学；“实践+技能竞赛”，通过建立专业教师指导团队大幅提升比赛成绩；“实践+应用研究”，组织教师团队指导学生职业资格证书考试，鼓励学生参加教师团队科研项目并独立发表学术论文；“实践+创新创业”，依托于与市政府合作共建的省市级大学生科技园及大学生科技创业孵化园，坚持服务学生创业，并指导学生参加大学生创新创业训练项目。

3. 创新教学理念与技术的新课堂

深度分析应用型经管类人才应具有的知识能力与素质结构，基于应用型、复合型、创新型能力需求，重构人才培养标准，改革人才培养方案修订模式。充分利用在线教学平台，以学生为中心，开发多层次、系统化的混合式课程，以虚拟学习社区理念创新教学理念与技术的新课堂。创业会计学、创业学等省级创新创业教育示范课程，中级财务会计省级应用型示范课程、会计综合实训省级一流课程、审计学省级课程思政示范课程，以及会计学基础、财务管理、第三方物流等多门校级混合式教学课程群的建设，有效提升了学生的能力培养成效。

（二）“三化”实践体系

1. 校内外实践实训基地企业化

目前已完成多个校外实践教学基地签约，同时跨校共建、共享部分实践教学基地。学校通过学生进企业，行业企业讲师请进校园和校内实践教学指导，共同开展实践教学课程体系及教学内容体系建设，共同编写实践教学案例库等，实现实践教学内容和案例的企业化转型。

2. 校内外实践教学环境情景化

“走出去”是学生走进校外实习实训基地，感知企业运转的真实情景；“引进来”是实施企业生产经营情景虚拟仿真实验实训模式，完成校内实践教学任务；通过跨校合作实现部分虚拟仿真项目线上共建共享模式教学。

3. 校内外实践实训设备现代化

校外实践教学基地实现业务网络化、企业经营管理数据信息化；大部分实践教学基地实现了数字化转型升级；购置实践教学软件，与现代化实践教学设备与智慧实验室相匹配；学校教务管理系统和学生学工管理系统实现无缝连接，大大提高实践教学效率。

（三）“三引导”的职业教育氛围

1. 职业生涯教育引导就业意识

坚持自我发展和社会发展相结合的原则，抓好价值引领，形成教育教学全过程建设方案，在四个学年度分别设置职业生涯规划和就业指导课程。职业规划类课程帮助大学生树立职业理想，培养良好的职业道德，形成自我价值与社会价值相统一的理念。就业指导类课程帮助学生树立科学的就业观和择业观，认清就业形势，找准就业方向，增强就业能力，在职业奋斗中实现人生理想和价值。

2. 创新创业教育引导创新意识

学校通过开设创业学、系统思维与创新、创业会计学等课程对学生进行创新创业教育，培养学生的创业意识，强化学生创新思维和丰富学生的创业知识；并通过大学生创新创业训练计划、科技创新竞赛、创业大赛、创新创业团队活动、校内外创新创业基地实训等实践训练项目，激发学生的创业热情，提升学生的创业实践能力。

3. “1+X”证书教育引导能力意识

引入教育部“1+X”制度，积极与金蝶、新道等企业合作，在攀西地区申请成为首家“1+X”证书制度试点单位。学校从师资培养、动员宣传、实施培训、组织考试等各个环节开展工作，校企联动，成功组织“1+X”证书考试，提升学生职业技能。

四、构建“一核双环八系统”教学质量保障体系

构建面向新经济发展需要的，具有自我约束、自我诊断、自我完善、自我提升的校院两级内部教学质量保障体系。“一核”是指围绕学校办学定位和社会需求，以人才培养目标为教学质量保障体系的核心；“两环”是指教学质量

持续改进环，内环为教学单位控制环，外环为学校管理环；“八系统”是指教学环节、运行管理、组织机构、目标决策、教学资源、质量标准、质量监控与分析、质量评价和评估八个教学质量子系统。教学质量保障体系运用系统理论，将各执行环节的教学质量管理职能严密组织起来，形成以提高应用型经管人才培养质量为核心的质量文化，将质量意识、质量标准、质量评价、质量管理等落实到教育教学各环节。

总之，在应用型经管人才培养体系重构与实践过程中，我校通过跨校联合补短强优，为地方高校突破资源困局提供了系统解决方案，产教融合六方协同育人机制有效解决了人才培养供给侧和行业企业需求侧结构性矛盾，使学生能力素质与用人单位需求及预设的应用型人才培养目标定位和服务面向定位高度吻合，为区域经济社会发展提供强大的人力资源保障，满足区域经济社会高质量发展的迫切需要。

参考文献

［1］张敏，刘春梅，徐宁．校政行企“多元协同”的应用型经管人才培养模式创新与实践［J］．教育现代化，2019，6（97）：16-18.

［2］刘峥．地方应用型本科院校校企合作人才培养模式探索：以物流管理专业为例［J］．高教探索，2017（3）：41-44.

［3］吴中江，黄成亮．应用型人才内涵及应用型本科人才培养［J］．高等工程教育研究，2014（2）：66-70.

［4］柳友荣，项桂娥，王剑程．应用型本科院校产教融合模式及其影响因素研究［J］．中国高教研究，2015（5）：64-68.

［5］黄帅，商明蕊．“产教融合”背景下新建本科院校人才培养的目标、机制及其构建［J］．高教学刊，2016（6）：6-7.

［6］蔡敬民，夏琍，余国江．应用型高校的产教融合：内涵认知与机制创新［J］．中国高校科技，2019（4）：4-7.

［7］罗素媛，邓红卫，俞晓润，王承龙，彭亚云．产教融合背景下应用型本科高校学生职业素质培养探索研究［J］．工业和信息化教育，2022（1）：14-18.

第四篇

课程思政篇

“思业融合”视阈下民族高校财会类课程思政建设实践
——以“税务会计”为例

陈丽霖　袁蕴
（西南民族大学）

摘要：习近平总书记多次强调“教育是国之大计、党之大计”，要把“立德树人”作为教育的中心环节和根本任务，“要把思想政治工作贯穿于教育教学全过程”。财会专业是商科的重要组成部分，其人才培养历来注重理论与实务结合，注重将最新的国家政策融入课程教学，注重在案例教学中体现时代特征。目前，我国面临“百年未有之大变局”，企业将直面前所未有的机遇和挑战，因此，财会专业的人才培养体系、课程设置与国情社情密不可分。

“税务会计”是会计学、财务管理专业开设的一门专业课，针对该课程教学难点，我们聚焦“思业融合”，采用了“有效学习”与“参与式”的课程设计思维，以及“专业课教师、思政专家、实务专家协同+学生参与式教学”的方式，将该课程所涉及的专业知识与国家发展战略、“四个自信”“五个认同”、社会主义核心价值观相结合，总体设计按照“专业知识点+思政元素+案例=课程思政目标达成”的思路进行，并且基于民族院校的学情，在思政元素中突出“大统一，小关注”，除一般意义上的思政元素外，特别注重国家对民族地区政策、民族团结方面的思政元素挖掘，以强化对中华民族共同体意识的融入。通过以上改革，课程实施效果在学生反馈、同行评价层面均取得良好的效果，基本解决了“痛点”问题。

关键字：税务会计；中华民族共同体；思业融合

习近平总书记多次强调“教育是国之大计、党之大计”，要把“立德树人”作为教育的中心环节和根本任务，“要把思想政治工作贯穿于教育教学全过程”。专业课程教学是人才培养的重要部分，也是思想政治工作的重要阵地。“课程思政”是指依托高校开设的思想政治理论课之外的其他各类课程，挖掘各类课程中蕴含的思想政治教育元素和功能，在课程教学中以隐藏、渗透的方式对学生进行思想政治教育，实现对学生的德行培养和价值塑造的一项思想政治教育实践活动。特别是作为民族高校，从她诞生之日起就肩负着加强民族团结、维护祖国统一的特殊办学使命和人才培养等重要任务。因此，在专业课程建设中，我们不能简单复制普通院校的模式，有必要针对自身的生源特点和培养目标，依托自身有利资源，进行有开拓性和创新性的探索。

如何紧紧围绕“培养什么人、怎样培养人、为谁培养人”这一命题，进行课程思政建设的有益探索，在课程设计和教学过程中积极践行“为国家发展战略服务、为民族团结进步事业服务”的办学使命，坚守“为党育人、为国育才”初心，将思政元素融入专业课程，将学生培养成为具有社会主义核心价值观，成为实现全面建成社会主义现代化强国的第二个百年奋斗目标的种子力量显得尤为重要和必要。

财会专业是商科的重要组成部分，其人才培养历来注重理论与实务结合，注重将最新的国家政策融入课程教学，注重在案例教学中体现时代特征。目前，我国面临“百年未有之大变局”，企业将直面前所未有的机遇和挑战，财会专业的人才培养体系、课程设置与国情社情密不可分。特别是近年来，我国税制改革力度大、时效性强、覆盖面广、影响深远，如个人所得税改革、疫情期间的减税降费政策助力复工复产，均是体现思政元素很好的切入点，是课程思政建设的“沃土”。因此，“税务会计”作为课程思政建设的平台，有着较强的现实意义和实践价值。

一、研究现状

习近平总书记在全国高校思想政治工作会议上指出，“要用好课堂教学这个主渠道，思想政治理论课要坚持在改进中加强，提升思想政治教育亲和力和针对性，满足学生成长发展需求和期待，其他各门课都要守好一段渠、种好责任田，使各类课程与思想政治理论课同向同行，形成协同效应”。赖金茂总结了“课程思政”的本质内涵、建设难点及其解决对策。冯惠芳则指出高校教师要不断加强对理论知识的学习，深入挖掘思想政治教育资源，将问题牵引融入知识传授之中，不断提升课程思政建设的意识和能力，把自身的专业素养有机转化为价值引导，以此来实现课程思政建设对提高人才培养质量的作用。陆道坤指出必须深入贯彻和落实《深化新时代教育评价改革总体方案》精神。从评价的原则、评价的思路、评价体系、评价标准、评价模式、评价结果运用层面探讨课程思政的建设。在民族院校的人才培养方面，赵心愚指出教育是铸牢中华民族共同体意识的重要途径，陈达云、赵九霞指出在推进中华民族伟大复兴的新时代，民族教育当继续从强化政治认同、铸牢经济基础、提升文化自信、促进社会和谐等多向度展开铸牢中华民族共同体意识的行动。

综上所述，课程思政是我国在教育探索过程中形成的特色道路，目前研究成果相对有限，主要集中于课程思政的一般实施路径、困难和作用，缺少基于如民族院校等特殊视角、具体专业人才培养的相关研究；关于民族教育的研究也大多基于民族教育的重要性和功能研究，未能将专业课程建设相关联。本文正是基于以上不足，以落实民族院校人才培养目标为引领，以财会专业人才培养为切入点，在一般课程思政建设的基础上，探索一套符合教育规律，并能为实践所检验的基于思业融合的课程思政体系。

二、财会类课程思政的“痛点”

（一）学生缺少实践经验，对企业运作认知不足，对宏观经济政策的理解存在一定难度

本科生没有工作经验，未完全独立进入社会，因此他们对企业的基本运作、商业模式、工作场景没有感性认识。而企业涉及的诸如税收政策一类的宏观经济政策实务性很强，如果缺少对社会经济和企业运作基本的感性认识，将直接影响其对政策的理解程度。部分学生难以将国家治理、企业运营、个人专业素养成长结合起来，就是因为在认知方面存在割裂。

（二）传统专业课程教学对思政引领不足

传统课堂更注重对学生专业能力的培养，与思政教育是“两张皮”，未能将国家治理、企业运行、个人专业成长三个层面打通，忽视了对学生价值观的引领，导致学生学习的内生性动力和“获得感”不足，学习目标不清晰，对未来感到迷茫，产生“空心病”，这与“立德树人”的育人初衷和目标仍有距离。

（三）课程思政本身的难度较大

首先，思政元素相对分散，缺少系统的整合。其次，思政元素的动态性较强，需要持续跟进和持续更新，这给课程思政的教学带来了较大难度。最后，缺少融入思政元素的教学案例，特别是对于民族院校来说，现有教学案例中鲜有针对民族地区，尤其是西部民族地区和与思政元素相关的教学案例，这将在一定程度上阻碍“为国家发展战略服务、为民族团结进步事业服务”办学目标的实现。

三、以“税务会计”课程为例的“痛点”解决方案

（一）方案设计的目标

1. 助力学生“思业融合”，全面成长

助力学生“顶天立地”，帮助学生在学习专业课同时，树立远大的理想抱负，坚定的政治信仰，胸怀家国天下；同时，能脚踏实地将民族复兴大业与个人

价值观、理想信念、专业成长、职业规划相结合，成为担当民族复兴大任的种子力量。

2. 强师赋能，实现助人与自助

践行“立德树人”的根本任务，坚持为党育人、为国育才的育人目标，植根思政基因，持续改进教学方法，优化课程设计，创新教学模式，提高教师政治站位，提升教学能力，铸牢理想信念，实现助人与自助、教学相长和目的。

(二) 方案设计的逻辑基础

“税务会计”课程设计的逻辑基础源于三个维度。一是以习近平总书记近年来关于社会主义核心价值观、“立德树人”的系列重要讲话、《高等学校课程思政建设纲要指导》作为课程设计的理论基石及方向引领。二是“税务会计”这门课程本身的专业知识体系主要包括税收基本理论、现行税收制度、税务会计的基本理论与原理等，这是课程思政的载体。三是授课老师思政工作的实务经验。基于民族院校的思政工作特点，专业课老师均会担任行政班班主任，直接参与思政工作，协同学工队伍进行思政育人；此外，专业课老师也会接受“职业生涯规划”课程培训，便于将职业规划与学生专业成长相结合，这些思政实务工作经验为课程建设积累了宝贵的资料和经验，也让老师们对目前学生思政教育的现状、学生学情与国家对高校思政工作的最新要求有着深刻的理解，为思政元素挖掘与专业课程的融合起到的重要的衔接作用。如图 1 所示，以上三个维度的有机协同，是该门课程创新改革及具体方案设计的逻辑基础。

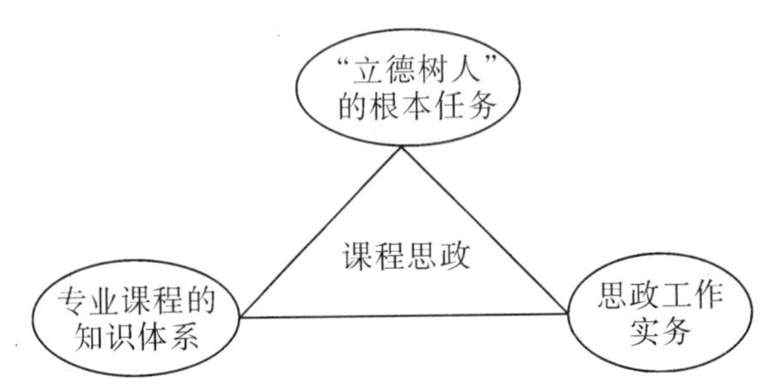

图 1　方案设计的逻辑

(三) 方案设计的思路设计

为促进课程改革中“思业融合”这一教学目标的达成，我们在教学设计中使用了“参与式教学”和“有效教学”这两个理念。我们的核心教学思路是将“学生是否在课程学习的过程中在实现传统课堂知识、能力获取的同时，价值观维度的‘获得感’有显著提升”作为教学改革的主要评价标准，因此在进行课堂教学设计时，我们会把设计“教师如何教”转变为设计“学生如何学”，即从“参与式教学”设计入手进行教学设计。摒弃纯粹为了“教学改革和创新”而在课程教学中使用各种教学方法的思想，围绕“以学生为中心”的目标开展教学。

实现“有效教学”的一个重要前提是对学情的准确掌握，在教学实践中学情是一个动态的信息，其动态体现在两个方面：一是每一届学生的基本情况有显著变化，二是学生在学习过程中的情况也在演变。因此，实时掌握学情是开展“有效教学”的重要前提，而“参与式教学”作为了解学情动态变化的重要抓手与“有效教学”协同配合达成相应的教学目标。

（四）方案设计的具体内容及其实现过程

1. 参与主体

如图2所示，我们可采用“专业课教师、思政专家、实务专家协同+学生参与式教学”的方式，将该课程所涉及的专业知识与国家发展战略、“四个自信”“五个认同”、社会主义核心价值观相结合。

专业课教师，主要承担对专业知识及课程体系的整体把控；思政专家，主要负责对思政方向引领及思政元素的挖掘；实务专家，主要负责提供最新的实务案例，供专业课教师和实务专家设计思政元素的融入和架接；学生，主要依托问卷星、超星、蓝墨云班App等线上教学平台，提供学前、学中、学后的效果反馈，其信息作为课程持续改进和优化的重要依据，也是“参与式教学”“有效教学”的重要体现。

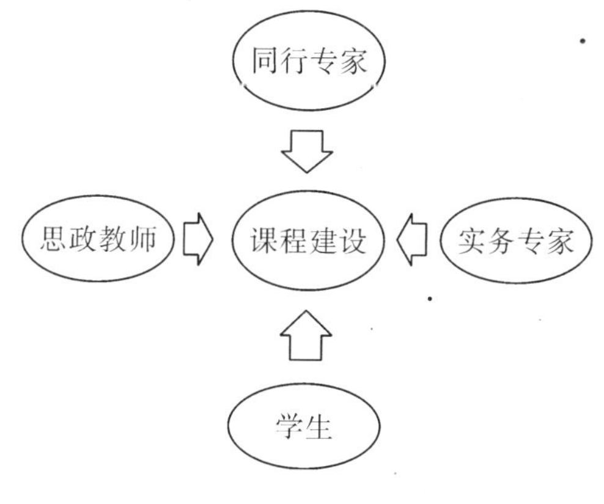

图2　参与主体

2. 内容设计

总体设计按照“专业知识点+思政元素+案例=课程思政目标达成”的思

路进行，树立“三个一”课程思政建设理念，即“一个章节注入一个思政元素，一个章节关联一个思政案例，一个章节达成一个思政目标”，并且基于民族院校的学情，在思政元素中突出“大统一，小关注”，挖掘一般意义上的思政元素外，还应特别注重国家对民族地区政策、民族团结方面的思政元素挖掘，强化中华民族共同体意识的融入。示例如下：

一是可在增值税会计章节融入减税降费与国家治理的思政元素，特别阐释国家对边疆地区、民族地区的扶持政策。例如：①减税降费政策在诸多民族地区采用“双语”形式进行宣传；②2021 年，中央安排对地方转移支付 8.39 万亿元，增量和增幅为近年来最高，重点向革命老区、民族地区、边疆地区、贫困地区以及受疫情影响较大的地区倾斜，支持地方兜牢“三保”底线。思政目标：了解国家战略，铸牢中华民族共同体意识。

二是可在关税会计章节融入双循环新发展格局思政元素，阐释进出口业务的国际贸易在推动内外循环中的作用。例如：①2020 年我们进出口总值为 32.16 万亿，占全球第一；②华为全球业务布局对世界通信行业的影响。思政目标：坚定学生的“四个自信”，坚决做到“两个维护”。

3. 课程特色

（1）强师赋能，“三全”育人：引入“专业课教师、思政教师、实务专家协同+学生参与式教学”模式，理论与实务兼顾、专业与思政兼备。

该模式通过三类专家协同，对照专业课程体系共同梳理、挖掘可对应相关知识点的思政元素、现实中的典型案例，使得专业课知识点、思政元素及教学案例能够更为有效地融合。通过学生参与，及时反馈教学效果与动态学情，达到“有效教学”的目标。

（2）思业融合，卓越育人：树立“三个一”课程思政建设理念，全过程嵌入课程思政案例教学。

课程组树立“三个一”课程思政建设理念，即“一个章节注入一个思政元素，一个章节关联一个思政案例，一个章节达成一个思政目标”，结合专业课知识点及思政元素，运用于教学实践，以“滴灌”的方式在提升学生专业素养的同时引领其价值观，培养其担当意识、社会责任感，达到“立德树人”的育人目标。

（3）植根思政，创新育人：秉承学校办学宗旨，思政元素突出“大统一，小关注”，聚集铸牢中华民族共同体意识。

为秉承民族高校“为少数民族和民族地区服务，为国家发展战略服务”的办学宗旨，课程组除挖掘一般意义上的思政元素外，还应特别注重国家对民族地区政策、民族团结方面的思政元素挖掘，强化中华民族共同体意识的融入。

四、效果评价

相较教改前，学生现在对思政内容及专业理论的学习主动性明显提高、缺课率显著下降、专业认同感和团队合作意识增强，课程合格率也大幅提升。

总体来说，思政教改受到学生的一致好评，他们对课程的满意度很高。从最新一轮行课数据的结果来看，调查数据从课程期初13.98%的学生“从未想过税收与国家的关系”，9.68%的学生“从未想过个人专业成长与国家的关系”，到期中84.62%的学生改变了对税收与国家发展之间的关系的看法，再到期末文本形式反馈课程感想的词频排第一的是“国家”，真实显著地反映了“思业融合”的课程改革成效。相比于上一轮课程建设，全过程反映了课程建设效果及学情的动态变化，为持续课程优化奠定了良好的基础。部分反馈如图3~图5所示。

最新一轮课程期初参与情况：

4.目前你思考过国家的税收政策与国家发展的关联度吗？[单选题]

选项	小计	比例
A.从没有	13	13.98%
B.想过一些，没想太明白	76	81.72%
C.很仔细地思考过	4	4.3%
本题有效填写人次	93	

5.目前你思考过个人专业成长与国家发展的关系吗？[单选题]

选项	小计	比例
A.从没有	9	9.68%
B.想过一些，没想太明白	72	77.42%
C.很仔细地思考过	12	12.9%
本题有效填写人次	93	

图3　课程期初问卷

最新一轮课程期中参与情况：

4. 目前你觉得本门课程是否改变了你对税收政策与国家发展的关联度的认识？[单选题]

选项	小计	比例
A.完全改变	13	14.29%
B.改变了一些	77	84.62%
C.没有改变	1	1.1%
本题有效填写人次	**91**	

5.目前你觉得从本门课程中收获最大的前三项是什么？[多选题]

选项	小计	比例
A.税收与国家治理的关系	72	79.12%
B.依法治国	26	28.57%
C.家国情怀	5	5.49%
D．民族自豪感	4	4.4%
E.国家战略与税收政策的"同频同振"	43	47.25%
F.个人职业规划与国家发展"同频同振"	21	23.08%
本题有效填写人次	**91**	

图 4　课程期中问卷

最新一轮课程期末课程感想参与情况：

图 5　课程期末问卷部分文本及词频图

五、总结

课程思政是实现“立德树人”目标的重要抓手，是践行全员、全程、全方程“三全育人”“五育并举”的重要载体，课程思政的建设也必须立足于学校的办学特点、学生的学情及课程特点。由于思政元素的时事性和动态性，课程建设需集合课程各参与主体力量，发挥各主体作用，形成协同效应，达到有效教学及课程思政的目标。民族高校的“税务会计”课程思政的实施实践可以在一定程度上为财会专业课程思政建设从“思业融合”的角度提供一定的参考和借鉴意义，未来也可以从完善课程思政的长效机制和动态优化的角度对课程思政的建设进行进一步的探索。

参考文献

[1] 赖金茂.“课程思政”的本质内涵、建设难点及其解决对策［J］. 湖北经济学院学报（人文社会科学版），2021，18（4）：149-152.

[2] 冯惠芳. 课程思政建设的时代价值、内在要求及具体路径：基于高校教师的视角［J］. 云南农业大学学报（社会科学），2021，15（2）：139-143，156.

[3] 陆道坤. 课程思政评价的设计与实施［J］. 思想理论教育，2021（3）：25-31.

[4] 赵心愚. 教育视域下的铸牢中华民族共同体意识［J］. 民族学刊，2021，12（2）：1-8，92.

[5] 陈达云，赵九霞. 民族教育塑造中华民族共同体意识的四重逻辑：学习习近平总书记关于民族教育重要论述研究［J］. 新疆大学学报（哲学·人文社会科学版），2021，49（2）：66-71.

“网络营销”课程思政模式的探索

丁松[1]　唐心智[2]

（1 成都工业学院　2 经济与管理学院）

摘要：课程思政作为“三全育人”的重要载体，受到全国高校的广泛重视。本文以成都工业学院经济与管理学院国际商务专业中的一门核心专业课程——“网络营销”为例，根据教学实践中专业课课程思政建设的需求，结合相关学者对课程思政的前期理论研究成果，对“网络营销”课程思政的教学改革进行一番探索。

关键字：教学改革；课程思政；网络营销；模式

从2004年开始，上海市率先开启了学校思政教育的课程改革之路。2014年，上海市委、市政府印发实施《上海市教育综合改革方案（2014—2020年）》，并在上海多所高校试点理论研究并逐步推开落实，形成并完善了从“思政课程”到“课程思政”的思政教育理论体系，随后在全国各高校实践。目前，“课程思政”的前期理论研究作为“三全育人”的重要指导性成果，受到全国高校的广泛重视，并在各类通识课程和专业课程中开展了探索与改革。本文以成都工业学院经济与管理学院国际商务专业中的一门核心专业课程——“网络营销”为例，根据教学实践中专业课课程思政建设的需求，结合相关学者对课程思政的前期理论研究成果，对“网络营销”课程思政的教学改革进行一番探索。

一、课程思政的内涵

习近平总书记在全国高校思想政治工作会议上指出：“要用好课堂教学这个主渠道，思想政治理论课要坚持在改进中加强，提升思想政治教育亲和力和针对性，满足学生成长发展需求和期待，其他各门课都要守好一段渠、种好责任田，使各类课程与思想政治理论课同向同行，形成协同效应。”

对于什么是课程思政，部分学者通过系统的分析和研究，发表了一些具有代表性的理论成果。虞丽娟指出：“从课程角度来看，课程思政是一个系统的体系，是基于教育对象的身心特征，通过科学规划和系统设计，使思想政治教育与专业课程设计及实施紧密结合，目的在于把价值观培育和塑造‘基因式’地融入专业课程，将教书育人的要求落实在课堂教学上。”陆道坤指出：“‘课程思政’是将思想政治教育融入课程教学的各环节、各方面，以‘隐性思政’的功用，与‘显性思政’——思想政治理论课一道，共同构建全课程育人格局。”高德毅和宗爱东指出：“‘课程思政’其实质不是增开一门课，也不是增设一项活动，而是将高校思想政治教育融入课程教学和改革的各环节、各方面，实现立德树人润物无声。围绕‘知识传授与价值引领相结合’的课程目标，强化显性思政，细化隐性思政，构建全课程育人格局。”高德毅和宗爱东还进一步研究指出，高校所有课程都可以划分为思想政治教育的显性课程和隐性课程。其中显性课程即高校思想政治理论课，隐性课程包含综合素养课程（通识教育课、公共基础课等）和专业教育课程（哲学社会科学课程和自然科学课程等），专业教育课程中的课程思政发挥深化和拓展作用，强调在知识传授中引领主流价值，其功能定位在于培养人的理想信念、科学思维和职业素养。

通过以上学者的研究可以发现，所谓的“课程思政”与“思政课程”是一脉相承的思政教育体系，“课程思政”与其最大的不同就是要根据专业课程特点，结合学科的发展规律，不断发现并挖掘专业知识中蕴藏的符合社会主义建设发展所需要的思想标杆和社会主流认知，潜移默化地将价值引领与知识传授有机融合，使课程思政成为“三全育人”中不可或缺的要素。因此，本文在借鉴高德毅、宗爱东等学者前期研究成果的基础上，以价值引领为主线，将理想信念、科学思维和职业素养作为“网络营销”课程思政的主要功能定位，这也是本文中课程思政元素挖掘的主要突破口。

二、“网络营销”课程思政改革的必要性

随着互联网信息技术的飞速发展，我国在21世纪初迎来了网络营销的重要发展机遇期，各种可用于营销的网络技术工具层出不穷，通过互联网进行的社会经济活动也呈现出指数级的增长态势。营销学是一门实践性很强的交叉学科，是在西方近现代市场经济发展的推动下衍生出来的理论成果，它着重对市场主体在盈利过程中所进行的营销实践进行研究。在“互联网+”时代背景下，营销理念不再局限于企业的市场活动，它已进一步延伸到公共机构和社会团体等非营利性组织，形成一种具有内在社会约束力的“大营销观”理念。

在人才培养中，课程建设是专业发展的前提，对学生的知识、道德、素质和能力的培养有着不可替代的作用。如何在非思政类课程中开展“课程思

政”，已经逐渐成为全国各高校课程改革的重点研究领域。“网络营销”作为一门实践性较强的专业课程，综合了管理学、经济学、计算机技术、电子商务、市场营销等多门课程知识，是一门典型的知识深度交叉的应用型课程。目前，国际商务专业作为成都工业学院经济与管理学院的省级一流专业，已经将其纳入专业核心必修课程进行重点建设。课程改革离不开理论发展，网络营销理论也随着营销实践的发展方兴未艾。通过中国知网数据库查询，截至 2021 年 8 月，其收录的以“网络营销”为主题的学术研究成果共有 3.3 万篇，而以“课程思政”作为网络营销研究主题的学术成果只有 10 篇。从现有研究成果来看，研究网络营销理论发展的较多，研究课程建设的较多，而开展“课程思政”教学改革研究的比较少，从可操作性的角度研究“网络营销”课程思政改革的更少。总体来说，目前的研究还处于“重专业能力、轻理想信念”的阶段，所以，本文的研究具有一定的必要性和实际意义。

《高等学校课程思政建设指导纲要》在针对经管类专业课程教学中明确要求：“要帮助学生了解相关专业和行业领域的国家战略、法律法规和相关政策，引导学生深入社会实践、关注现实问题，培育学生经世济民、诚信服务、德法兼修的职业素养。”现代信息技术的发展，使得网络营销模式的转换速度非常快，而行业法规的完善往往相对滞后，一些消费者在信息甄别和权益维护上处于弱势地位，有的企业片面追求经济利益，利用技术优势赚取不当高额利润，如数据垄断、虚假宣传、大数据杀熟、用户隐私侵犯等，并导致网络营销被部分不良企业或个人用于网络传销、网络诈骗等违法活动。因此，在人才培养过程中，单纯传授专业知识是不够的，单纯依靠思政课程进行的理论教育也是不足的，这就要求专业课教师积极探索在教学中进行思政教育的方法和手段。课程思政理所应当成为教学改革的核心目标，在课程思政理念的引导下进行“网络营销”教学改革则是必然的。

三、“网络营销”课程思政的元素挖掘与模式设计

从前述课程思政理论研究成果可以得知，“网络营销”课程思政改革的切入点很多，比如思政元素提炼、思政效果评价、思政模式设计等。可以成为课程思政教学元素的也很多，“包括爱国主义、社会主义教育，理想、教育、法制、国防、民族团结以及优秀历史文化传统等方面的教育，简单地说，就是一切‘正能量’的内容，都可以是课程思政的内容。”因此，从“网络营销”课程的教学目标来看，除了继续坚持原有的知识传授与能力培养目标，更需要重视对学生价值观念的塑造，将知识传授、技能应用与价值观引领深度融合；从

教学内容与手段来看，则要构成与专业知识相融合的课程思政教学体系；从教学评价看，需要对学生的道德、知识、能力和素质进行统一的效果评价。

目前专业教学中的营销理论和案例虽然都比较经典，但西方自由市场的社会制度、消费习惯、营销环境及市场特点与我国有着较大差异，西方专业理论若要符合中国发展的需求，就需要将学科经典理论与社会主义核心价值观及中国经典案例相结合，大学课堂需要符合中国利益的营销理论，而网络营销理论的发展则需要在课程思政的指引下进行创新。在“网络营销”的教学实践中可以深刻感受到，我院国际商务专业的学生十分乐意从专业课老师的教学中获取行业发展的“正能量”信息，也愿意在班团活动、社会实践和日常生活中去接触和认知社会价值，同时，由于“网络营销”课程较强的实践性以及“00后”大学生的个人习惯，绝大部分学生倾向于通过网络去体验商业环境和社会风气，通过各类网络平台了解社会新闻、国家大事等。因此，网络营销环境中存在的商业伦理失范、商业诚信缺失等现象，比如侵犯知识产权、侵犯隐私、虚假广告、传播谣言、“拜金主义”“利用至上”、片面追求经济利益而忽视甚至损害社会利益等，对经济发展和社会稳定产生了严重的负面影响，同时也对学生价值观的塑造带来了巨大的挑战。这些从社会实践中反馈出来的问题，正是“网络营销”课程思政在教学实践中需要解决的问题。

根据上述分析，设计“网络营销”课程的“思政模式”、挖掘教学元素的前提是必须确定“网络营销”课程思政中“价值引领”的内容，并让其成为价值功能定位和思政元素挖掘的指路灯。中国人民大学教授郭国庆提出：“市场营销学是致力于满足人民日益增长的美好生活需要的学问，强调营销让生活更美好，营销让世界更美好。”这个观点的内涵与习近平总书记在2012年12月广东考察时所提出的“人民对美好生活的向往，就是我们的奋斗目标”的观点是一脉相承的。因此，“让生活更美好，让世界更美好”作为“网络营销”课程思政的价值引领是正确的，也是可行的。同时，根据前文分析，在借鉴高德毅、宗爱东等学者前期研究的理论成果基础上，本文将理想信念、科学思维和职业素养作为“网络营销”课程思政的价值功能定位，并在此基础上进行课程思政元素的挖掘。课程思政模式设计如图1所示。

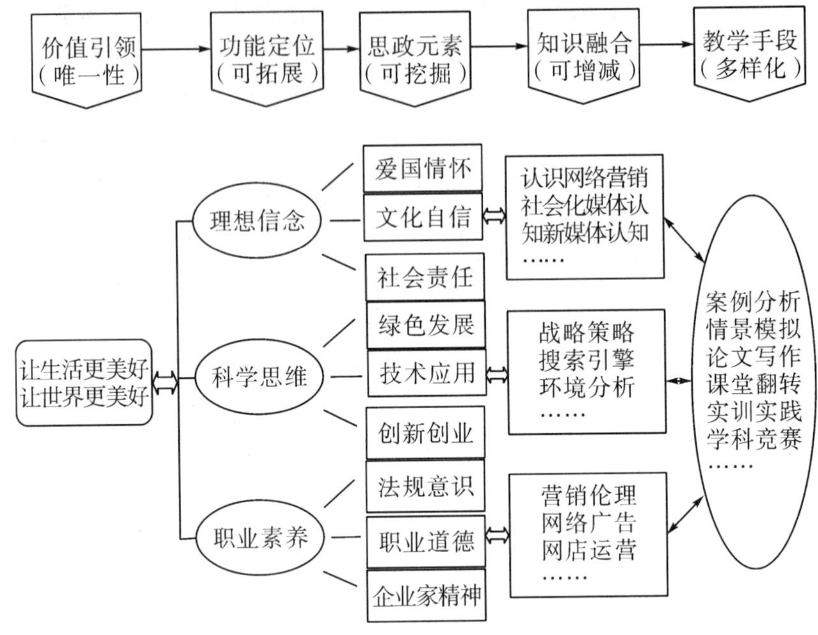

图 1　“网络营销”课程思政模式

根据图 1 可知，本文在“网络营销”课程思政模式设计中，将“价值引领”设为常量，将“功能定位”“思政元素”“知识融合”“教学手段”设为因变量。“价值引领”的常量设置，必须符合课程思政建设的要求，这是最为关键和重要的第一步，其他所有因变量可以根据不同教师在专业课程教学中思政教育的需求，在“价值引领”的思政内涵中进行拓展和挖掘。因此，本文设计的“网络营销”课程思政模式是一个通用模式，可以根据教学重点的不同和教学对象的不同进行有针对性的调整。本文课程思政模式的设计目的，是要在当前的“网络营销”教学实践中实现学生价值塑造的以下两个平衡。

（一）个人利益与社会利益的平衡

由于课程知识的交叉性，我们在教学中可能会涉及一些经济学理论概念，如基尼系数、国内生产总值（GDP）、国民生产总值（GNP）、恩格尔系数等。这些指标一般会被进行横向或者纵向对比，据此，我们可以对我国目前取得的经济成就进行深刻剖析，阐明企业盈利是社会经济发展的动力，同时国家经济的发展和强大也是企业盈利的保证。所以企业在追求盈利的同时必须担负起社会责任，尤其是党提出的“两个一百年”的奋斗目标、中国防疫抗疫的伟大成就等，让学生从内心产生高度的事业心和责任感并为此而努力。

（二）营销导向与合规守法的平衡

目前，有越来越多的互联网先进技术成为网络营销工具，而法规的完善往往滞后于技术的进步，导致部分网络营销行为游走于灰色地带，甚至出现为了追求营销业绩而故意违反法律法规的现象。因此，这就要求教师在传授学生掌握营销方法、使用营销工具的同时，更要遵守《电子认证服务管理办法》等与网络营销息息相关的法规，使学生明确在互联网环境下专利、版权、隐私等各种受法律保护的权益，了解企业和消费者在网络环境中时刻面临的道德与法律问题，进一步将中华文化中蕴含的传统道德升华为学生的自我约束行为。

四、结语

目前，课程思政已经成为专业课程教学改革的重点，也是高校立德树人教育的重要工作。“网络营销”作为一门实践性较强的专业课程，必须将课程思政有机地融入知识传授和技能培养中。本文在相关学者前期研究的基础上，设计了“网络营销”课程思政的通用模式，阐释了模式中各元素的定位和关系，为增强专业课教师课程思政建设的意识做出了有效尝试，对“网络营销”课程思政的教学改革有一定的借鉴和指导意义。

参考文献

［1］习近平在全国高校思想政治工作会议上强调：把思想政治工作贯穿教育教学全过程 开创我国高等教育事业发展新局面［N］. 人民日报，2016-12-09（1）.

［2］虞丽娟. 从“思政课程”走向“课程思政”［N］. 光明日报，2017-07-20（14）.

［3］陆道坤. 课程思政推行中若干核心问题及解决思路：基于专业课程思政的探讨［J］. 学科与课程建设，2018（3）：64.

［4］高德毅，宗爱东. 从思政课程到课程思政：从战略高度构建高校思想政治教育课程体系［J］. 中国高等教育，2017（1）：44.

［5］刘苍. 专业课课程思政的教学探索：以工程地质与土力学为例［J］. 东西南北：教育，2018（16）：34.

［6］郭国庆. 市场营销学通论［M］. 第8版. 北京：中国人民大学出版社，2020.

“课程思政”建设下“会计综合模拟实训”混合教学改革与实践

杜萌

（电子科技大学成都学院商学院）

摘要：目前，各高校开展的“会计综合模拟实训”作为经济管理类专业的主要专业课，是理论性和实务性并重的经济管理学科，也是会计专业学生理论联系实际必不可少的环节。而在传统教学模式下，该课程可能存在教学环境较封闭，缺乏实际应用场景；教学目的不够清晰，实践教学层次较低；教学内容单一、操作较简单，会计规范意识淡薄；立体化教学资源匮乏及教学考核方式不够全面等诸多实际教学问题。本教改研究基于“探索性”+“研究性”教学的“会计综合模拟实训”建设，借助微课、学习通、雨课堂等平台的信息化技术手段，积极探求“以学生学习为中心、以PBL为主线、以成果为导向”的课程改革和建设，推动“探索性学习”“翻转学习”“体验式学习”和“问题导向学习”等混合式教学模式，变教师被动、被学生评价为主动评估教学目标的实现程度且积极探索校企合作，与企业合作共同编制教材，注重提炼“中国情境”下的本土企业运作案例，让企业人走进来授课、师生走出去实践，实现校企协同。同时，在教学活动、教学手段等方面融入课程思政元素，以增加专业课程的趣味性，激发学生积极性，通过这种形式向学生传递正确的世界观、人生观、价值观，唤醒学生的家国情怀、远大理想、历史使命感和职业担当，从而提升学生的专业素养和综合素质。

关键字：课程思政；PBL；教育信息化

2016年12月，习总书记在全国高校思想政治工作会议上强调“使各类课程与思想政治理论课同向同行，形成协同效应”，这指明了高校各类课程与思政理论课协同建设、协同育人的根本方向。高校应在每一门课程中都有机融入思想政治教育元素，推出一批育人效果显著的专业课程的“课程思政”和“专业思政”，推动每一位专业课老师按照自身的专业性质和课程内容制定开展“课程思政”的课堂教学育人设计，争取做到每门课程有思政，每位教师讲育人，“教师不能只是传授书本知识的教书匠，更要成为塑造学生品格、品行、品味的‘大先生’”。因此，“课程思政”成为各高校教学改革的重心，也成为学者研究的热点。

2017 年 2 月中共中央、国务院印发《关于加强和改进新形势下高校思想政治工作的意见》，提出要把思想价值引领贯穿教育教学全过程和各环节，形成教书育人、科研育人、实践育人、管理育人、服务育人、文化育人、组织育人的长效机制。2017 年 12 月，教育部发布《高校思想政治工作质量提升工程实施纲要》，提出要统筹推进课程育人，充分挖掘和运用各门课程蕴含的思想政治教育元素。

2019 年 3 月 27 日，习近平总书记在学校思想政治理论课教师座谈会上再次强调“要坚持显性教育和隐性教育相统一，挖掘其他课程和教学方式中蕴含的思想政治教育资源，实现全员全程全方位育人”。因此，将社会主义核心价值观引入“会计综合模拟实训”的教学过程，正是对习近平总书记上述讲话的落实和执行。2019 年 8 月，中共中央办公厅、国务院办公厅印发《关于深化新时代学校思想政治理论课改革创新的若干意见》中明确要求要“解决好培养什么人、怎样培养人、为谁培养人这个根本问题”，就要全面推动习近平新时代中国特色社会主义思想进教材进课堂进学生头脑。

自 2017 年 11 月 5 日始取消会计从业资格官方认证后，“财经法规与会计职业道德”不再是会计从业人员必考的科目，于是各高校，尤其是应用型本科高校财会专业陆续取消了此类课程。“财经法规与会计职业道德”作为财会专业中最能体现“课程思政”的一门专业课，在取消前主要以应试教育为目标，重考证轻理解。在取消了该课程之后，“会计综合模拟实训”承接了“财经法规与会计职业道德”的教学内容和教学目标。由此可见，作为财会“专业思政”教学设计的基础，在该课程的“教”和“学”中融入思政元素，为后续其他课程思政教育奠定基础的“会计综合模拟实训”课程思政教育势在必行。

此外，《中华人民共和国高等教育法》明确规定：高等教育的任务是培养具有创新精神和实践能力的高级专门人才，发展科学技术，促进社会主义现代化建设。国际会计联合会确定的会计教育的培养方向有三个：第一，对会计专业知识的掌握程度；第二，将所学知识运用于实际工作的能力；第三，从事专业工作的态度和方法。此处提到的将所学知识运用于实际工作的能力，即“实践能力”而非“动手操作能力”。随着我国高等教育的快速发展，高等教育由“精英”教育向“大众化”教育转变。教学型的普通高校主要承担着对社会各种各样应用型人才的培养任务，而从人才市场需求的缺口来看，也主要集中在应用型人才上。应用型人才的培养是以应用能力为核心构建学生的知识结构、能力结构、素质结构和培养方案的，在课程体系、教学内容和教学方式上，形成了理论教学和实践教学两个并行的教学体系，尤其要加强实践性教学环节，突出应用性和实践性。重视以学生为中心，以成果为导向的本科教育实践教学，构建以应用能力为核心的实践教学体系，对培养高素质应用型人才尤为重要。根据经济建设和社会发展对高素质应用型人才的需求，“会计综合模拟实训”作为一门实践性、技术性要求较高的学科，在实践教学环节与社会发展和需求还存在一定的差距。

“会计综合模拟实训”作为衔接理论知识与社会实习的桥梁，可以有效地弥补会计理论与社会实习、工作断层的缺陷，使学生毕业后能尽早地胜任会计工作。学生在课堂上通过对原始凭证、记账凭证、会计账簿、会计报表等一系列会计资料进行操作，既增强了对会计工作、会计流程的直观感性认识，又引发了对会计的学习兴趣，夯实了会计基础，具有较强的不可替代性。从课程思政视角来看，传统教学模式下重核算而轻监督、重动手操作能力而轻自主探究思维，容易导致学生变为反复练习的“工具人”，而对基础会计规范、职业道德等方面认知较淡薄；从“PBL”视角来看，传统教学形式缺乏灵活性、自主互动性，内容较单一且缺乏实际应用场景，这导致教学内容重复枯燥，学生容易疲劳，而单一教学模式难以满足班级整个教学需求；从教育信息化视角来看，传统教学方法及手段较陈旧，现场演示法不适用于面向较大体量的教学班级，不能满足学生对步骤细节的观察学习。此外，传统教学不利于灵活的实训课管理而单一的教学手段又有利弊，故采用微课、学习通结合雨课堂的混合信息化教学手段能较全面地实现过程管理。

一、传统模式下教学问题

（一）教学环境较封闭，缺乏实际应用场景

虽然授课教师具有充足的理论基础和一定的实践经验，但时代更迭较快，校内实践与社会实际工作可能存在一定程度断层。会计专业实训教学不同于一般的课堂教学，它需要具有丰富实践经验的专业指导教师来胜任。随着社会对会计人员综合实践能力的要求越来越高，传统意义上的“会计综合模拟实训”实训环境逐渐显得单一，未能体现企业内部财务会计部门与其他职能部门、往来单位、行政服务单位及中介机构之间的联系。这种单一、封闭的会计实验环

境加重了学生对会计职业岗位认识的片面性，造成学生在校期间无法有联系地学习、自我构建学科知识体系。

（二）教学目的不够清晰，实践教学层次较低

教学目的不够清晰，主要表现在大多数院校将实践教学等同于“实践活动”“实践应用”“实践技能”“实践操作”等。在实践教学中，“能做”“会做”成为学生学习的基本目的，也是应用型人才培养模式的内涵要求。当然，这种定位仅适合于高职、大中专层次教学，但对于本科教育来讲，就显得过于简单。本科阶段的实践教学应有属于自己的层次和要求。对此，实践教学不仅要注重学生的实际操作能力，更要培养和提升学生的实践理性思维能力。通过实践教学，不仅使学生会做，更要锻炼学生分析、发现、解决问题的能力，从而达成培养学生具备基于理性思维能力之上的行动决策力的目标。

（三）教学内容单一、操作较简单，会计规范意识淡薄

国内大多数会计实践课程都与职业教育接轨，重机械重复操作的动手能力而轻解决问题的动脑能力及培养逻辑思维，这使得学生的自主思考意识较弱，难以培养学生的综合能力和创新意识。总体来看，目前国内所有高校的“会计综合模拟实训”课基本都强调学生的会计核算职能，而忽视了基础规范教育，甚至几乎无法体现会计监督职能。课上要求学生完成“凭证—账簿—报表”的循环，即根据原始凭证编制记账凭证，再根据记账凭证登记账簿，最后根据账簿记录编制会计报表。学生拿到实习资料后，直接就按要求编制记账凭证，缺少“审核、监督”这一重要环节，未能把会计业务中由于不确定因素带来的会计选择事项纳入会计实验资料中，从而忽视了会计监督职能，这十分不利于对学生进行会计规范、职业道德等基础专业知识的培养，降低了实验内容的难度，也与理论教学、实际工作相脱节，与会计职业素养本质相悖。但这一问题并不是由学生造成的，而是教学设计环节的缺失。

（四）立体化实训教材等教学资源匮乏

教育信息化时代下，教学资源已从传统纸质教材逐渐扩展为数字化资源。尤其以新时代学生为典型教学对象，采用现代网络技术可突破原有课堂教学的局限，能够在一定程度上快速更新并充分利用知识资源、教学平台，促进交互式沟通，更好地发挥学生的自主性，培养学生的创新意识、实践和创新能力。目前，独立院校和职业院校使用陈旧的会计实训教材，与中小企业实务脱节的情况比较普遍。

（五）教学考核方式不够全面

在会计实训的考核中，学生平时在实训过程中的表现占比较少，而过多注

重实训结果，导致学生之间存在“互帮互助”，实训的报告千篇一律，实训的考核结果往往不能全面客观。

二、相关建议及措施

（一）兼顾会计核算和监督的教学目的，培养学生自主创新思维

在教学设计方面，课题组拟与企业合作，共同构建教学案例资源库，借助“问题”会计资料的课堂活动和师生进入企业的校外活动，在理论会计规范的基础上，让学生既能完成核算工作，又能直观地监督纷繁复杂的会计资料，不断培养学生对于会计规范等方面的专业判断能力，以加强会计核算和监督职能。

（二）提升教学内容的层次感，加强会计规范意识

在教材建设方面，相关部门应以项目为机制、成果为导向，以资金运动中“采购业务→生产业务→销售业务→期末处理业务”为项目类型的主线，根据企业提供的一手会计资料进行扫描并完成会计政策、职业道德规范等教材内容设计。

在教学设计方面，通过课题组录制的教学“微课”视频，向学生演示具体操作的同时，还应引入思政元素，以及基于“PBL+微课”的应用场景，使教学内容更加饱满丰富，从而加强学生对会计规范、职业道德、财经法规等专业知识的认识，弘扬正确的思想、政治、道德理论。根据每组具体完成情况及各自岗位个人完成情况，结合会计规范、职业道德、风险管理等，通过教师引导，学生进行思政反思发言，达到从实践回归会计准则、会计规范、职业道德等理论规范。

（三）丰富教学资源，积极探索校企联合实践教学

5G信息化时代下的教学对象不再以纸质媒介作为唯一知识源，对于学生而言，海量信息及信息化工具触手可及，传统纸质化教学资源已不再满足“00后”的需求。同时，“会计综合模拟实训”作为操作性较强的课程，学生接触新知识时需要教师在操作演示下进行。在学生较多的情况下，传统纸质化教学的效果势必受到影响，教师需要投影设备的支持。此外，专业教师在教学中受工作背景等因素的影响，实践性教学的力度、广度、深度都显不足。

一方面，借助“微课”视频，录制项目相关操作及思政活动；另一方面，在注重校内实训教学资源建设的同时，不断推进校企建设，与校外企业合作，共同参与教材编写、课程改革及后续社会专家进校、师生进企业等活动搭建系统性校企生态建设平台，学生通过实习实训，确保在学习理论知识和会计规范的基础

上，熟悉企业业务性质及会计处理特点，以贴合社会实际人才需求。

（四）定岗分工，思政促学，全面优化教学考核方式

在现在的会计综合模拟实训考核中，通常先把成绩的认定分为以下几个部分：出勤情况、凭证和账簿检查情况、财务分析编写情况以及结合各自岗位及小组工作的课程报告，再引入每个项目后的小组思政发言环节，然后分别赋予这些部分不同的权数，最后加权得出学生的实验成绩。此外，课程最后阶段通过课堂讨论，结合各组实训情况、各岗位完成情况进行思政反思总结。对财务分析应要求组员各自编写、汇总并注明，避免搭“顺风车”的情况。

参考文献

[1] 姜美玲. 基于问题的学习：一种可资借鉴的教学模式 [J]. 全球教育展望，2003 (3)：62-66.

[2] 宋军，程炼. MOOC 平台下的大学英语 PBL 翻转教学模式研究 [J]. 学习与实践，2015 (5)：136-140.

[3] 张超，杨改学. 基于 PBL 的翻转课堂模式在软件教学中的应用 [J]. 现代教育技术，2016 (3)：73-79.

[4] 孟祥霞. 会计实验教学的反思与改革 [J]. 中国农业会计，2006 (6)：21-23.

[5] 刘红英，李茹. 会计模拟实训中的问题与对策 [J]. 山西财经大学学报，2009，31 (S2)：157-158.

[6] 邹江，何晓民. 高校会计专业实训教学中的问题及对策：以江西省部分高校为例 [J]. 教育理论与实践，2010，30 (9)：61-63.

[7] 李勤. 应用型会计本科实践课程体系改革研究 [J]. 财会月刊，2010 (21)：108.

[8] 夏章霞. 基于“全真岗位模拟”的《会计模拟综合实训》课程改革 [J]. 商业会计，2011 (35)：62-64.

[9] 冷琳，黄芳. 会计手工综合模拟试验改进建议 [J]. 财会月刊，2012 (18)：91-92.

[10] 孙艳芬. 会计实训的一体化教学模式研究 [J]. 财会学习，2016 (14)：221.

[11] 张玉红. 关于会计实践教学的思考 [J]. 中国乡镇企业会计，2007 (11)：114-115.

[12] 陈艳. 会计手工综合模拟实验课程的优化设计 [J]. 会计之友，

2011 (10): 121-122.

[13] 汤健. 论构建高级应用型会计人才实践教学体系 [J]. 财会月刊, 2011 (33): 96-98.

[14] 常小勇, 孙毅, 王秀芬. 会计综合模拟实验课程的教学组织与考核 [J]. 财会月刊, 2013 (2): 104-105.